JEANNE

Jeanne McWilliams Blasberg est auteure de récits de voyage et romancière. Après une carrière dans la finance, elle s'est lancée dans l'écriture. Elle partage son temps entre Boston et Westerly. *Eden* (Les Escales, 2019) est son premier roman.

EDEN

JEANNE McWILLIAMS
BLASBERG

EDEN

Traduit de l'anglais (États-Unis)
par Alice Delarbre

LES ESCALES

Titre original :
EDEN

MIXTE
Papier issu de sources responsables
FSC® C003309

L'éditeur de cet ouvrage s'engage dans une démarche de certification FSC® qui contribue à la préservation des forêts pour les générations futures.

Pour en savoir plus :
www.editis.com/engagement-rse/

Première édition publiée par She Writes Press

ISBN : 978-2-266-30698-0
Dépôt légal : avril 2021

À la mémoire des mères bien-aimées
qui m'ont précédée :
Anne, Mary, Betty et Jeanne

Même la marée, je le sais, n'est point une force indépendante mais un asservissement de l'eau au mouvement de la lune, sur son orbite qui est soumise à son tour à d'autres trajectoires bien plus puissantes encore. C'est ainsi que le cosmos est pris dans un réseau inextricable de circonvolutions puissantes, des forces d'attraction de la Terre et du Soleil, des planètes, des météores, de la galaxie, des forces volcaniques et aveugles font tourner, tourner sans cesse les ondes du silence jusqu'au fond des abysses obscures.

Amos Oz, *Jusqu'à la mort*,
traduit de l'hébreu par Rina Viers,
Calmann-Lévy

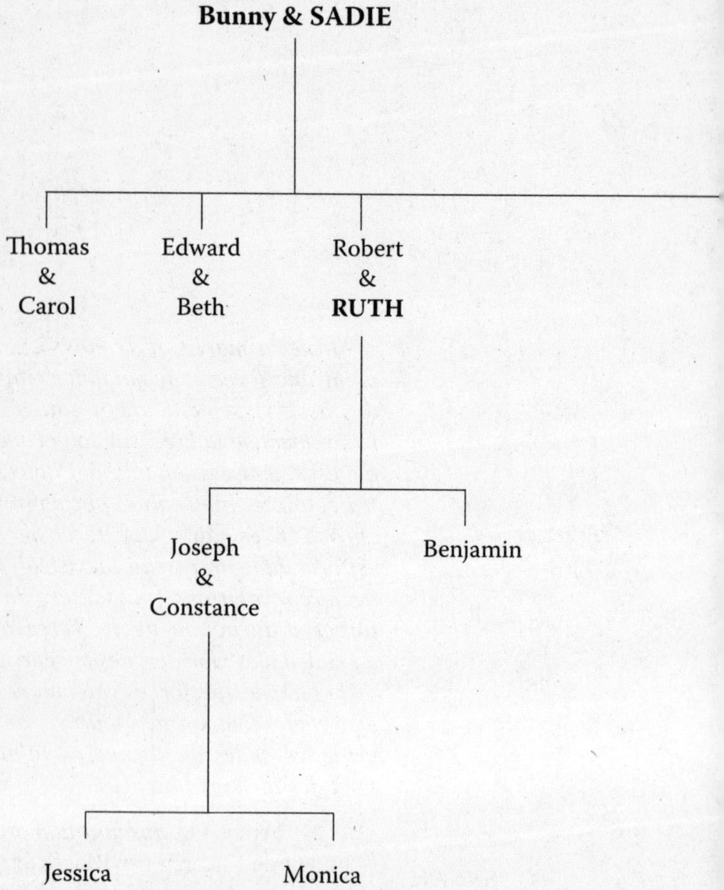
Bunny & SADIE
Thomas & Carol
Edward & Beth
Robert & **RUTH**
Joseph & Constance
Benjamin
Jessica
Monica

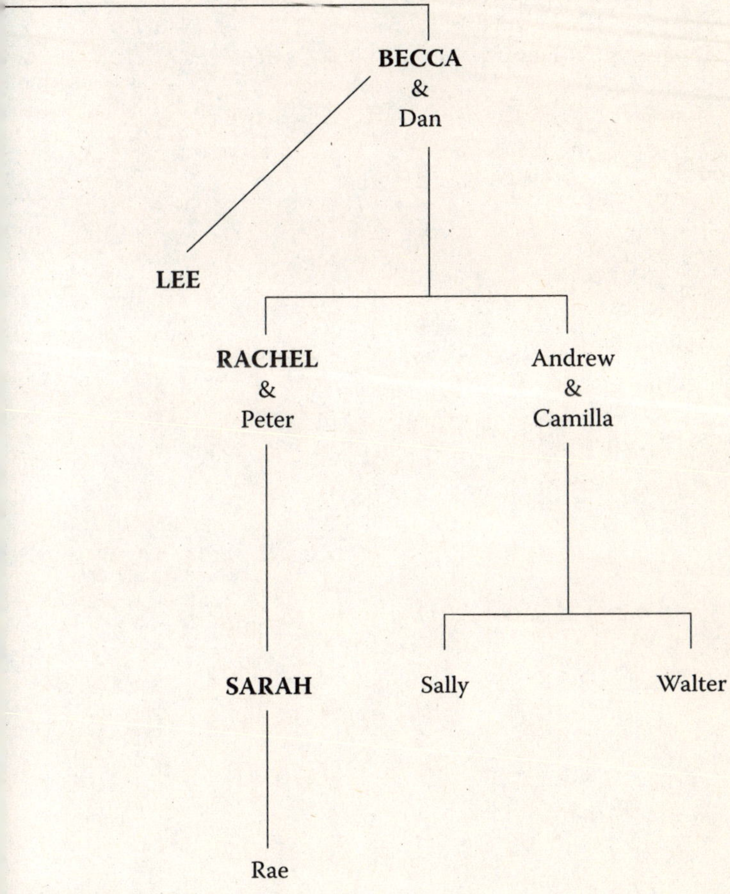
BECCA
&
Dan
LEE
RACHEL
&
Peter
Andrew
&
Camilla
SARAH
Sally
Walter
Rae

1

LONG HARBOR
Mardi 16 juin 1998

— Je voulais te mettre au courant plus tôt, mais j'ai eu du mal à trouver le bon moment.

Voilà comment Becca engagea la conversation avec sa petite-fille, Sarah, qui tenait une tasse de thé brûlant sur ses genoux. Elle frotta ses mains ridées l'une contre l'autre, ajusta le coussin dans le bas de son dos, puis lissa sa jupe sur ses cuisses. Elles étaient confortablement installées sur la causeuse préférée de Becca devant la cheminée. En temps normal, elle aurait pu faire un feu pour chasser l'humidité ambiante, cependant elle avait décidé de ne pas renouveler son stock de bois cette année. Sarah attendait, les yeux luisants de curiosité, que sa grand-mère poursuive. Elle entortilla son sachet de thé autour d'une cuillère en argent pour en extraire les ultimes arômes.

Becca porta son regard au-delà de Sarah, sur l'immense fenêtre à croisillons qui offrait une vue sur l'océan. Il y avait des traces de sel et de sable sur les vitres, des toiles d'araignées entre la moustiquaire et les volets. Dehors tombait une pluie légère, une averse printanière purifiante, et Becca prit le temps d'énumérer mentalement tous les cadeaux que lui avait faits la vie. Primo, elle était en bonne santé. Secundo, elle passait l'été dans cette maison ancestrale qu'elle adorait, Eden. Et tertio, elle avait à ses côtés une Sarah radieuse, qui allait lui donner son premier arrière-petit-enfant.

— Alors ? la pressa la jeune femme en la regardant par-dessus la monture sombre de ses lunettes.

— Eh bien, c'est délicat…

Becca s'interrompit à nouveau et leva le nez vers les moulures sophistiquées, tout en jouant avec son alliance. Elle se força à prononcer les mots suivants :

— J'ai fait une découverte quelque peu inquiétante à la mort de ton grand-père.

Sarah plissa les yeux et inclina la tête avant de former avec sa longue chevelure rousse une torsade qu'elle fit passer sur l'une de ses épaules. Becca alluma une petite lampe sur la table voisine : les nuages de pluie assombrissaient la pièce.

— En étudiant sa succession avec l'avocat, eh bien, j'ai découvert qu'il n'avait visiblement pas été très prévoyant.

— Pas très prévoyant ?

Sarah agrippa l'accoudoir usé de la causeuse d'une main et posa l'autre à plat sur son ventre, adoptant une pose mélodramatique comme pour protéger son futur enfant de l'impensable.

— Avec l'argent.

— Ah…

Les épaules de Sarah se détendirent.

— Ce n'est pas entièrement sa faute. La plomberie vieillotte d'Eden et son toit en bardeaux coûtent une petite fortune à entretenir. Et nous devions aussi sauver les apparences à New Haven, tu sais, vu sa situation à l'hôpital.

Cet aveu donna quelques sueurs froides à Becca, et elle rougit. Il lui était difficile de confesser les manquements de Dan, ayant toujours été celle qui volait à son secours. Et le fait d'être assise sur cette causeuse, dans ce qui était autrefois le bureau lambrissé de son père, ravivait le souvenir de sa voix retentissante. « Les médecins ont la réputation d'être de mauvais gestionnaires, l'avait-il prévenue. Tu devras garder un œil sur les finances. »

Sarah poussa un *ouf* sonore et, redressant la tête, Becca eut la surprise de découvrir un sourire sur son visage.

— Il ne s'agit que d'argent, mamie. Ce n'est pas comme si papy avait commis un crime ou avait eu une maîtresse.

— Évidemment que ton grand-père n'avait pas de maîtresse !

— Bon, des questions financières alors. Il y a autre chose ?

— Oui. À t'entendre, ce n'est rien !

— Eh bien, pour être honnête, je croyais que tu allais me dévoiler un terrible scandale, quelque chose de vraiment choquant.

— Sarah !

— Je veux dire que ça n'a rien de très original de faire de mauvais investissements.

La pluie tombait plus fort à présent, et le ciel avait presque viré au noir. Jouant avec ses perles, Becca écouta le tonnerre qui grondait, au loin. Sarah se leva.

— Mamie, je vais juste rajouter un peu d'eau dans mon thé. Tu veux quelque chose ?

— Assieds-toi, s'il te plaît. Je n'ai pas terminé.

Sarah obtempéra en se mordillant la lèvre. Elle replia une de ses jambes sous elle. Becca inspira profondément pour tenter de chasser l'irritation qui montait en elle. Elle observa le tableau qu'offrait sa petite-fille : célibataire, encore étudiante à vingt-sept ans, vêtue à la mode avec un pull en coton ridicule qui glissait sur son épaule. Alors qu'elle était enceinte, elle n'avait aucune source de revenus et ne s'inquiétait pas de savoir comment elle paierait ses factures. Comment pouvait-elle se montrer aussi insouciante devant la fortune qui les avait toutes entretenues depuis des années ?

— Sarah, cela implique de vendre ma maison à New Haven ainsi que ma part d'Eden, pour éponger les dettes. Thomas, bien sûr, salive à la perspective de la racheter. En somme, c'est sans doute notre dernier été à Long Harbor. Eden fait partie intégrante de moi, je voudrais que tu réalises un peu…

Sarah se recroquevilla sur les coussins.

— J'adore cet endroit, moi aussi, murmura-t-elle.

Becca ne put s'empêcher de hausser le ton.

— Je ne serai plus en mesure de t'aider avec ton loyer. Ta mère et toi, vous ne pourrez plus compter sur mon aide. Et je suis terriblement embêtée pour Lilly. Elle est avec nous depuis la naissance de ta mère. Je vais devoir trouver une famille qui accepte de prendre une employée de maison grisonnante et presbyte.

Becca passa l'index sur le rebord poussiéreux de la fenêtre pour enfoncer le clou.

Sarah avait l'air abattue.

— Maman est au courant ?

— Pas encore. J'avais l'intention de lui en parler l'après-midi de ton arrivée. Tu es entrée dans la pièce au moment où nous nous installions pour discuter.

— Ah…

— Et depuis que tu as fait ton annonce, elle reste enfermée dans sa chambre, où elle rumine sa colère. Je ne pourrais pas choisir pire moment pour aborder ce sujet avec elle.

— Mamie…

— Et Lilly non plus n'est pas au courant. Elle n'a pour ainsi dire plus de famille, et je ne veux pas l'inquiéter. Dieu sait dans quel type d'endroit je vais atterrir, mais on peut être sûr qu'il n'y aura pas de chambre de bonne !

— Mamie, je suis désolée.

— Ne leur dis surtout rien, ni à l'une ni à l'autre. C'est à moi de le faire.

— Tu sais bien que tu peux compter sur moi, la rassura Sarah en lui posant une main sur l'épaule. Je suis certaine que tout va s'arranger.

— Sarah, tu n'as pas l'air de comprendre. Ça coûte très cher d'entretenir tout ça, ajouta-t-elle en balayant la pièce d'un ample geste du bras. Et il serait plus que jamais temps que tu ouvres les yeux, maintenant que tu vas avoir une bouche supplémentaire à nourrir.

— Je t'assure que je comprends. Je pensais juste…

— Eh bien moi je te suggère de t'accorder un vrai temps de réflexion. Un bébé, c'est beaucoup de responsabilités. Et ça exige de l'argent. Tu devrais peut-être téléphoner à ton petit ami pour voir si vous ne pouvez pas vous rabibocher.

Elle avait les épaules crispées et les poings serrés sur ses genoux.

— Mamie, on en a déjà parlé. Les mères célibataires peuvent très bien se débrouiller seules de nos jours.

— Tu ne crois pas qu'il pourrait t'aider ?

— Non. Il est définitivement opposé à cette idée.

Becca n'avait jamais été séduite par ce qu'elle savait de cet homme : le directeur de thèse de Sarah, pour l'amour de Dieu ! Et en quoi un doctorat en peinture de la Renaissance allait-il garantir à sa petite-fille de bons revenus ?

— Je sais que tu appartiens à une autre génération, Sarah, mais...

Becca marchait sur des œufs.

— Je pense que tu dois faire des choix, ajouta-t-elle.

— Mamie, rétorqua Sarah sur la défensive, à la limite de la condescendance, je vais bientôt approcher de la fin de ma thèse, puis je chercherai un poste d'enseignante. Si Alistair n'a pas envie de jouer un rôle dans la vie de ce bébé, je ne le supplierai pas à genoux. Les femmes peuvent mener de front carrière et maternité désormais, avec ou sans mari. Tu ne peux pas comprendre.

Becca se hérissa. Après avoir glissé une mèche de cheveux gris derrière son oreille et s'être redressée, elle se racla la gorge.

— Sarah, je t'aime, mais ces dix derniers mois ont été difficiles pour moi. As-tu la moindre idée de ce que c'est que perdre son mari après cinquante années de mariage, pour découvrir ensuite qu'il ne reste pas un sou ?

Sa voix était montée d'un décibel.

— Et m'entendre dire par ma petite-fille que je ne peux pas comprendre ? J'ai beaucoup vécu, Sarah, et je comprends beaucoup de choses.

Becca sentait les larmes monter. Elle inspira longuement, puis se tamponna le coin des yeux avec le mouchoir qu'elle glissait toujours à l'intérieur de sa manche. Elle sortit un rouge à lèvres de sa poche, de sa couleur fétiche, pêche. Elle frotta ses lèvres l'une contre l'autre pour s'assurer qu'elle l'avait appliqué de façon uniforme.

— J'ai voulu t'informer de cette crise financière pour que tu puisses prendre ta décision en connaissance de cause, vis-à-vis de ton petit ami et de ton avenir, puisqu'il va te falloir choisir entre poursuivre tes études ou te mettre au travail. C'est un service que je te rends.

À présent les larmes coulaient sur les joues de Sarah.

— Mamie, je ne t'ai jamais vue comme ça, dit-elle en jouant avec le bord effiloché de son pull.

Becca prit le temps de respirer et son regard s'adoucit. Elle n'aimait pas être en colère.

— Sarah, c'est un signal d'alarme pour nous tous.

— Mamie, je veux que tu saches que j'ai envisagé de ne pas garder le bébé.

Elle se moucha dans une serviette en papier.

— Hors de question ! protesta Becca en secouant la tête. Écris-lui. Il répondra peut-être à une lettre. Invite-le à te rejoindre ici pour en discuter. Explore toutes tes options.

— D'accord, je vais y penser, concéda-t-elle en entortillant encore davantage sa torsade de cheveux. Mais au bout du compte c'est moi qui prendrai la décision.

2

LONG HARBOR
Vendredi 26 juin 1998

Les narines de Becca frémirent lorsqu'elle huma l'air marin. Elle allongea sa foulée en balançant les bras. Elle transpirait déjà. Un classique : la semaine précédente elle envisageait d'allumer un feu dans le bureau, et aujourd'hui le temps était brumeux et humide, annonciateur d'une vague de chaleur. On parlait de records de température pour le week-end de la fête nationale du 4 juillet.

Becca avait arpenté la plage en croissant de lune – soit une distance de trois kilomètres aller-retour – presque tous les matins d'été depuis cinquante ans. Autrefois elle avait la plage pour elle seule, ayant pris cette habitude bien avant la vogue du jogging et de ses adeptes en collants noirs, écouteurs vissés aux oreilles.

Certains jours, la marée était si haute qu'elle ne laissait qu'une bandelette de sable recouverte d'algues difficilement praticable. D'autres matins, comme celui-ci, la marée était si basse que c'en était délicieux : une vaste surface lisse et compacte se déployait devant Becca qui pouvait, malgré l'âge de ses jambes, la parcourir d'un bon pas. Si la plage changeait d'aspect de jour en jour, et si les tempêtes hivernales érodaient souvent le sable de façon dramatique, les constructions humaines, au-delà des dunes, lui restaient aussi familières que les différentes pièces d'Eden.

Son springer anglais, Hennessy, préférait flâner et renifler le bois flotté échoué au pied des dunes plutôt que d'adopter la méthode de sa maîtresse : droit devant à plein régime. Il tirait sur sa laisse, manquait la faire dévier de son chemin. Elle finit par céder et le détacha, alors même que la semaine précédente il avait franchi la clôture protégeant le site de nidification des pluviers siffleurs. Tandis qu'elle se débattait pour reprendre le contrôle de son chien, un garde forestier courroucé lui avait fait la leçon, durant plusieurs minutes cuisantes. Dan n'avait jamais caché l'agacement que lui causait ce sanctuaire hors de prix dédié aux pluviers. « Si on veut que ces satanés oiseaux survivent dans la nature, il faut arrêter de les surprotéger. »

Becca s'efforça de repousser ce souvenir et la mélancolie qui l'accompagnait, en songeant à la joie que lui inspiraient les mois à venir. L'été avait toujours été sa saison préférée et, au cours de sa vie, elle avait appris à apprécier son rythme particulier. Durant les semaines, plus fraîches, qui suivaient le Memorial Day, fin mai, il n'y avait que très peu de monde. À cause des embruns, l'humidité ambiante était telle que les fenêtres poissaient. En juillet, les maisons se remplissaient, le soleil chauffait et les vacanciers arrivaient par vagues. En août, Long Harbor était au pic de son activité, les insectes bourdonnaient dans le jardin et les tomates mûrissaient sur leurs pieds. À l'approche de septembre, la marée redescendait lentement ; les hôtesses se lassaient de leurs invités, les parents déposaient avec bonheur leurs enfants à l'école, et on pouvait remettre des couvertures sur les lits.

Suivant une trajectoire parallèle aux vagues venant s'échouer sur le rivage, Becca posa un regard quelque peu sentimental sur le cabanon au toit en bardeaux gris des Bancroft, sur la vaste « maisonnette » en pierre des Taylor et sur la résidence des Whites, dont la rénovation divisait l'opinion. Elle dépassa cinq ou six autres demeures ; à chacune était associée une saga familiale. Quand elle apercevait de la lumière à l'intérieur, elle enregistrait qu'untel était arrivé, puis s'autorisait quelques minutes de chagrin à la perspective de passer son dernier été ici, au sein de ce voisinage si sélect.

Sa mélancolie vira vite à la crainte lorsqu'elle imagina les réactions de tous ces gens bien comme il faut : ils seraient consternés d'apprendre la grossesse de Sarah, et les rumeurs franchiraient rapidement les haies de troène. Il y aurait des messes basses, même si cela ne semblait guère désarçonner la jeune femme. Celle-ci était entrée dans la cuisine au moment où Becca s'apprêter à discuter des finances familiales avec Rachel. Son sac en toile plein à craquer avait fait un bruit sourd quand elle l'avait lâché par terre : sa mère et sa grand-mère s'étaient aussitôt retournées.

« Quelle surprise ! On ne t'attendait pas avant plusieurs semaines, avait dit Becca.

— Je sais, mamie. Je devais partir, avec Alistair… »

Le trémolo dans sa voix l'avait trahie.

« Oh, ma chérie… Vous vous êtes disputés ? »

Becca avait anticipé qu'une aventure avec un professeur ne pouvait que se conclure de façon désastreuse, mais elle avait eu la prudence de garder son opinion pour elle, bien consciente que Rachel n'était pas avare de critiques.

Celle-ci s'était levée, poussée par l'instinct d'une mère qui sent les ennuis.

« Tout va bien, Sarah ?

— Ça… ça va, avait-elle bégayé. Enfin, ça ira. J'ai une nouvelle à vous annoncer. »

Son regard avait circulé nerveusement de l'une à l'autre pendant de longues secondes. Rachel s'était renfrognée, l'air accusateur.

« Tu n'es pas enceinte, quand même ? »

Sarah avait hoché la tête, penaude.

« Oh, Sarah… Et ta thèse ? Pourquoi, enfin… De combien de mois ?

— Deux… ou trois, avait répondu la jeune femme.

— Toi qui as travaillé si dur !… Tu vas laisser tous tes efforts partir en fumée ? »

Rachel hurlait. Elle avait frappé la table avec son poing avant de quitter la cuisine. Depuis, elle restait terrée dans sa chambre.

Becca grimaça à ce souvenir. Elle aurait aimé que sa fille réagisse différemment, mais la nouvelle avait touché un point sensible : Rachel avait quitté l'université, un peu moins de trente ans plus tôt, parce qu'elle attendait Sarah, justement.

Becca adopta une foulée plus sportive, la plus longue dont elle était capable, respirant les embruns qui enveloppaient son corps mince et s'accrochait à ses cheveux gris, qui lui tombaient aux épaules. Oui, les gens parleraient, à moins que… Peut-être que Sarah avait raison et que ces choses étaient devenues communes : mères célibataires, infidélités, ruines matérielles. Peut-être que personne ne sourcillerait. En revanche, Becca présumait que la communauté de Long Harbor ne pourrait pas s'empêcher de se réjouir, un peu, de son malheur à elle.

Atteignant le panneau qui se trouvait à un kilomètre et demi de son point de départ, elle fit demi-tour. Le soleil du petit matin filtrait à travers la brume. Pour la fin de sa balade, Becca mit ses lunettes de soleil, qu'elle portait jusqu'alors sur la tête. *Ça suffit la marche rapide*, songea-t-elle en empruntant une cadence plus agréable. Elle s'était approchée trop près des vagues, et elle mouilla ses tennis ainsi que le bas de son jogging. Elle s'empressa d'aller sur le sable sec, comme une bécassine jouant avec le va-et-vient de l'océan.

S'engageant sur l'étroit sentier qui traversait les dunes, elle longea les rosiers du Japon qui s'accrochaient aux pentes sablonneuses. De ce point de vue surélevé, Eden apparaissait sous son jour le plus spectaculaire, grande dame d'un autre temps. Ses bardeaux d'un gris argenté apportaient une touche de simplicité à sa splendeur. Le bâtiment principal comptait trois niveaux et était flanqué de deux immenses ailes qui se déployaient avec grâce sur la pelouse d'un beau vert.

Lorsque le père de Becca, Bunny Meister, avait imaginé cette maison dans les années 1920, son intention était de couper le souffle des passants. Et de loin, il avait réussi. Même si le tissu d'ameublement à fleurs, très Nouvelle-Angleterre, était défraîchi, même si la peinture s'écaillait et si des chauves-souris avaient élu domicile dans le grenier, la demeure continuait à accueillir Becca été après été, lui procurant – à elle et à toute sa famille d'ailleurs – l'illusion d'être immunisée contre le chaos du monde. C'était la seule constante dans sa vie.

Si Becca pouvait s'accoutumer à une vie sans son mari, une vie sans Eden était une tout autre histoire. L'hiver, la simple évocation de cet endroit la portait, autant que la maison le faisait l'été. Celle-ci transcendait le temps, elle était l'écrin des légendes familiales et de ses souvenirs les plus marquants. Becca associait Eden à l'amour et à la tradition, ce lieu constituant un lien entre les générations, et ça l'attristait de penser que le bébé de Sarah n'aurait pas la chance de courir dans l'herbe fraîche. Seule l'idée que sa petite-fille ait pu envisager de ne pas garder ce bébé la peinait encore plus.

Tout en traversant la pelouse pour s'engager sur l'allée dallée, elle remarqua que de la rosée s'était accrochée à une toile d'araignée sous la corniche de la porte de la cuisine. Elle se remémora l'été où elle avait lu *Le Petit Monde de Charlotte* à Sarah. Son cœur se serra. Il n'y avait pas un seul centimètre carré de cette maison qui n'était pas chargé de souvenirs.

Après s'être essuyé les yeux, elle ouvrit la porte-moustiquaire, qui grinça sur ses gonds. Elle aurait dû les faire changer il y a longtemps, mais ce son familier interdisait toute visite surprise par cet accès – lequel n'était jamais fermé à clé. Becca retira ses tennis et ses chaussettes mouillées, pleines de sable, qu'elle déposa sur le paillasson. Ensuite, elle remplit d'eau la gamelle de Hennessy.

Il était sept heures à présent, et personne ne descendrait avant longtemps. Les plans de travail sentaient le citron – Lilly les avait nettoyés la veille au soir –, et les journaux datés de la veille étaient empilés dans un panier en osier par terre. L'ordre régnait dans cette pièce qui deviendrait au fil de la journée le centre névralgique d'Eden.

Le brouillard se levait et le soleil brillait par la fenêtre, venant éclairer la table de la cuisine. Becca fit courir ses doigts sur le grain du bois. Puisque Sarah pouvait envisager avec autant de courage, d'intrépidité, d'élever cet enfant seule, Becca réussirait sans doute à trouver en elle l'audace nécessaire pour parler. Ce serait un tel soulagement de se libérer de ce poids sur sa poitrine. Elle gardait son secret depuis si longtemps qu'il l'avait entièrement enveloppée de ses tentacules. Sa famille se réunirait pour le week-end du 4 juillet, elle tenait l'occasion rêvée.

Elle récupéra le centre de table dans la salle à manger et le déposa dans l'évier de l'office. Elle changea l'eau des pivoines et les arrangea avant d'enfouir son visage dans leurs pétales, respirant leur parfum apaisant. Dan avait veillé sur elles avec beaucoup d'amour, comme le père de Becca auparavant. Cette vision de son père dans le jardin lui fit monter les larmes. Elle ravala ses émotions et s'essuya les yeux. Elle se délecterait des petits plaisirs d'Eden tant qu'ils lui appartiendraient encore.

3

LONG HARBOR
1955

Bunny se trouvait sur la véranda, à l'arrière d'Eden, dans son fauteuil roulant. Lilly l'y avait conduit et laissé une demi-heure plus tôt, un scotch dans la main droite, une couverture sur les genoux et un cardigan moutarde sur les épaules. Il tira sur l'extrémité du cigare qui dépassait de sa poche poitrine. Il aimait en prendre quelques bouffées, en douce, avant le dîner, là où les femmes ne pouvaient pas se plaindre. La tête enveloppée par les arômes puissants de la fumée, il méditait sur l'inclinaison automnale des rayons du soleil, qui disparaissait rapidement derrière les dunes, formant des ombres jaunes, orange et rouges dans l'océan, au-dessous, et les nuages, au-dessus. Une fois le soleil entièrement couché, il écrasa le cigare dans une grande coquille de palourde qu'il cachait derrière un pot de fleurs.

Bunny respira lentement, le goût âcre du tabac restant vivace sur ses lèvres. Un râle monta de sa gorge, et il eut conscience d'un raidissement, d'un épaississement qui lui étreignait la poitrine de l'intérieur. Il imagina ces sensations se diffuser lentement vers son abdomen, ses membres ; en fin de compte, dans un futur sans doute pas si lointain, elles gagneraient sa tête. Il avait eu une si belle vie – une vie bénie des dieux. Quelque chose, pourtant, le travaillait. C'était en rapport avec Becca. Sa fille faisait tant d'efforts pour être une épouse de médecin parfaite... Ce qui n'empêchait pas Bunny de la surprendre, par moments, le regard vide, perdu dans le vague. Il apercevait même parfois des larmes dans ses yeux. Certains sujets étaient particulièrement difficiles à aborder entre un père et une fille, mais puisque sa fin était proche, il n'avait pas de temps à perdre.

Il fouilla sa mémoire à la recherche du moment où elle avait changé. Où elle avait cessé de le laisser la surnommer « ma princesse ». Il revenait constamment à l'année qui avait suivi le retour des garçons de la guerre. Cette année-là, Becca l'avait passée dans une pension de jeunes filles, où Sadie avait tenu à l'envoyer. Comment s'appelait-elle déjà ? Il ne lui avait pas rendu visite une seule fois. Il ne pouvait donc pas se représenter les lieux. Le seul établissement scolaire dont il se souvenait encore se situait au cœur de Deutschtown, une banlieue très dense au nord de Pittsburgh, juste au-dessus de l'endroit où l'Allegheny River se jette dans l'Ohio. Le drapeau américain flottait au-dessus du tableau noir de sa classe de CE2. Bunny se revoyait, droit comme un I, à gauche de son bureau, tous les matins, la main sur le cœur, ses cheveux noirs gominés, récitant avec ardeur le serment d'allégeance. Son père était si fier d'élever un vrai « gosse américain ». « Tu vois, Anna, disait-il à sa femme, Bernhard parle anglais sans accent. Personne ne pourrait deviner qu'on est allemands. »

Bunny prit une dernière longue gorgée de scotch avant de poser le verre en cristal sur la table près de son fauteuil. Puis, agrippant les deux roues, il se tourna, non sans difficulté, vers la fenêtre éclairée du jardin d'hiver. Celui-ci était si lumineux que les jumeaux, absorbés par un puzzle sur le tapis, ne pouvaient pas remarquer leur grand-père. Il vit Ruth, sa belle-fille, traverser la pièce et ébouriffer tendrement les boucles blondes du jeune Joseph. L'affection qu'il lui portait en retour irradiait de tout son être. Elle gardait la tête haute en dépit des épreuves qu'elle venait de traverser. Si seulement Becca avait la même assurance.

Il avait de la peine pour ces garçons, qui malgré leur chagrin, très réel, étaient dévoués au bien-être de leur mère. La sienne s'était reposée sur lui, également. Elle était toujours restée une étrangère dans ce pays, maîtrisant correctement l'anglais mais recourant au yiddish dès qu'elle avait quelque chose d'important à dire. Elle enseignait à Bunny des prières en hébreu et l'encourageait à les réciter tout bas, dans son lit, la nuit. Sur son visage, on pouvait lire le dégoût que lui inspirait l'emploi de son mari dans un abattoir, où il manipulait du porc à longueur de journée. Elle se plaignait du ciel de Pittsburgh, toujours noir de suie. Elle avait beau frotter sans cesse, la crasse des usines s'infiltrait partout et les fréquentes inondations dues au débordement de l'Allegheny laissaient leur maison froide et humide.

Bunny se pencha pour taper au carreau. Le petit Joseph se détourna aussitôt de son puzzle, levant les yeux en direction du bruit. Bunny s'approcha encore plus près de la vitre, cogna à nouveau, agita la main puis montra du doigt les portes-fenêtres. Joseph se précipita pour les ouvrir de ses deux petites mains et le rejoignit sur la véranda.

— Qu'est-ce que tu fais dehors, grand-père ?

— J'ai dit à Lilly que je voulais regarder le coucher de soleil, et je crois qu'elle m'a oublié.

— Tu as froid ? lui demanda le petit garçon en se frottant les bras, rafraîchi par la brise.

— Non, il fait bien chaud sous cette couverture. Grimpe sur mes genoux, je vais te réchauffer.

Bunny serrait Joseph contre lui lorsque Benjamin surgit devant eux.

— Viens, il y a de la place pour toi aussi.

Bunny rabattit la couverture sur eux trois. Les garçons, qui avaient toujours été plutôt chahuteurs, étaient comme éteints, et personne ne pouvait prédire quand ils se remettraient du choc causé par la mort de leur père. Certes, Ruth avait perdu un mari, Bunny et Sadie un fils, mais toute sa tristesse se nourrissait à présent du fait que ces deux petits grandiraient sans père. Il subviendrait à leurs besoins, évidemment, toutefois la question n'était pas là. Un garçon avait besoin d'un père pour avoir de bonnes bases dans la vie.

Celui de Bunny avait d'ailleurs été son meilleur guide. C'était lui qui l'avait encouragé à toutes les étapes de son existence. Passé de la misère à la richesse, Samuel Meister avait travaillé pour l'entreprise agroalimentaire Heinz durant trente ans, promu de son poste d'ouvrier – il emballait de la viande – à celui de contremaître, avant d'intégrer le siège, où il avait gravi les échelons au sein du service du personnel. Bunny avait entendu sa mère se plaindre de la saleté de l'usine, qui n'était pas kasher, ce qui ne l'avait pas empêché, lui, d'admirer le parcours de son père. Celui-ci avait pour habitude d'agiter son couteau et sa fourchette en l'air pour attirer l'attention de son fils à la table du dîner. « Travailler dur, Bernhard, et prendre des risques au bon moment… il n'en faut pas plus. Si on n'avait pas quitté l'Allemagne, ta mère et moi, on dormirait toujours sur un matelas de paille dans le grenier de son père ! »

Bunny étreignait ses petits-fils tandis qu'ils admiraient, tous trois, le ciel nocturne. L'argent ne faisait pas tout : qui leur montrerait le chemin à suivre ? Leurs oncles, peut-être, même si personne ne remplacerait jamais un père.

Samuel avait sué sang et eau pour quitter Deutschtown, afin de pouvoir inscrire Bunny dans une école privée pour garçons, à Oakland, et d'offrir à son épouse un jardin de la taille d'un timbre poste. Si elle n'avait guère approuvé la nature de la viande que son mari emballait, elle s'était départie de son attitude critique dès qu'elle avait eu son petit lopin de terre à cultiver. Samuel ne s'était pas formalisé lorsque Bunny, pour avoir l'air plus américain, avait abandonné le « h » au milieu de son prénom, devenant Bernard, puis Bernie – ses coéquipiers le surnommant ainsi. Son père n'avait raté aucun de ses matchs de football américain, l'admirant avec fierté depuis les gradins.

Bunny ne lui avait jamais raconté le discours que l'entraîneur avait tenu à ses joueurs pendant la mi-temps d'un match contre Deutschtown. Ceux-ci, assis sur un long banc en bois, étaient menés par leurs adversaires qui avaient marqué un touchdown. Plusieurs d'entre eux étaient blessés. « Je veux que vous vous battiez ! Je veux que vous vous rappeliez qui vous êtes et d'où vous venez. Vous n'allez quand même pas laisser ces sales Boches et ces Juifs nous battre ! Renvoyez-les chez eux la queue entre les jambes, ces emballeurs de viande ! »

Bunny s'était senti rougir sous son casque, redoutant d'être démasqué : il était un imposteur. De retour sur le terrain, il avait pris sa position en première ligne et rivé ses yeux sur le sol, au lieu de les plonger dans ceux de ses adversaires, ainsi qu'on le lui avait appris. Quelles étaient les chances qu'un habitant de son ancien quartier puisse les reconnaître, son père ou lui ? Quelques jours plus tard, alors qu'il avait acquis la certitude que ses camarades de classe partaient du principe qu'il était l'un des leurs, son soulagement avait viré à la panique. Il devrait faire preuve d'une vigilance extrême pour garder le secret sur ses origines familiales, surtout avec l'accent de sa mère.

Joseph interrompit la rêverie de Bunny.

— Grand-père, tu crois que papa est au paradis ?

Bunny avait bafouillé.

— Joseph… Bien sûr qu'il est au paradis, bien sûr.

Quelques minutes plus tard, il poursuivit :

— Si votre papa vous manque, les garçons, imaginez-le ici. Il adorait cet endroit et sera toujours là avec vous, à Eden. Cette maison l'a connu petit, au même âge que vous. Il a laissé son empreinte partout. Il était à mes côtés, pour la reconstruire, après le Grand Ouragan. Bon sang, il a même sauvé la vie de sa sœur…

Bunny pointa un doigt crochu vers l'océan.

— Vous voyez ces dunes, là-bas ? Quand vous les franchirez, il vous tiendra la main. Quand vous sortirez pêcher ou naviguer, cherchez son reflet dans la mer, et écoutez sa voix au milieu des vagues. Et quand vous regarderez les étoiles, pensez à la façon dont ses yeux brillaient.

Joseph acquiesça d'un hochement de tête.

— Promis.

— Toi aussi, tu étais ici quand tu étais petit, grand-père ? lui demanda alors Benjamin.

— Non, pas moi. J'ai passé toute mon enfance à Pittsburgh.

— Et pourquoi tu es venu ici alors ?

— Oh, eh bien, je crois que c'était une idée que je m'étais mise dans la tête…

Il raconta à ses petits-fils comment la graine avait été plantée, un après-midi qu'il faisait des passes sur la pelouse des parents de Michael Turner. C'était son meilleur ami au lycée. Celui-ci parlait souvent de ses vacances d'été.

« On va tous à Long Harbor, dans l'État de Rhode Island. »

Sa vaste famille avait acheté une ferme d'une centaine d'hectares, nichée sur une péninsule, ce qui lui avait permis de construire une demeure face à la plage, ainsi qu'un port abrité et plusieurs criques à l'autre bout de la propriété.

« Bernie, c'est parfait ! On a les vagues d'un côté, et une zone pour naviguer de l'autre. Et puis ça permet de fuir la puanteur de la ville tous les étés. »

Bunny s'était efforcé de cacher son émerveillement. Il n'avait jamais vu l'océan et savait mieux que personne combien Pittsburgh empestait l'été. Les seules images qu'il avait de l'Atlantique étaient inspirées des scènes de tempêtes glaciales du roman de Rudyard Kipling, *Capitaines courageux*. Il devrait attendre son entrée à

Yale, grâce à une bourse que ses talents de footballeur lui avaient permis de décrocher, pour faire la rencontre, en personne, de l'océan.

Ses amis à l'université l'introduisirent dans un tout nouvel univers. Bunny n'évoqua pas devant ses petits-fils les irruptions habituelles de Whitey et Stalworth dans la chambre de sa résidence, le plus souvent pour poser une bouteille de whisky pile sur le devoir qu'il était en train de rédiger. « Viens, Bernie, tu bosses trop ! » se plaignaient-ils. Il avait fini par apprendre à jouer à leur petit jeu : il portait sa cravate desserrée, mettait les pieds sur son bureau et leur cachait combien il bûchait en leur servant régulièrement un petit verre. Il avait trouvé tout naturellement sa place parmi la crème des étudiants, issus de l'enseignement privé.

Plutôt que de raconter tout cela à Joseph et à Benjamin, Bunny leur parla de la fois où Whitey l'avait invité à Southampton. À la descente du minibus, il avait été aveuglé par la luminosité. Il avait mis une main en visière autant pour masquer l'expression d'ébahissement sur son visage que pour abriter ses yeux du soleil, qui se réfléchissait sur le sable blanc. Il avait fini par pénétrer dans ce monde étincelant dont Michael Turner lui avait tant rebattu les oreilles.

Whitey l'avait emmené sur une immense plage où ses amis, ses sœurs et leurs amies étaient tous étendus sur des serviettes. « Ça alors, Bernie, tu dois crever de chaud après ton voyage ! Viens ! » Whitey avait alors enjambé les serviettes pour courir vers l'eau, franchissant les brisants et plongeant sous les vagues jusqu'à atteindre un endroit où il pouvait faire du surplace sans difficulté. Il laissait le mouvement de l'eau le ballotter.

Bunny était subjugué par l'adresse avec laquelle son ami avait atteint cette zone plus profonde et plus calme. Il l'avait suivi jusqu'à avoir de l'eau à la taille, puis s'était mouillé le visage et les cheveux avant de croiser les bras et d'exagérer ses frissons. Ça ne lui avait jamais traversé l'esprit d'apprendre à nager.

La plus jeune sœur de Whitey était restée près de Bunny pendant qu'ils flânaient sur la pelouse, dépliant des couvertures et imaginant des projets pour la soirée. Il l'avait aidée à faire griller des steaks et des épis de maïs. Le goût de la bière fraîche se mêlait à celui du sel sur ses lèvres, la peau de son front et de ses joues, rosies, le picotait. L'odeur et le grésillement de la viande, l'éclat du feu de camp, l'aisance avec laquelle les gens grignotaient leurs épis de maïs, reprenaient une autre bière ou s'embrassaient au clair de lune était ensorcelante. Il avait décidé que cette magie ferait un jour partie intégrante de sa vie.

Les petites têtes de Joseph et Benjamin étaient pressées contre le torse sifflant de Bunny lorsqu'il conclut son histoire.

— Cette fille sur la plage, c'était grand-mère ? lui demanda Joseph.

Bunny éclata de rire.

— Non, non ! J'ai rencontré votre grand-mère des années plus tard, lors d'une garden-party à Pittsburgh. Elle était d'une beauté à cette époque…

La porte-fenêtre s'ouvrit, et une expression de soulagement se peignit sur les traits de Ruth.

— Ah mais vous voilà ! s'exclama-t-elle en s'approchant.

— Grand-père ne sait pas nager, lui dit Benjamin.

— Qu'est-ce que tu racontes ? Je vous ai cherchés partout, ajouta-t-elle avec une irritation de circonstance.

Elle ne restait jamais fâchée très longtemps.

— Ruthie, tu as eu des nouvelles de Becca ? Tu sais si elle vient passer le week-end ? s'enquit Bunny.

— Je ne crois pas. Dan et elle organisent une collecte de fonds pour l'hôpital, répondit-elle en orientant adroitement le fauteuil vers le salon. Les garçons, descendez des genoux de votre grand-père. Lilly vous a gardé votre dîner au chaud, dans la cuisine.

4

PITTSBURGH
1913

Sadie avait accepté d'accompagner ses parents à la garden-party des Downing, tout en leur faisant remarquer qu'ils n'étaient pas obligés de l'exhiber dans tous les événements mondains de Pittsburgh. L'équitation l'intéressait bien plus que la quête d'un époux. Elle tenait une ombrelle et portait une belle robe blanche. Sa mère l'avait coiffée comme la jeune fille idéale imaginée par l'illustrateur Gibson à la fin du XIXe siècle, relevant ses cheveux roux foncé en un chignon flou. Elle buvait du thé glacé et feignait de s'intéresser à la partie de croquet à laquelle deux garçons se livraient sur la pelouse verte, affectant une fougue que démentaient leur tenue guindée et leur coupe au bol.

— Sadie Thompson, permets-moi de te présenter Bernard Meister, dit Mme Downing en accompagnant la jeune fille à sa table. Je crois que vous avez le même âge tous les deux. Vous devriez trouver beaucoup de choses à vous dire.

Sadie laissa Bernard lui avancer sa chaise avant de lui sourire lorsqu'il prit place à côté d'elle. Il avait un menton bien dessiné, le teint mat et des sourcils de jais. Elle fut séduite par son profil et pleine de gratitude à l'encontre de ses parents qui avaient insisté pour qu'elle vienne.

Pendant que les hommes autour de la table discutaient du génie d'Andrew Carnegie – le roi du rail avait réussi à créer une aciérie florissante, la Carnegie Steel, qu'il avait ensuite cédée à US Steel –, les femmes, elles, évoquaient les futurs temps forts du calendrier mondain. Sadie faisait poliment la conversation avec Bernard.

— La faculté de droit de Yale ! Eh bien… Vous avez dû aller souvent à Manhattan. Racontez-moi !

Il lui souriait tout en parlant et l'ensorcelait avec ses yeux sombres. Sadie rougissait et détournait le regard, faisant mine de chercher quelqu'un à l'autre bout de la tente.

Sur le trajet du retour, une fois la réception terminée, elle était obnubilée par Bernard, sa chevelure brune et soyeuse, sa fossette au menton et cette façon qu'il avait eue de la regarder. Son père la tira de sa rêverie alors qu'ils étaient secoués par les cahots de la route.

— Ce type-là, Meister… je crois qu'il travaille pour Downing, chez Heinz. Quelqu'un m'a dit qu'il avait commencé à l'usine avant de gravir les échelons.

Sa mère ajouta :

— Tu te rends compte, leur fils était assis à côté de Sadie ! Et tu as entendu l'accent de sa femme ? Ils sortent tout droit de Deutschtown.

— Je suis sûr que Downing les considère comme des gens de bien.

— On ne sait jamais avec Frannie Downing. C'est une semeuse de trouble…

— Helene !

— Si je devais me fier aux apparences, je dirais qu'ils sont juifs.

— Arrête ça immédiatement, Helene !

Allongée dans son lit ce soir-là, Sadie se demanda si Bernard lui rendrait visite. Il était très accaparé par son cabinet d'avocats et ne trouverait sans doute pas, elle le redoutait, de temps pour elle.

Le lendemain matin, les parents de Sadie se rendirent en voiture à la chapelle familiale, située à la lisière de leur grand domaine, Lancaster Fells, à un kilomètre et demi de leur résidence. Ils passeraient prendre la grand-mère de la jeune fille, qui préférait, à l'instar de ses frères et sœurs, marcher. La mère de Sadie sortit la tête par la fenêtre pour lancer un dernier avertissement à ses enfants.

— Ne traînez pas !

Les frères de Sadie zigzaguaient entre les immenses arbres qui bordaient le chemin, tandis qu'elle sautillait avec sa sœur Kitty, en la tenant par le bras. Sadie cria aux garçons d'éviter les flaques d'eau pour ne pas provoquer l'ire de leur mère. Les quatre enfants Thompson tenaient leurs rousseur du côté maternel, et Sadie avait entendu leur grand-mère paternelle se plaindre que celle-ci était la seule à en tirer avantage. Elle avait le teint clair et l'arête du nez piquée de taches de son. Quant à ses yeux, surmontés de hauts sourcils arqués et bien fournis, ils pétillaient de malice.

À l'issue de l'office, la famille se réunit dans la maisonnette de la grand-mère. Elle s'y était installée l'année des huit ans de Sadie, à la naissance de sa sœur cadette, Kitty. « Je suis trop vieille pour vivre entourée d'enfants, avait-elle expliqué. Et puis, Helene et moi, nous n'arrivons visiblement pas à partager une cuisine. » Sadie regrettait l'époque où sa grand-mère vivait avec eux. Elle se souvenait encore de l'échange de ses parents lorsque celle-ci avait insisté pour que le traditionnel repas du dimanche n'ait plus lieu dans la salle à manger grandiose de la demeure principale mais dans la sienne, plus modeste. « Helene, ma mère est une femme âgée, c'est tout ce qui lui reste », avait argué le père de Sadie, las de ces disputes.

Au moment du café, l'épouse du pasteur mentionna, en toute innocence, le nombre de cérémonies de mariage qui avaient été célébrées cet été-là.

— Tous les samedis de juin et de juillet…

L'aïeule sauta sur l'occasion.

— Eh bien notre Sadie, ici, a justement terminé ses études, fait son tour d'Europe et son entrée dans le monde… Il y a combien de temps maintenant ? Cinq ans ?

Du coin de l'œil, la jeune fille remarqua l'expression peinée sur les traits de sa mère.

— Quatre, rectifia-t-elle.

— Quatre, d'accord. Quoi qu'il en soit, j'espérais un mariage avant ma mort !

La femme du pasteur buvait son café en silence. Sadie se leva de table et, un éclat de rire dans la voix, prit congé :

— Je vous prie de m'excuser, mais tant que je suis encore une femme libre, je vais aller entraîner Blue !

Elle serra la main du pasteur, puis embrassa sa grand-mère sur la joue. Elle laissait à sa mère le soin de s'inquiéter : elle était parfaitement heureuse de sa vie telle qu'elle était.

Elle rentra rapidement chez elle. Après avoir mis sa tenue d'équitation, elle se rendit aux écuries. Elle huma les parfums familiers de cuir tanné tout en brossant et sellant son précieux quarter horse. Le soleil lui chauffa le visage lorsqu'elle traversa la prairie et longea les bois. Elle prit de la vitesse en atteignant la route. Blue était lancé au galop quand ils tombèrent sur une voiture de location. Sadie tira sur les rênes et ralentit avant de la doubler. Jetant un coup d'œil à l'intérieur, elle aperçut des cheveux noirs, puis le visage de Bernard : il était à la fois surpris et fou de joie. Il batailla avec la vitre pour l'ouvrir.

— Bonjour ! lui lança-t-elle. Mais quel hasard incroyable ! Vous faites votre petite promenade du dimanche ?

— Non, je suis venu à dessein. Vous m'aviez autorisé à vous rendre visite, et me voici.

Le cœur de Sadie fit un bond.

— Oh…, fut tout ce qu'elle réussit à articuler, en proie à une grande émotion.

Elle lui sourit, au bord du fou rire.

— Tournez à gauche au bout de la route, et retrouvez-moi aux écuries !

Elle éperonna Blue, qui s'élança, même si les pensées de Sadie cavalaient plus vite que les membres puissants du cheval.

Cet été-là, Sadie se déroba aux tentatives de sa mère pour la présenter aux « bons partis », préférant passer ses soirées et ses week-ends avec Bernard. Ils se promenaient après le dîner ; elle lui apprit à seller, puis à monter. Il proposa de faire de la bicyclette, et elle le taquina sur son éducation citadine. Elle le convia à l'office du dimanche et au repas familial qui suivait. Il l'escorta à deux bals au Hunt Club.

Un soir, Bernard invita Sadie chez lui, à Oakland, avant un concert symphonique. Ils s'assirent dans le petit salon de ses parents, dégustant un xérès pendant que Mme Meister leur proposait du fromage et du pain sur une assiette en porcelaine. Les parents de Bernard étaient gais et vivants. Sa mère parlait avec les mains pour compenser son vocabulaire limité, et son père levait les poings avec emphase à la fin de chacune de ses phrases. Sadie avait rarement été confrontée à une assurance de cette nature, acquise à la force du poignet. Les hommes de son clan, qui avaient hérité de demeures somptueuses et d'excellents postes, quittaient tous leurs bureaux en milieu d'après-midi pour aller jouer au backgammon et boire du whisky au Pittsburgh Club.

Sadie et Bernard se rendirent à la salle de concert, le Symphony Hall, à pied. Il lui offrit son bras.

— Votre père prononce étrangement votre prénom, *Bern-hard*, on dirait presque qu'il est composé de deux mots. Et les sonorités sont si dures, on a l'impression qu'il s'apprête à vous punir.

— Ha ! Je n'y avais jamais songé…

— Vraiment ? Vous n'avez pas un surnom, qu'ils vous donnaient petit garçon ?

— Mes camarades d'école m'appelaient Bernie, mais ça ne me plaisait pas tant que ça…

— Je dirais que Bernard fait trop vieux, et Bernie trop sec. Moi, je vois plutôt en vous un… Bunny.

— Pardon ?

— Bunny, c'est parfait. À la fois doux, tendre et gentil.

— Doux ?

— Vous savez bien que vous êtes un agneau déguisé en loup, un colosse puissant avec un cœur énorme.

— Bien sûr, mais je ne suis pas certain pour Bunny…

— Si, si, vous êtes un Bunny ! À partir de maintenant, ça sera votre nom ! Bunny Meister !

— Bon, très bien. À l'université, mes amis me répétaient souvent qu'il me fallait un meilleur surnom de toute façon.

***

— Il a demandé ta main à ton père, néanmoins nous allons refuser, lui annonça sa mère.

Sadie en fut réduite au silence. Elle avait toujours trouvé la sévérité de sa mère amusante à observer, mais à présent qu'elle en était victime, Sadie avait l'impression d'avoir reçu un coup en plein ventre. À l'idée que ses parents éconduiraient Bunny, elle s'échauffa. Elle compatissait autant pour son humiliation à lui que pour sa propre déception. Elle rêvait déjà d'une vie à ses côtés.

Elle prit la direction des écuries, trop en colère pour parler à sa mère. Elle étrilla puis monta Blue, qu'elle lança dans un galop rageur à travers la prairie. Elle l'autorisa à ralentir sur la route en terre à l'approche de la maison de sa grand-mère. En la voyant assise sur sa véranda, elle arrêta sa monture.

Elle agita la main avant de descendre. Elle conduisit son cheval à la clôture, noua ses rênes à un poteau et rejoignit sa grand-mère pour partager avec elle une tasse de thé.

— Ma chérie, je suis si heureuse de t'avoir pour moi toute seule, ça me change ! Je veux tout savoir de ton beau prétendant.

Sadie lui répondit d'un sourire triste.

— Qu'y a-t-il, mon enfant ? Je ne t'ai jamais vue à court de mots.

— C'est maman…

Sa grand-mère écouta en silence, sans cajoleries, toute l'histoire confiée par Sadie. Quand celle-ci eut terminé, la vieille femme lui tendit un mouchoir.

— Tu l'aimes ?

— Je n'en avais pas conscience avant aujourd'hui, mais je crois bien que oui.

— Alors ça devrait suffire.

Les yeux vert sauge de la vieille femme se mirent à pétiller tandis qu'un sourire de satisfaction s'épanouissait sur ses traits.

Ce soir-là, Sadie surprit les bribes étouffées d'une conversation orageuse en provenance de la chambre de ses parents. « … Elle n'est presque plus en âge de se marier, de toute façon », de la bouche de son père. Puis : « Comment ose-t-elle s'en mêler ? » de celle de sa mère. Au matin, à la table du petit déjeuner, il annonça à Sadie, caché derrière son journal :

— Nous avons changé d'avis. J'appellerai ton Bernard aujourd'hui.

Sadie et Bunny se marièrent après le Nouvel An dans la chapelle familiale de Lancaster Fells. Kitty fut la demoiselle d'honneur de sa sœur, et Bunny prit son père comme témoin. Ce furent des noces simples. Tandis qu'ils quittaient la chapelle par une porte sur le côté, suivis de leurs invités, Bunny déposa une étole en vison blanche sur la frêle silhouette de Sadie pour la protéger du froid extérieur. Levant les yeux vers lui, elle lui sourit lorsqu'il l'aida à monter dans la voiture qui les reconduirait à la demeure des Thompson. Quand ils furent assis côte à côte sur la banquette, Bunny prit le visage de sa jeune épouse entre ses deux immenses mains et se pencha vers elle pour l'embrasser sur les lèvres.

— Je t'aime, Sadie Meister, dit-il.

— Oh, Bunny ! Je n'arrive pas à croire que c'est bien réel, répondit-elle, parcourue par un frisson d'excitation. Que je suis vraiment ta femme et que nous allons bâtir notre vie ensemble !

Elle allait quitter sa chambre d'enfance pour emménager dans la petite maison, à l'autre bout de la ville, dont Bunny venait de faire l'acquisition pour eux.

— C'est un jour magique, approuva-t-il.

Les invités rejoignirent Lancaster Fells à cheval ou à pied pour une petite réception. À son arrivée, Sadie remarqua que M. Meister tendait un mouchoir à son épouse dans l'entrée pavée de marbre.

— Tes parents sont contrariés ? glissa-t-elle à l'oreille de Bunny.

— Mon père pleure parce qu'il est heureux pour moi, et ma mère parce que je ne me suis pas marié dans une synagogue.

Sadie scruta le regard de son époux, cherchant à connaître son sentiment sur la question.

— Les parents ! lança-t-il en levant les mains en l'air.

Elle aperçut alors sa propre mère dans la salle à manger : raide comme un piquet, elle échangeait des banalités avec la femme du pasteur.

— Ah, ça, ne m'en parle pas !

— Oublions-les, Sadie Meister. Et allons boire du champagne.

***

Sadie et Bunny dînaient sur leur table fraîchement cirée, ainsi qu'ils le faisaient presque tous les soirs depuis quelque temps. Leur bonne, Alice, qui était entrée à leur service peu après la naissance de leur fils aîné, Thomas, déposa des assiettes devant eux.

Bunny s'attaqua avec vigueur à son steak. Ils mangèrent en silence pendant quelques minutes, puis Sadie demanda :

— Et ta journée ?

— US Steel continue de nous aider à payer les factures. Leur service juridique nous sous-traite une part infime de la charge de travail, et pourtant on est tous débordés.

— Et comment ça se passe avec Stanley ?

— Mieux. Il continue à me poser problème, mais j'applique tes sages conseils, ma chérie.

Bunny consulta sa montre à gousset avant de tourner le bouton du poste de radio qu'ils avaient installé près de la table. C'était l'heure des informations du soir, et ils voulaient tous deux avoir des nouvelles de la guerre en Europe.

— Oh là là, soupira Sadie en entendant le journaliste évoquer l'implication imminente des États-Unis dans le conflit.

— Kitty pense que Francis et Arthur pourraient bien s'engager immédiatement.

Sadie chercha du réconfort sur les traits de Bunny, puis ajouta :

— D'après elle, maman est dans tous ses états.

***

L'enrôlement des deux frères de Sadie plongea le cercle élargi du clan Thompson dans un mélange troublant d'émoi et de fierté. Helene se grattait continuellement les avant-bras, au point que Sadie insista pour qu'elle porte des manches longues afin de protéger sa peau couverte de croûtes. Sadie et Kitty se relayaient pour passer l'après-midi avec elle, dans le salon de Lancaster Fells. Quand c'était son tour, Sadie rentrait chez elle exténuée. Elle réunissait ses deux garçons à la sortie du bain et serrait de toutes ses forces ce gros paquet de bras, de jambes et de petits bidons.

Autour d'un dîner à la chandelle par une soirée glaciale de février, Bunny lui demanda :

— Des nouvelles de tes frères ?

— Non. Avec Kitty, nous prions pour que mère reçoive une lettre prochainement.

— Mmh… De mon côté, j'ai déjeuné à nouveau avec des conseillers municipaux et ils m'ont donné des informations capitales. Le P&LE est à vendre. C'est l'occasion qu'on attendait.

Sadie posa ses couverts et considéra son époux avec sérieux. Bunny lui tint la main le temps de lui exposer son projet. Le Pittsburgh and Lake Erie Railroad était une petite ligne de chemin de fer très importante, dédiée à un secteur très prospère de l'industrie, puisqu'elle desservait un réseau de taille modeste, et néanmoins très lucratif, entre Youngstown et Pittsburgh, alimentant des usines comme celles d'US Steel. Bunny, l'un de ses associés au cabinet ainsi que deux hommes d'affaires du coin voulaient constituer un consortium pour acheter la ligne, la rénover et transformer les trains de marchandises afin de dédier entièrement ce tronçon au transport de charbon, de minerai de fer, de calcaire et d'acier.

— Après ça, on pourra se tourner les pouces et regarder l'argent couler à flots.

Si Sadie était fière de l'esprit d'initiative de son époux, la perspective de le voir quitter son cabinet pour investir tout ce qu'ils avaient dans ce « petit géant », ainsi qu'on surnommait le P&LE, la rendait nerveuse. Plus tard, lorsque les prévisions de Bunny se réaliseraient, elle aurait du mal à accepter la concomittance de cette aubaine professionnelle avec l'angoisse profonde qu'avait connue sa famille pendant la guerre.

Dans le petit salon de Lancaster Fells, Sadie subissait les attaques de sa mère sur leur mode de vie.

— Tu pourrais faire preuve de plus de délicatesse. Quel besoin d'afficher ainsi votre réussite ?

— Mais maman…

— Ne te cherche pas d'excuses. Tu devrais enseigner la discrétion à ton mari. Les gens parlent de ses manières de nouveau riche.

***

Six mois après avoir touché, avec ses associés, d'importants dividendes du P&LE, Bunny rentra du travail vêtu d'un nouveau costume ; il avait un bouquet de fleurs et sautillait de joie. Sadie et Alice venaient de baigner Thomas et son petit frère Edward, et de les faire asseoir autour de la table de la salle à manger. Sadie se força à adresser un sourire épuisé à son mari, lorsqu'il fit son entrée théâtrale. Son arrivée provoquait toujours une cacophonie de hurlements enfantins, les garçons se battant pour avoir une occasion d'accaparer l'attention paternelle. Il fit le tour de la table, distribua baisers et tapes affectueuses sur les têtes, éclata de rire en voyant Edward se jucher sur une chaise pour lui montrer ses muscles.

— Bunny ! Ne les encourage pas ! le réprimanda Sadie.

Alice commença le service du repas, mais Bunny ne tenait pas en place, il tapait dans ses mains et se relevait soudainement. Sadie crut qu'il allait chercher le sel et le poivre à la cuisine, quand il vint se placer derrière elle pour relever sa longue chevelure épaisse et déposer un baiser sur sa nuque. Elle rougit parce qu'il touchait un point sensible, la zone de son corps qui déclenchait toujours des vagues de désir en elle.

— Bunny ! Pas ici ! Qu'est-ce qui te prend enfin ?

Il déposa un petit paquet devant elle, sur la table, et murmura :

— Je voulais te l'offrir plus tard, mais je ne peux plus attendre.

Sadie chercha un indice dans les yeux de son mari. L'écrin en velours noir contenait un magnifique collier de diamants. Avant qu'elle n'ait eu le temps de lui reprocher cette nouvelle folie, il mit un genou à terre.

— Oh, Sadie, il te plaît vraiment ? Ce n'est pas tout, ce n'est pas ça, le vrai cadeau !

— Au nom du ciel, qu'as-tu encore fait ? s'inquiéta Sadie en haussant un sourcil alors que ses fils se mettaient à bondir autour d'eux.

— Quoi, papa ? Quoi ?

Bunny sortit un rouleau de papier de son attaché-case et le déplia sur la nappe après avoir repoussé une partie de la vaisselle.

— Ceci, mes chéris, est une carte de Long Harbor, dans le Rhode Island. Aujourd'hui, votre papa en a acheté un bout !

5

LONG HARBOR
Vendredi 26 juin 1998

Rachel se réfugiait souvent dans sa chambre. Entre ses murs octogonaux, elle parvenait à chasser l'impensable de son esprit. Sarah, Sarah l'imprudente, tombée amoureuse d'un homme plus âgé, qui avait débarqué ici enceinte et qui se montrait si naïve sur les implications de ce bouleversement, sur les sacrifices qu'elle serait amenée à faire. Rachel fermait sa porte et tentait d'oublier, se perdant dans l'immensité de son matelas « queen size », si haut au-dessus du sol. La moquette bouclée verte et l'ancienne coiffeuse dans un coin avaient été choisies avec grand soin par sa grand-mère, des années auparavant : elle avait décoré cette chambre pour la mère de Rachel, Becca, la seule fille dans une famille de garçons chahuteurs. Même si Sadie avait peut-être poussé le bouchon un peu trop loin – le lit était surmonté d'un baldaquin volanté –, Rachel raffolait de cette pièce et de sa féminité revendiquée.

Elle aimait dormir les fenêtres grandes ouvertes pour accueillir la fraîcheur nocturne. La brise marine gonflait légèrement les voilages comme un souffle de vie, sorte de bouche-à-bouche pour l'âme. Elle résistait toujours à la tentation de les fermer, même si Lilly, à la moindre menace de pluie, s'affairait dans la maison pour toutes les claquer. Quand Rachel était adolescente, la plupart des matins sa mère débarquait dans sa chambre à dix heures avec une expression de dégoût, s'exclamant qu'elle gaspillait son été en dormant aussi tard. Elle s'était particulièrement indignée les étés où les cousins de Rachel, Joseph et Benjamin, leur rendaient visite : elle comptait sur sa fille pour s'occuper d'eux pendant que son frère prenait ses cours de tennis.

« Ça leur va très bien d'aller à la plage tout seuls, maman.

— Ce n'en est pas moins grossier, Rachel. J'ai promis à Ruth qu'on leur ferait passer un bon moment ici. »

Becca s'était toujours autoproclamée « du matin » et mesurait, avec une certaine suffisance, la valeur des gens à l'aune de l'heure à laquelle ils se levaient. Rachel, elle, faisait la grasse matinée, et les rituels qu'elle chérissait le plus étaient liés au coucher : regonfler les oreillers, avaler une gorgée de vin et lire quelques lignes d'un livre avant d'autoriser ses paupières lourdes à se fermer et de plonger dans un sommeil profond et dévorant.

Elle aimait plus que tout le luxe estival du réveil naturel, sans sonnerie. Rachel pouvait rester immobile dans son lit le temps que ses yeux s'accoutument à la lumière, savourant la chaleur du duvet et prêtant l'oreille aux bruits de la maison. L'eau qui coulait dans les tuyaux, signe que sa mère se douchait ; le claquement de la porte de la cuisine, symptomatique de sa fille, Sarah ; le crissement des pneus de la Lincoln sur le gravier de l'allée l'informant que Lilly partait au marché.

Rachel étira ses bras au-dessus de sa tête et inspira profondément, espérant sentir des parfums de petit déjeuner avant de se souvenir que depuis la mort de son père, à la fin de l'été précédent, plus personne ne mangeait de bacon.

Elle s'assit dans son lit, chercha ses lunettes parmi plusieurs flacons de comprimés sur sa table de chevet, puis elle prit son exemplaire abîmé de *Moby Dick*. Un autre de ses rituels estivals consistait à relire la quête folle et obsessionnelle du capitaine Achab, si incompris et lancé dans cette entreprise de destruction. Ces derniers temps, c'était devenu sa bible ; elle ouvrait une page au hasard et forçait son esprit à se représenter le contexte exact. Quand elle arrivait à ses passages préférés, elle posait le livre sur sa poitrine, au dos si usé qu'il maintenait à peine les pages ensemble, et récitait de mémoire des paragraphes entiers. Ces exercices littéraires lui procuraient une satisfaction qui lui donnait la force d'affronter une nouvelle journée.

Les gargouillis de son estomac finirent par la chasser du lit. Dans le miroir de la salle de bains, elle croisa son reflet : atterrée par les cernes sombres et bouffis sous ses yeux, elle s'apergea le visage d'eau froide, puis entortilla ses longs cheveux parsemés de mèches grises qu'elle attacha avec une pince sur le sommet de son crâne. Elle attrapa la robe de chambre en soie suspendue derrière la porte et noua la ceinture autour de son ventre. Son ex-mari, Peter, la lui avait rapportée de son premier voyage d'affaires en Thaïlande, près de trente ans auparavant. Il était si heureux à la perspective de partir que ça avait été un baume pour eux à l'époque. Toutefois, l'oncle de Rachel, Edward, avait réduit en miettes le peu d'espoir qu'elle nourrissait pour l'avenir de son mari en lui expliquant qu'il ne l'envoyait là-bas que parce qu'il en avait assez de le voir se morfondre au bureau.

Ah, combien cette robe de chambre ravivait le souvenir de celle qu'elle était alors, plus jeune et plus sexy ; de Peter qui défaisait lentement la ceinture et glissait ses mains autour de sa taille, alors bien dessinée, pour l'attirer plus près. Californien jusqu'au bout des ongles, Peter ne s'était jamais intégré à Long Harbor. Cette chambre et le corps pulpeux de Rachel avaient constitué un refuge pour lui. L'été suivant leur mariage, avant que son ventre de femme enceinte n'atteigne la taille d'une montgolfière, ils passaient de longues matinées au lit. Il lui faisait l'amour avec vigueur, comme si la fin des temps était arrivée, alors qu'un violent orage grondait derrière leur porte. Puis, quelques années plus tard, lorsque le mariage s'était désagrégé, ces mêmes murs avaient absorbé leurs cris. Elle avait dû se cacher sous son drap pour échapper aux remontrances de sa mère. « Ah ça, on peut dire que tu donnes aux gens des raisons de jaser, avait bouillonné Becca en apprenant leur projet. C'est le premier divorce dans cette famille ! »

En dépit de ses désaccords avec sa mère, Rachel avait toujours été attirée par Eden. Leur engagement à y passer chaque été ensemble était devenu, entre elles deux, une marque d'amour. Elles évoluaient dans des sphères différentes, Rachel suivant son propre tempo, quand sa mère s'impliquait corps et âme dans toutes sortes d'activités mondaines. Malgré tout, en dépit de ses nombreux engagements, Becca réussissait à ralentir le rythme à Long Harbor. Elle attendait de Rachel et Andrew une attitude irréprochable pendant l'année scolaire, mais à partir de la fin mai, et plus exactement du Memorial Day, elle les encourageait à se détendre. L'été était sacré, la récompense ultime pour avoir trimé pendant l'hiver froid et sombre. Becca poussait sa fille à s'exposer au soleil, antidote parfait pour son acné et les cernes sombres sous ses yeux.

Rachel n'était pas seulemcnt attirée par la chaleur du soleil. Elle compatissait avec son père, qui rouspétait dès que des obligations l'éloignaient, ne serait-ce qu'un jour ou deux, d'Eden. Il avait d'ailleurs menacé de ne pas assister à un mariage à Long Island, qui avait lieu en plein mois de juillet…

Lilly s'était plainte, un jour, que Rachel ne mette jamais les pieds au supermarché. C'était vrai. En dehors de la maison, de la plage et d'une visite ponctuelle au glacier du village, où elle avait travaillé adolescente, Rachel ne se rendait presque nulle part.

« Je suis désolée, Lilly, l'hiver a été si long, s'était-elle justifiée. Je me trimballe entre le boulot et l'école chargée de sacs de livres, je prépare les repas… Quand j'arrive à Eden, je m'écroule.

— Rachel, ta grand-mère m'a engagée l'année de mes seize ans pour m'occuper de toi alors que tu étais bébé. Si je m'étais doutée que ça continuerait cinquante ans plus tard ! »

Rachel ouvrit la porte de sa chambre et s'avança à pas de loup dans le couloir, à l'affût de voix. Appréciant le silence, elle se dirigea vers l'escalier comme s'il était minuit et qu'elle s'apprêtait à dévaliser l'office. Elle avait beau chérir la solitude, Rachel se faisait parfois l'impression d'être une île : la vie de la maison s'écoulait tout autour d'elle, ses opinions n'avaient aucun poids.

Elle fut surprise de trouver la cuisine vide à onze heures. De vifs rayons de soleil pénétraient par la fenêtre et frappaient le mur. Hennessy releva la tête dans son panier.

— N'espère pas m'avoir, mon vieux. Je ne vais pas te nourrir, lui dit Rachel.

Lilly avait laissé la cafetière branchée, ainsi qu'un demi-pamplemousse et un toast près du grille-pain. Ses petits gestes étaient la preuve de l'amour sincère que Lilly lui portait, même si elle s'était copieusement plainte, ces derniers jours, de ne pas pouvoir entrer dans la chambre de Rachel pour y faire le ménage.

Rachel était en train de fureter dans le placard à alcools de l'office, à la recherche de la bouteille de Baileys, quand elle entendit la voix de sa mère.

— Qu'est-ce que tu fais ?

Elle sursauta.

— Maman !

— Je savais bien que tu finirais par sortir de ta tanière pour manger.

Rachel installa son petit déjeuner sur la table de la cuisine et se concentra sur la nourriture. Sa mère s'assit en face d'elle et croisa ses bras frêles sur son tricot rose pâle, sur lequel se détachait son rang de perles. Comme toujours, son carré gris était impeccable. Rachel resserra la ceinture de sa robe de chambre, puis ajusta la pince sur sa tête.

— Au cas où tu t'apprêterais à me faire la leçon, maman, j'ai l'intention de me laver les cheveux après mon petit déjeuner.

Elle se remit à prélever des segments de pamplemousse, se concentrant pour récupérer le jus dans sa cuillère et avaler le liquide rose.

— Non, Rachel, il ne s'agit pas de tes cheveux. Je voudrais te parler de Sarah. Je crois que tu devrais avoir une discussion avec elle. Imagine un peu ce qu'elle doit ressentir…

— Maman, je te trouve très indulgente avec Sarah vu sa situation. On peut dire que tu as changé ton fusil d'épaule.

En 1970, alors qu'elle était en deuxième année d'université, Rachel avait dû annoncer sa grossesse à sa mère. Elles étaient toutes deux assises à l'avant du break familial. Elle avait préparé son discours pendant le long trajet en bus d'Ithaca à New Haven.

Il pleuvait à verse quand le bus était arrivé à la gare routière. Le temps que Rachel traverse le parking en tongs, ses cheveux crépus avaient été trempés, tout comme son sweat-shirt aux couleurs de sa fac, Cornell. De mémoire, c'était la seule fois où Becca l'avait serrée longuement contre elle, sans écourter leur embrassade, lui témoignant une affection sincère. Le père de Rachel avait suggéré qu'elle fasse adopter son bébé à la naissance, mais Becca n'avait rien voulu entendre. Elle avait vraiment tapé du poing sur la table.

Rachel mordit dans son toast et le mâchonna.

— C'est un seul rapport non protégé avec Peter qui a déterminé le reste de mon existence, maman. Tu as pris le contrôle de la situation. C'est toi qui as décidé et qui m'as fermé des portes à tout jamais. Ce bébé a défini toute ma vie.

— Rachel, ce bébé, c'était Sarah. Je t'en prie… Tu as l'opportunité de gérer la situation avec plus de sensibilité que moi. Il faut juste que tu lui parles.

Rachel secoua la tête. Toute sa vie avait toujours tourné autour de Sarah. Ses amis, écrivains comme elle – des citadins bohèmes au franc-parler –, la taquinaient constamment sur ses vacances de « bourge ». Elle affirmait, pour sa part, qu'elle ne passait son été à Eden que pour sa fille. « Mes parents sont pénibles, mais je veux que Sarah puisse connaître ces joies de l'enfance, se promener pieds nus sur la plage et ramasser des coquillages. »

Rachel n'avait jamais exprimé ce que ces séjours représentaient pour elle. La pression retombait dès qu'elle commençait à longer les vieux jalons familiers sur la route qu'elle prenait en juin, chaque année. La métamorphose progressive du paysage, de moins en moins urbain et de plus en plus rural, était pour elle le symbole de cette transition à laquelle elle aspirait tout l'hiver. Elle klaxonnait dès qu'ils s'engageaient sur la voie privée, oubliant par facilité durant ces premiers instants optimistes combien elle était étrangère à l'harmonie familiale censée y régner.

— Maman, Sarah débarque ici avec un grand sourire innocent pour nous annoncer qu'elle est enceinte. Depuis quand tomber enceinte sans être mariée n'est plus un gros problème dans cette famille ? Ton hypocrisie me tue ! Tu ne t'es jamais intéressée à autre chose qu'aux apparences et à ton agenda mondain… Et maintenant qu'il est question de ta petite-fille chérie, tu changes les règles du jeu. J'imagine que je suis née une génération trop tôt.

— Rachel, tu as eu Sarah et tu as épousé Peter, il y a près de trente ans. C'est de l'histoire ancienne. Les choses sont différentes aujourd'hui. En prime, Sarah est une adulte. Elle est de taille à affronter la situation. Je crois qu'on doit lui apporter notre soutien.

— Non mais tu t'entends ! Qu'est-ce qu'aurait dit papa ?

— Rachel, ton père est mort.

Une boule se forma dans sa gorge.

— Je remonte, dit-elle en emportant son assiette et sa tasse.

— S'il te plaît, Rachel, parle-lui. Parle-lui avant qu'Andrew et Camilla n'arrivent pour le week-end, tant qu'il n'y a que nous à la maison.

— Oh, Andrew et Camilla…

— Sarah a besoin de sa mère.

Rachel leva les yeux au ciel et écarta une mèche de cheveux de son visage. *Comme si tu avais jamais été là pour moi, toi...*

— Je vais y réfléchir, lâcha-t-elle.

6

PITTSBURGH
1923

Assis derrière son immense bureau en acajou chez P&LE, Bunny feuilletait la brochure de présentation de Long Harbor. Il la relisait à ses heures perdues, plus spécifiquement les paragraphes dédiés au climat océanique et aux activités salutaires que l'on pouvait y pratiquer. On y mentionnait l'effet tonifiant de l'air marin qui ouvrait l'appétit et était aussi capable d'apaiser les nerfs. Ce livret s'adressait essentiellement à ceux qui projetaient d'y revenir été après été en famille, dans l'objectif de créer une communauté soudée.

Bunny était captivé par la photographie du phare perché à l'extrémité de cette petite presqu'île rocheuse, érigé au XVIIIe siècle. Il avait servi de poste de surveillance pendant la révolution américaine tout en restant un point de repère pour les capitaines de navires, à la recherche de l'entrée du détroit de Long Island. Bien avant cela, le puissant chef Paupanaug faisait le guet sur ce site, redoutant une invasion, par la mer, des terribles guerriers de la tribu Niantic ou des Narragansetts.

Tout en tournant les pages, Bunny se représentait les six hommes qui, en 1885, avaient saisi l'occasion d'acheter l'ensemble des terres cultivables. Se baptisant eux-mêmes les Fondateurs de Long Harbor, ces hommes se connaissaient depuis l'enfance – ils passaient alors leur été dans l'un des grands hôtels de Long Harbor. Bunny toucha avec son index la photographie qui avait du grain, les imaginant le soir où l'affaire avait été conclue, savourant des cigares cubains et un whisky d'exception.

Leur objectif, écrivaient-ils, n'était pas de concurrencer Newport, de taille colossale et chéri par la crème de Manhattan, mais plutôt d'offrir à la grande bourgeoisie une enclave vierge où se réunir et jouir d'activités de loisir, tels que le golf et la navigation de plaisance. Cet endroit devait incarner le bon goût et être fréquenté par les « bonnes personnes ».

Bunny s'était arrangé pour qu'un de ses collègues de travail lui présente l'un des fondateurs, quelques années auparavant. Les trois hommes avaient dîné au Pittsburgh Club, où Bunny avait, l'air de rien, lâché le nom de Michael Turner, en évoquant l'époque où il faisait son secondaire dans la prestigieuse Philmore Academy. Le vieux briscard avait mordu à l'hameçon.

« Il appartient à la famille des Turner liés à Long Harbor ?

— Eh bien oui, tout à fait. Il m'a raconté tant d'histoires merveilleuses sur cet endroit, et j'ai pu admirer des photos.

— Il est certain que Long Harbor est un lieu magique.

— Je me suis un peu renseigné, monsieur, et j'ai cru comprendre qu'il restait quelques terrains constructibles côté océan.

— C'est exact, avait-il répondu d'un ton légèrement interrogateur.

— Monsieur, mon épouse et moi-même serions très intéressés. »

Le vieil homme lui avait posé quelques questions pour le jauger. Il était de toute évidence plus impressionné par le fait que Sadie soit une Thompson que par Bunny, son diplôme de Yale et son succès fulgurant dans les affaires.

Bunny rangea la brochure écornée dans sa mallette, puis enfila son manteau et son chapeau. Dans la rue, il retrouva son chauffeur, qui chargeait ses bagages dans le coffre. Après avoir levé les yeux vers le ciel gris de Pittsburgh, Bunny se baissa pour monter à l'arrière et se rendre à la gare. Il faisait des voyages sur la côte tous les deux mois, pour voir son architecte Michael Henderson, et justifiait ces déplacements en déjeunant avec ses banquiers à New York, avant de prendre sa correspondance jusqu'à Long Harbor.

Quand il avait embrassé Sadie pour lui dire au revoir, ce matin-là, son corps frêle était recroquevillé sous leur couverture. Elle l'avait considéré avec des yeux bouffis et lui avait dit, d'une voix rauque de fatigue. « Fais bon voyage… » Il aurait aimé qu'elle montre plus d'enthousiasme pour la construction de la maison, mais s'efforçait de compatir à son humeur.

Le clan Thompson avait connu une terrible tragédie. Le frère de Sadie, Francis, avait trouvé la mort sur le champ de bataille à la fin de la guerre, et tout le monde à Lancaster Fells en avait eu le cœur brisé. Six mois après les funérailles de Francis, Arthur, le second frère de Sadie, avait été rapatrié du front à la suite de blessures à la tête et à la colonne vertébrale qui l'avaient laissé paralysé et muet. Après avoir confié leur fils à une institution, Helene et Walter avaient pour ainsi dire élu domicile dans leurs appartements privés. Quand Bunny leur suggérait de sortir pour prendre un peu l'air, Helene posait sur lui un regard accusateur, comme si elle n'avait plus que le courage d'attendre la fin de ses jours.

Depuis, il avait fait un effort pour contenir son excitation, par respect pour ces circonstances dramatiques. Il savait que l'exaltation que lui inspiraient les photographies et plans envoyés par Michael Henderson était déplacée dans cette période de deuil. Dans l'intimité, seul à seule avec Sadie, il ne parvenait cependant pas à se retenir, allant même jusqu'à penser qu'il pourrait y avoir un bénéfice, pour son épouse, à discuter d'un sujet positif.

« Les matériaux de construction proviennent de Kingston, à une trentaine de kilomètres de là. Ils sont transportés puis taillés sur place. »

Ce soir-là, Sadie avait levé les yeux de sa soupe, se forçant à sourire, avant de remuer à nouveau en rythme le contenu de son assiette creuse.

« Les maçons travaillent de façon artisanale, Sadie. Ils utilisent des scies, des haches de différentes tailles. Ils ont installé des baraques sur la propriété pour permettre aux ouvriers de dormir sur place et leur éviter de perdre du temps dans les transports.

— Oh, Bunny ! Tu es si déraisonnable, vraiment. Je ne comprends pas pourquoi tu perds ton temps. Comment pourrions-nous un jour quitter Pittsburgh ? »

Le train prit de la vitesse et les secousses s'apaisèrent. Bunny ferma les yeux. Il aurait tant voulu que

Sadie partage son enthousiasme, qu'ils mènent ce projet à bien ensemble. Il brûlait d'envie de lui montrer les plans, les esquisses de l'architecte, mais elle était trop accaparée par le drame familial et les besoins de ses parents. Il devait faire preuve de sensibilité, elle finirait par se laisser séduire.

***

Les mains de Bunny tremblaient d'émotion en ce matin ensoleillé de juin 1925. Il replia les cartes routières et s'affaira avec les bagages. Sa Nash 168 noire, rutilante, était chargée et prête à s'éloigner sur la route dès que les adieux seraient terminés. Il subit avec Sadie, Thomas, Edward et Robert, le petit dernier, les interminables étreintes et vœux de bon voyage. Sadie pleura en embrassant sa sœur Kitty, et Bunny dut intervenir pour les séparer et accompagner son épouse à la banquette avant de la voiture. L'expression de celle-ci était empreinte de doute. Ce qui n'empêcha pas Bunny de prendre le volant. Ses garçons agitèrent la main par la lunette arrière. Il sourit dans le rétroviseur en apercevant sa mère qui se tamponnait les yeux avec un mouchoir, juste à côté de son père.

Ils firent plusieurs haltes dans des hôtels en bord de route. Le troisième jour, alors qu'il était couvert de poussière et exténué, Bunny sentit les battements de son cœur se précipiter : ils approchaient de Long Harbor. Il était paniqué à l'idée que Sadie ne soit jamais heureuse dans cette maison, que celle-ci ne soit pas à la hauteur de son raffinement. Il regrettait, à présent, de ne pas avoir insisté pour qu'elle regarde les plans avec lui. Après une hésitation, il prit une profonde inspiration et s'engagea sur le chemin privé.

Lorsque la demeure apparut enfin devant leurs yeux, il l'entendit étouffer un cri et la vit presser les mains sur ses joues. Le bâtiment principal à deux étages ancrait la construction au centre, et les deux ailes à un étage s'étendaient comme des bras de part et d'autre. En l'absence de jardin, l'océan constituait le seul paysage alentour, vaste étendue plate jusqu'à l'horizon, et la magnifique maison n'en semblait que plus imposante.

Bunny klaxonna pour marquer le coup, tandis que sa famille jaillissait du véhicule. Sadie et les enfants coururent au sommet des dunes, impatients de découvrir le fameux océan Atlantique. Bunny, lui, descendit lentement de voiture, tant il aspirait à ce que leurs premiers instants dans ce nouveau monde, si ensorcelant, se déroulent au ralenti.

— L'air a une odeur salée et sucrée en même temps, lui dit Sadie.

À court de mots, Bunny la souleva par la taille pour la faire tourner.

— Oh, Bunny, regarde ce que tu as fait ! s'exclama-t-elle en gloussant.

Bunny déposa un baiser sur ses lèvres délicates.

Sans la reposer, il glissa une main sous ses jambes, et elle franchit le seuil de la maison dans les bras de son époux. Dans l'entrée, ils admirèrent en silence le salon qui ne contenait encore que peu de meubles : il avait un plafond à caissons et une immense cheminée en pierre. L'océan s'encadrait dans la vaste baie vitrée si bien que l'on pouvait, au premier regard, le prendre pour un tableau plutôt que pour un élément naturel.

Ils déambulèrent ensemble dans les autres pièces, Sadie ouvrant la marche et jetant régulièrement des coups d'œil par-dessus son épaule. Un grand sourire approbateur se peignit sur son visage lorsqu'elle prit connaissance de la salle à manger puis de la cuisine, reliées par un office.

À l'autre bout du rez-de-chaussée se trouvait un grand bureau pour Bunny et, face à l'océan, un jardin d'hiver entièrement vitré. Deux portes-fenêtres ouvraient sur une vaste véranda qui courait tout le long de la façade côté océan.

— Mon cher Henderson a prédit que la véranda deviendrait notre endroit préféré de la maison… Idéale pour la lecture, la sieste, l'apéritif et même les repas.

Sadie se dirigea vers l'imposant escalier qui prenait naissance dans le salon.

— Il y en a un second de service, dans la cuisine, précisa Bunny en bondissant pour doubler son épouse.

En haut des marches les attendait leur chambre. Sadie posa une main sur son cœur.

— Oh, Bunny ! On va dormir là ? Avec cette vue ?

Il se plaça derrière elle, l'enlaça par la taille, et posa son menton sur son épaule.

— Ça te plaît ? lui demanda-t-il en l'embrassant délicatement dans le cou et en se balançant doucement d'un côté à l'autre.

Six autres chambres donnaient sur le couloir, de taille et forme variées. Elles ne disposaient pas chacune de sa salle de bains, mais il y en avait plusieurs, spacieuses. On trouvait également, au-dessus de la cuisine, quatre chambres de bonne pour les domestiques. Une longue galerie fermée par des moustiquaires et contenant six petits lits était accessible depuis cinq des chambres rectangulaires. Ce dortoir avait le côté ludique d'un camp de vacances. Bunny fit remarquer à Sadie que toutes les chambres étaient reliées entre elles par des portes intérieures, qui venaient compléter l'accès commun par le couloir.

— Pourquoi ? lui demanda-t-elle.

— Je ne sais pas très bien… D'après Henderson, c'est quelque chose qui se fait par ici.

Les domestiques, arrivées quelques jours plus tôt avec le camion de déménagement, s'appliquèrent de leur mieux pour le premier repas. Bunny avait souhaité mettre les petits plats dans les grands pour l'occasion, et il avait invité son architecte à ce repas de fête. Celui-ci monta de New York en train et se présenta en veste habillée et nœud papillon. Il rit avec naturel lorsque Sadie lui ouvrit.

— Eh bien ça y est, les affaires vont enfin pouvoir commencer !

Le frêle homme faillit tomber quand Bunny lui décocha une tape dans le dos.

La table avait été dressée, autant que cela se pouvait, dans les règles de l'art, au milieu des caisses et cartons à moitié défaits. Michael étouffa un rire.

— Monsieur Meister, vous auriez pu organiser quelque chose de plus décontracté, vous savez… Ce n'est qu'une maison de vacances, après tout !

Son rire était contagieux, pourtant Bunny ne savait pas très bien comment réagir. Venait-il déjà d'enfreindre une règle tacite de l'élite de Long Harbor ? D'un autre côté, c'était Henderson en personne qui avait conçu cette salle à manger avec ces panneaux d'acajou… Comment aurait-il voulu qu'elle soit meublée ? Bunny observa attentivement son architecte, qui inspectait avec appétit l'assiette que l'on venait de déposer devant lui.

Lorsque tout le monde fut servi, Bunny, qui présidait la table, se leva, rayonnant, et brandit son verre. Les garçons tournèrent la tête vers lui, réduits à un silence inhabituel. Sadie posa un doigt sur sa bouche pour faire taire les domestiques.

Bunny attendit que cesse le fracas de vaisselle en provenance de la cuisine. Une fois qu'il eut obtenu le calme, il prit la parole.

— Voilà ce que j'appelle un moment parfait ! dit-il en promenant lentement son regard autour de la table, pour croiser celui de tous les convives. Il y a longtemps que je rêve de ce jour, bien avant votre naissance, les garçons, et bien avant ma rencontre avec votre mère. Je peine à croire que nous sommes réellement tous réunis, ici.

Sa voix tremblait et il s'interrompit pour reprendre le contrôle de ses émotions.

— Je prie pour que votre mère et moi nous puissions vivre très vieux et connaître beaucoup de bonheur ici, puis pour que les futures générations en profitent à leur tour. Merci, Sadie, d'avoir accepté ce projet extravagant, de m'avoir laissé le mener à bien.

Il lui envoya un baiser à l'autre bout de la table, et elle lui répondit d'un sourire gêné. Bunny se racla la gorge.

— Bien, vous le savez tous, il est d'usage de baptiser les grands domaines. Parce que cette maison représente mon paradis sur terre et une nouvelle vie pour nous tous, j'aimerais lui donner le nom d'Eden.

Pendant que les garçons manifestaient leur enthousiasme et que Sadie applaudissait, Michael Henderson se leva pour se rendre dans un coin de la pièce et soulever un drap qui cachait un bloc de granit, sur lequel était gravé : EDEN 1925.

— Nous le placerons près de la porte d'entrée, annonça-t-il.

Plus tard ce soir-là, alors que la pleine lune brillait à travers la fenêtre sans rideaux de leur chambre, Bunny déshabilla Sadie au son des vagues qui venaient s'échouer sur le rivage. Il libéra son épaisse chevelure rousse de ses épingles pour la laisser dévaler dans son dos et sur ses épaules. Il se présenta nu devant elle, captivé par le clair de lune qui donnait à sa peau claire l'aspect de l'ivoire. La faisant basculer dans ses bras, il la déposa sur des draps blancs immaculés. Cette nuit-là, ils firent l'amour avec une passion intense qui était en sommeil depuis la naissance de Robert. Leur appétit mutuel leur rappela des années révolues, avant que Sadie ne soit épuisée par la maternité, et par l'attention qu'elle portait à ses parents. Elle noua ses jambes musclées autour de la taille de Bunny. Il avait retrouvé sa vigueur, admirait la façon dont les jeux d'ombre et de lumière de la lune sublimaient les contours délicats des clavicules de Sadie et de son visage. Alors qu'il se dressait au-dessus d'elle, ses cheveux toujours plaqués en arrière lui tombèrent sur le front, lui donnant un air d'écolier. Sadie cria son nom, et Bunny enfouit son visage dans les méandres de ses mèches rousses.

***

De son jardin, Bunny leva les yeux vers la fenêtre de sa chambre, où, la nuit précédente, la lune s'encadrait si parfaitement. Il vit que Sadie le regardait et s'interrompit. Il prit appui sur sa binette et lui fit signe.

Il construirait un muret bas, décoratif, sur trois côtés de la propriété en utilisant les pierres qui avaient été deterrées pendant le nivellement du terrain. Puis, en se servant de leurs connaissances en géométrie – afin de calculer l'emplacement exact des ombres pendant la journée et leur variation tout au long de l'année –, Henderson et lui planteraient des poteaux dans les jardins qui leur permettraient de déterminer avec précision la position des futurs arbres et buissons.

Le soir, dans son lit, après avoir fait l'amour avec Sadie, il lui faisait part de sa vision : des arbres sélectionnés pour leur floraison printanière et pour la couleur de leur feuillage à l'automne, qui laisseraient des vues dégagées de l'océan, des massifs d'azalées et de rhododendrons qui borderaient les fondations en pierre de la maison et formeraient un pourtour coloré. Il planterait également de la glycine qui, un jour, grimperait sur les bardeaux de la véranda, formant un délicieux dôme de fleurs bleu pâle.

Sadie descendit rejoindre Bunny, qui lui montra où il y aurait des plates-bandes de lys d'un jour, de gueules-de-loup et de pivoines, mimant avec une profusion de gestes l'abondance qu'il avait imaginée pour elle. Il visualisait un potager près de la porte de la cuisine, et à côté des parterres de fleurs qui seraient une réserve infinie de bouquets – aucun des deux ne souffrant d'un ensoleillement continu. Il avait également réservé un espace pour une immense pelouse entre la maison et les dunes, idéale pour une partie de croquet ou de baseball, quand les garçons inviteraient leurs amis. Il lui promit un gazon aussi luxuriant que sur un fairway de golf.

— Bunny, je ne savais pas que ça te passionnait autant, lui dit Sadie.

— Ah, ça me vient peut-être de ma mère… En tout cas, il y a quelque chose dans la culture de la terre qui me parle, oui.

Il ferma les yeux et tourna son visage vers le soleil pour savourer sa chaleur. Puis il avala une gorgée de la citronnade de Sadie et reprit sa bêche.

Elle restait pour sa part à l'intérieur, abritée du soleil, accueillant avec un café bien chaud les ouvriers qui venaient apporter les touches finales. Elle semblait apprécier tout particulièrement Paul O'Brien, lequel insistait pour se faire appeler Monsieur P. et demanda s'il pouvait rester au service de la famille en tant que cuisinier. Il avait presque les mêmes yeux verts pétillants que Sadie, un teint de roux et un embonpoint que soulevaient ses grands éclats de rire. Monsieur P. prit des dispositions pour recevoir des livraisons régulières et abondantes de fruits de mer, de glace et de lait. Les fermes locales fournissaient des quantités généreuses de tomates cœur-de-bœuf, de maïs doux et de fruits rouges qui constitueraient rapidement le socle de leur alimentation.

Bunny et Sadie tombaient souvent sur des connaissances de Pittsburgh lors de leur promenade quotidienne au village. Ils s'attardaient près de la digue pour discuter pendant que les garçons admiraient les voiliers.

— Bienvenue à Long Harbor ! Vous vous êtes vraiment surpassés, tous les deux !

Si Sadie protestait toujours, Bunny, lui, acceptait les compliments de bon cœur.

— Merci. Et ça nous ferait très plaisir que vous nous rendiez visite.

Après une de ces rencontres, Sadie appela les garçons et reprit en silence le chemin de la maison. Quand ils atteignirent la propriété et que les garçons s'égaillèrent, elle se tourna vers Bunny et lui dit :

— Ça m'est bien égal qu'on nous apprécie ou non, ici. Si nous devions vivre, les garçons, toi et moi, seuls face à la mer, pour toujours, je n'en serais pas moins la plus heureuse des femmes.

— Je serais heureux, moi aussi, mais la communauté a beaucoup à nous offrir, tu sais. Il faut qu'on essaie de se montrer sociables.

— Bunny, ces gens se méfient des étrangers. Je n'ai pas envie que nous…

Il l'interrompit :

— J'ai suivi toutes leurs règles, je me suis conformé à leurs normes architecturales.

— Notre maison a peut-être été construite à l'image de toutes les autres, sur cette côte, mais ses bardeaux jaunes, rutilants, indiquent que c'est une nouvelle venue.

— D'ici l'été prochain, avec les intempéries, ils seront d'un beau gris argenté, lui assura-t-il. Henderson m'a promis que leurs motifs sophistiqués scintilleraient comme les écailles d'un poisson avec la bonne inclinaison du soleil.

— Je ne crois pas que le problème tienne au style architectural, Bunny. Je crois que c'est… eh bien sa splendeur qui dérange.

Comment pouvait-elle lui expliquer que certaines règles n'étaient pas formulées à voix haute ?

Nelson Archibald, une vieille relation du père de Sadie, passa un après-midi où Bunny travaillait à son muret. Il le salua de loin, puis gravit les marches du perron, pour rejoindre Sadie, assise dans un fauteuil à bascule.

— Bienvenue à Long Harbor !

— Merci, monsieur Archibald.

Bunny s'approcha tout en frappant ses gants pour en chasser la poussière. Il s'essuya les mains sur sa chemise avant d'en tendre une à leur visiteur.

— Je suis Bunny Meister.

— Eh bien, jeune homme, vous venez de redéfinir les critères de Long Harbor. Votre petit chemin de fer doit quasiment imprimer des billets de banque !

Sadie se leva de son fauteuil à bascule pour venir se placer à côté de son mari.

— Mon petit chemin de fer, comme vous dites, quelle belle idée, n'est-ce pas ? Étrange que personne n'y ait pensé avant moi, répliqua Bunny.

Les deux hommes semblaient se trouver dans une impasse, et Sadie intervint :

— Monsieur Archibald, il faudra que vous veniez dîner dès que nous serons mieux installés.

Il hocha silencieusement la tête dans sa direction. Les hommes se serrèrent la main puis se dirent au revoir.

— Mes hommages à madame Archibald ! lui lança Sadie lorsqu'il tourna les talons.

Quand il eut disparu, Sadie reprit sa lecture. Bunny s'installa à côté d'elle et se balança quelques minutes sur son fauteuil. Elle ramassa une liasse d'enveloppes et la lui tendit.

— Ces invitations sont arrivées au courrier aujourd'hui, l'informa-t-elle.

Il les parcourut.

— Accepte-les toutes, lui dit-il en les lui rendant, sans les avoir ouvertes.

— Mais Bunny, il ne faut pas qu'on passe pour trop impatients.

— Accepte-les toutes, répéta-t-il avant de retourner dans son jardin.

7

LONG HARBOR

Mardi 30 juin 1998

Becca étendit la jambe du côté du lit qu'avait occupé Dan et éprouva la fraîcheur des draps. Il lui fallait toujours plusieurs secondes pour se rappeler qu'il était parti. Son moral chuta encore d'un cran quand elle repensa à la conversation de la veille avec le comptable. Elle se cacha le visage sous un oreiller. Dan avait été un époux aimant, mais comment avait-il pu être aussi irresponsable ?

Il était mort à la fin de l'été, à l'époque de l'année où les plantes vivaces commencent à brunir et flétrir. Il était assez peu surprenant qu'elle l'ait découvert dans le potager, à terre, au milieu des pieds de tomates fanés. Elle l'avait tenu dans ses bras plusieurs secondes, pressant sa joue contre la sienne, avant de se rendre dans la cuisine pour composer le numéro des urgences.

Les plaisirs estivaux de Dan – baignades vivifiantes dans l'Atlantique et épis de maïs dégoulinants de beurre – l'avaient maintenu en forme. Il était parti comme une oie entreprenant sa migration après le départ de leurs visiteurs, début septembre. Une crise cardiaque foudroyante sans aucun signe avant-coureur. Les médecins avaient certifié qu'il n'avait pas souffert. Et à présent, Becca se débattait avec son existence, ne sachant que faire de ce nouveau statut de veuve.

Elle posa les deux pieds par terre et s'habilla pour sa promenade du matin, enfilant son survêtement bleu marine avec des bandes sur les côtés. Elle remonta la fermeture Éclair de la veste puis se brossa les cheveux, les attacha avec une barrette et mit une casquette. Sa paire de lunettes de soleil aux verres les plus foncés et un soupçon de rouge à lèvres pêche constituaient la touche finale. Elle n'avait pas le temps de s'apitoyer sur son sort : le week-end allait être bien chargé. La maison allait se remplir – ils seraient dix en tout –, et Becca comptait profiter de cette réunion familiale. Le moment était venu de tout leur dire.

D'autant qu'elle devait rapidement apporter une réponse au comptable.

Au lieu d'emmener le chien sur la plage, elle décida d'emprunter la route jusqu'au village. Elle achèterait le journal à la supérette. Elle fixa la laisse au collier de Hennessy avant d'aller chercher un dollar dans le bureau, pour le quotidien. La pile d'enveloppes posée sur le bureau lui faisait faire des cauchemars. Le dernier courrier de la banque se trouvait au sommet. *Oh, Dan, si tu n'étais pas déjà mort, je te tuerais de mes propres mains !*

Dans un moment de désespoir ultime, elle avait appelé son frère aîné, Thomas, en début d'année. Elle avait passé ce coup de fil de sa voiture. Elle roulait dans les rues de Wallingford, dans le Connecticut, le quartier où Dan et elle avaient élevé leurs enfants. À la dernière minute, l'agent immobilier lui avait demandé de lui laisser le champ libre pour une visite de la maison. Pendant qu'elle attendait que la secrétaire de son frère les mette en relation, son pouls s'était précipité. Elle l'avait imaginé, les pieds posés sur son bureau en acajou massif, incliné dans le fauteuil en cuir qui avait appartenu à leur père. Thomas était dans son élément. Il avait décroché d'une voix tonitruante.

« Bonjour, petite sœur ! Qu'est-ce qui me vaut ce plaisir ?

— Oh, Thomas ! Dieu merci tu es là. »

Après quelques banalités sur la météo, elle en était venue au fait de son appel.

« C'est en rapport avec mes affaires immobilières.

— Et… »

Becca l'avait entendu feuilleter des papiers pendant qu'elle lui parlait.

« J'ai passé en revue la succession de Dan avec notre comptable.

— Oh, ma pauvre, je suis navré pour toi. Ça doit être terriblement difficile. Tu veux que je m'en occupe ?

— Non, Thomas, il ne s'agit pas de cela. Bon, je vais te dire les choses franchement : Dan n'avait pas du tout l'intention de partir aussi subitement, et rien n'est en ordre. »

Becca avait senti des larmes de gêne monter, et Thomas avait dû percevoir le trémolo dans sa voix.

« C'est-à-dire ?

— Eh bien, il a pris des hypothèques sur la maison de Wallingford.

— Je vois.

— Je l'ai mise en vente, mais je doute qu'elle me rapporte assez pour couvrir ses dettes.

— À ce point ? »

Le ton désapprobateur de son frère ne lui avait pas échappé. Il n'avait jamais tenu son beau-frère en très haute estime, lui reprochant d'avoir fait main basse sur Eden. Becca avait été peinée de devoir déballer les affaires privées de son mari, alors qu'il n'était plus là pour se défendre. Enfin… avait-elle le choix ?

« Et je me suis rappelé, avait-elle poursuivi, que tu avais dit, à l'époque où tu as racheté à Ruth la part d'Eden qui appartenait à Robert, que tu serais prêt à faire de même avec les nôtres.

— Tu veux vendre, Becca ?

— Bien sûr que non, je ne *veux* pas, Thomas. Malheureusement je ne vois pas d'autre option ! La banque envoie des courriers toutes les semaines.

— Très bien, dis-moi quelle banque. Je vais l'appeler, gagner un peu de temps.

— Oh, merci, Thomas ! Du fond du cœur, merci !

— Eden m'appartiendrait aux trois quarts, si je reprenais ta part. Edward me céderait sans doute aussi la sienne dans ces conditions.

— J'en suis convaincue, avait-elle dit pour combler le silence. Si c'est ce que tu souhaites…

— Carol voudra refaire le tour des lieux, bien sûr. Pour juger sur pièces. Et mieux vaudrait prendre rendez-vous avec un agent immobilier pour obtenir une estimation de la valeur de ta part. Je n'ai aucune idée du cours de l'immobilier à Long Harbor de nos jours.

— Naturellement. »

Becca s'était mordillé l'ongle du pouce. Comment pouvait-on fixer un prix à Eden ?

« On arrivera plus tôt cet été. On sera là pour la fête du 4 juillet.

— Ça sera formidable. Andrew et Camilla ont prévu de venir avec leurs enfants, ce week-end-là. Et, évidemment, il y aura Rachel et Sarah. Je suis sûre qu'ils seront ravis de vous revoir. »

En raccrochant, elle se sentait encore plus mal. Elle avait toujours pu compter sur Thomas. Mais « juger sur pièces » ? Apparemment, il avait l'intention de marchander Eden avec elle.

***

Becca parcourait les pages « Voyage » du *New York Times* lorsque Lilly descendit l'escalier de service. Becca sentit que celle-ci ralentissait pour jeter un coup d'œil par-dessus son épaule sur le chemin du réfrigérateur.

— Des nouvelles intéressantes ?

— Je crains que non, lui répondit Becca sans relever la tête. Et la journée promet encore d'être très chaude.

Lilly s'affaira pour leur préparer des œufs pochés, une main sur la hanche. L'immense cuisinière Garland constituait la pièce maîtresse de la cuisine : elle possédait six brûleurs, un gril et un bac à friture. Des casseroles et des poêles professionnelles étaient suspendues au-dessus. Becca se souvenait du cuisinier de sa mère, Monsieur P., préparant simultanément des pancakes, du bacon et des œufs sur le plat pour une maisonnée complète.

Becca songea à la frivolité de son existence : elle avait une domestique pour lui préparer des œufs pochés et allumer la cafetière. La perspective de régler les factures du mois à venir la rendait nerveuse. Il fallait qu'elle prenne le temps d'expliquer la situation à Lilly. Sauf que cette femme était bien plus qu'une employée, elle était aux côtés de Becca depuis que Rachel était bébé. Si Thomas refusait de la garder, qui veillerait sur elle ?

Quand la cafetière eut fini de glouglouter, Becca se leva pour attraper deux tasses sur l'étagère près de l'évier. La cuisine ne comportait pas de placards – conséquence de la conception utilitariste de son père, à une époque où seules les femmes et les domestiques entraient dans cette pièce. Dès que Becca pensait à la rénover, Lilly se plaignait : « Qui a envie que les invités passent leur temps à ouvrir les portes des placards à la recherche de verres à eau ? » Lilly recouvrait les étagères murales de papier blanc neuf chaque printemps. Elle avait fini par accepter l'acquisition d'un nouveau réfrigérateur et d'un lave-vaisselle, les deux seuls appareils modernes dans une pièce par ailleurs d'un autre temps.

Tout en servant le café, Becca regarda dehors. Elle aperçut Sarah dans le jardin. Elle portait le vieux chapeau de soleil mou de Dan. Ses tentatives pour planter des légumes étaient touchantes. Elle était allée acheter de jeunes plants de poivrons, de haricots et de tomates peu après son arrivée. Becca lui en était reconnaissante. À la vue d'un potager stérile, elle en aurait eu encore plus gros sur le cœur. Sarah n'avait pas la main très verte, mais Becca avait la ferme conviction que le jardinage était une thérapie. Cette activité lui permettait de se détendre : fertiliser, greffer, désherber, récolter…

— Vous en avez encore préparé beaucoup trop, Lilly.

Becca se demanda combien coûtait le café.

— Je sais, je n'ai pas encore retrouvé mes marques… Rachel le terminera plus tard.

Dan disait qu'être réveillé par l'odeur du café lui donnait le sentiment d'être un roi. À l'époque où les chambres étaient toutes occupées, le dimanche matin, il entrait dans la cuisine avec une démarche d'homme d'État, souriant, et respirait à pleines narines avant d'embrasser toutes les femmes attablées pour leur dire bonjour.

— Au moins, j'ai arrêté d'acheter du bacon, ajouta Lilly.

Dan insistait pour en manger avec ses œufs. Avec son fils Andrew, il en avalait toujours une plâtrée avant de filer au court de tennis. Rachel et Sarah, elles, étaient des grignoteuses qui s'attardaient. Elles préféraient les matinées pluvieuses interminables, interdisant toute activité en extérieur.

Becca apporta les tasses pleines à table pendant que, à l'aide d'une spatule, Lilly déposait d'un geste expert les œufs sur des tranches de pain grillé. Elles prirent leurs places habituelles, en diagonale. Becca avait sorti un carnet et un crayon.

— J'aimerais qu'on revoie ensemble les menus pour le week-end prochain. Et je pensais inviter les Bell pour un verre avant le feu d'artifice, samedi, et peut-être d'anciens camarades d'Andrew.

S'il s'agissait de leur dernier 4 juillet à Eden, Becca ravalerait ses inquiétudes financières et ferait des folies.

D'autant que son fils adorait festoyer. Il arriverait de Londres avec son épouse, Camilla, et leurs enfants, Sally et Walter. Ils n'étaient pas venus à Long Harbor depuis plusieurs étés, Camilla préférant la maison de famille dans la campagne anglaise. L'année de ses vingt-deux ans, Andrew avait promis à sa mère que son installation à Londres ne serait qu'une « brève parenthèse », un coup de pouce pour sa carrière naissante dans l'univers de la finance. Mais il avait rencontré Camilla et n'était jamais rentré.

Becca sortit le nez de son carnet en entendant la porte-moustiquaire s'ouvrir. C'était Sarah.

— J'ai soif ! dit-elle en déposant ses gants de jardinage et son chapeau sur le plan de travail.

Elle attrapa un verre, le remplit au robinet et avala une longue gorgée.

— Qu'est-ce que vous mijotez, toutes les deux ?

— On prépare une petite liste d'invités, lui répondit Lilly.

— Oh, mamie, c'est super ! Une fête ! Ça fait si longtemps qu'on n'en a pas organisé !

Elle se plaça derrière sa grand-mère et lui pressa les épaules.

— On parle de convier quelques personnes pour un verre, pas d'une vraie réception.

— C'est quand même la fête, insista Lilly.

— On fera les choses simplement, samedi, mais dimanche, je veux que tout le monde soit là pour le brunch. J'ai des nouvelles importantes à annoncer… Oh, et est-ce que je vous ai dit que Thomas, Carol et Ruth viennent également passer le week-end avec nous ?

Sarah et Lilly échangèrent des regards perplexes.

— Non, vous ne m'en avez pas parlé, répondit cette dernière. C'est une bonne surprise.

— Tante Ruth ? s'étonna Sarah.

— Oui, ta grand-tante Ruth, précisa Becca.

— Je ne l'ai pas vue depuis si longtemps…

— C'est vrai qu'elle n'a pas pu assister à l'enterrement de ton grand-père. J'avais passé du temps avec elle, après le mariage de Joseph, il y a quelques années, et depuis j'ai essayé tous les étés de l'attirer ici, en vain…

Sarah exprima son intérêt d'un mouvement des sourcils, encourageant Becca à poursuivre.

— Ses jumeaux ont suivi des voies étonnantes. Joseph a vécu dans le monde entier et épousé une certaine Constance. Il l'a rencontrée dans un pays d'Asie. Quant à Benjamin, il a joué un rôle actif dans le boum technologique près de San Francisco.

— Tu veux parler de la Silicon Valley, mamie.

— Tout à fait.

— Et comme ça, oncle Thomas et tante Carol seront aussi là pour le 4 juillet, cette année ? enchaîna Sarah.

— Je sais, je sais, ce n'est pas dans leurs habitudes.

— C'est sûr que c'est inattendu, souligna Lilly.

— Ça suffit, toutes les deux. On va bien s'amuser, non ? La maison va être pleine. Ce sera presque une grande réunion de famille !

— Dans ce cas, je ferais mieux de commencer à préparer les lits, dit Lilly.

— Je peux t'aider, lui proposa Sarah.

— Je vais tâcher d'obtenir qu'un des gars de Jimmy vienne terminer de nettoyer les vitres, ajouta Lilly en comptant les différentes tâches à accomplir sur les doigts de sa main.

— Mamie, tu as piqué ma curiosité, glissa Sarah. Tu as des nouvelles à nous annoncer lors du brunch ?

— Exactement, confirma Becca en avalant la dernière gorgée de son café.

— Tu n'es pas malade, si ?

— Mais non, Sarah, je vais très bien. Bon, je vous prie de m'excuser, je vais aller changer de tenue.

Becca emprunta l'escalier de service pour monter au premier. Dès qu'elle fut hors de vue, elle s'essuya le coin des yeux. Elle s'attarda au milieu des photos en noir et blanc de sa mère, qui décoraient la cage d'escalier. Elle redressa un cliché de ses parents qui se tenaient fièrement sur la véranda, à l'arrière de la maison, lors de leur premier été à Eden.

Becca remonta le couloir jusqu'à sa chambre dont elle referma la porte. Elle retira sa casquette et sa barrette puis secoua ses cheveux et observa son visage dans le miroir. Elle traversa ensuite la pièce jusqu'au téléphone, sur la table de chevet. Elle le décrocha et hésita avant de composer le numéro qu'elle avait si souvent appelé. Il était temps de convier l'invité d'honneur de ce fameux brunch.

8

LONG HARBOR
1926

Un serveur se faufilait parmi les invités avec un plateau en argent chargé de flûtes en cristal. Charles Butterfield, grand et bronzé, cheveux noirs gominés et parsemés de reflets plus clair, en prit deux ; il en offrit une à Sadie puis plongea ses yeux au fond des siens.

— Aux nouvelles amitiés ! dit-il en entrechoquant leurs verres.

Son sourire semblait suggérer qu'il détenait un secret. Sadie trempa ses lèvres dans le champagne, quelque peu troublée par l'attention que Charles lui portait. Elle promena son regard tout autour d'elle, sur l'immense terrasse de cette maison qui appartenait à l'un de leurs nouveaux voisins. Les convives buvaient des cocktails, riaient et s'embrassaient sur la joue, avec pour toile de fond un coucher de soleil, comme bien souvent, époustouflant. De sa main libre, elle prit le bras de Bunny et leva sa flûte en direction de l'épouse de Charles, Maud, qui traversait la foule pour tenter de les rejoindre.

Les Butterfield formaient un couple adulé : la trentaine, minces et sans enfants. Sadie admira la longue robe en soie de Maud et se demanda si elle devrait s'en faire faire une. Celle-ci portait les cheveux courts et plaqués sur son visage poudré, orné d'un grain de beauté souligné au crayon noir. Son rouge à lèvres carmin était brillant. Une vraie New-Yorkaise sophistiquée et éblouissante. Sadie n'en avait jamais vu ailleurs que dans les pages d'un magazine. Cette femme lui donnait le sentiment que Pittsburgh n'était qu'un trou perdu.

— Alors, lança Maud d'un ton taquin, c'est vous qui avez construit cette grande chose sur la plage !

— Oui, et nous n'avons toujours pas terminé notre installation, souligna Sadie.

— Je ne suis pas surpris, dit Charles. Vous devez avoir une sacrée progéniture !

— Trois enfants, répondit fièrement Bunny. Et vous ?

— Oh, Dieu nous en garde ! rétorqua Charles. Des enfants, nous ?

Maud éclata de rire.

— Que vous êtes drôle, Bunny ! Vous ne devez pas encore très bien savoir qui nous sommes. Nous ferions des parents totalement inaptes.

— Elle a raison, insista Charles. On peut être franchement vilains, vous savez.

Leur attitude rebelle fit frémir Sadie, mais elle réprima son mouvement naturel, détestant penser qu'elle avait hérité du pharisaïsme de sa mère.

Charles arborait un élégant smoking blanc avec un nœud papillon noir. Neveu de l'un des Fondateurs et héritier d'une des fortunes du charbon de Pittsburgh, il avait rencontré Maud lors d'une fête à Newport et l'avait épousée trois mois plus tard. Le goût de Maud pour le chic aurait sans doute été plus à sa place à Newport. Elle était nerveuse, remuait les jambes et tapait en rythme de la pointe du pied, exécutant les derniers pas de danse à la mode le long de la rambarde.

— Bon, il y a de moins en moins de monde à ce cocktail, murmura Maud, allons plutôt dîner.

Elle agissait sur Sadie et Bunny à la façon d'un aimant, et ils ne purent faire autrement que suivre le mouvement. Charles leur servit à boire pour le trajet et ils montèrent dans la Rolls-Royce Phantom I des Butterfield. Bunny avait écarquillé les yeux en la découvrant et il serra la main de sa femme sur la banquette arrière. Jetant un coup d'œil à sa montre, elle pensa à ses fils et espéra qu'ils étaient couchés. Elle aperçut à la dérobée le sourire de Bunny : il s'amusait comme rarement.

Charles et Maud les entraînèrent dans la nuit noire. Charles prit à toute allure les virages de la Highway 1A pour rallier un formidable restaurant de plage où il avait sa table réservée. Il passa commande pour l'ensemble des convives puis leur montra comment manger une huître, à même la coquille, avant de la faire glisser avec un martini. Un sourire de petit garçon aux lèvres, Bunny était impatient d'essayer.

— Cette soirée a certainement pris un tour inattendu !

— Écoutez, murmura Charles en se penchant au-dessus de la table, Long Harbor, ce n'est pas rien. Aucun doute là-dessus. Maud et moi, on l'a découvert à nos dépens, et on s'est dit qu'on pourrait vous faire bénéficier de notre expérience, tous les deux. Vous avez l'air de gens bien, je ne vois pas pourquoi vous vous imposeriez les mêmes épreuves que nous.

— Oh, Charles ! intervint Maud. À t'entendre cet endroit est horrible. Ce n'était pas si affreux que ça. Les gens sont gentils, au fond. D'accord, ils sont parfois un peu assommants, avec toutes leurs banalités et ces fêtes incessantes. Enfin, vous n'aurez aucun mal à faire votre trou tous les deux… regardez comme vous êtes beaux !

Charles la relaya :

— Je dis juste que pour entrer dans leur club, il faut accepter de lécher quelques bottes au passage… et qu'il est important d'y entrer ! Vous jouez au golf ?

— Pas encore, j'aimerais beaucoup, répondit Bunny.

— Bien. Je vous présenterai un joueur aguerri demain, il pourra vous donner quelques leçons. Un gars sportif dans votre genre ne devrait avoir aucun mal à s'y mettre. Nous pourrions y déjeuner ensuite, il y a plusieurs types que vous devez rencontrer.

Maud sourit à Sadie.

— Et vous, ma chère… Vous accepterez toutes les invitations et vous serez une hôtesse parfaite au moment de les rendre. Vous n'aurez aucun problème. Une fois passée la phase d'observation, ils vous intégreront facilement dans vos rangs. Tout le monde meurt d'impatience de voir l'intérieur de votre maison. Comment l'avez-vous appelée ? Eden ? N'est-ce pas un signe prémonitoire ?

Elle gloussa.

— Je vous prêterai le Bottin mondain, ça vous permettra de savoir qui est qui.

— Et j'espère que vous aimez boire, ajouta Charles. Au fond, Long Harbor n'est qu'un ilôt de maisonnettes à toit de bardeaux entouré d'une mer de gin.

— Un dernier conseil, ne vous montrez pas trop prudes. Les gens aiment bien se mélanger ici, lâcha Maud en haussant un sourcil avant de lisser la mèche brillante plaquée sur son front. C'est même assez fréquent.

— Ah ? finit par dire Sadie après un long silence, en serrant la main de Bunny sous la table.

Elle n'avait jamais rencontré de femme mariée aussi effrontée.

— Se mélanger ? demanda-t-elle en sentant sa nuque s'échauffer.

— Chère Sadie, vous comprenez où elle veut en venir, n'est-ce pas ? lui lança Charles avec un clin d'œil. Mais une fois de plus, nous serions ravis de vous éclairer sur le sujet après le dîner.

Sadie en fut réduite au silence. De la sueur perlait dans son cou. Elle pressa sa serviette contre sa bouche, les yeux baissés sur les coquilles vides dans son assiette. Bunny vola à son secours.

— Alors, à quelle heure voulez-vous que je vous retrouve au country-club demain ?

— Ah oui, le golf, dit Charles sans quitter Sadie des yeux. Eh bien, je ne prévois jamais rien avant midi. Je passerai vous prendre.

Maud tira longuement sur sa cigarette puis tourna la tête pour souffler un long panache de fumée par-dessus son épaule. Sadie releva les yeux et constata que Charles continuait à lui sourire. Il plongea une crevette dans la sauce cocktail et la lui tendit.

— Faites preuve d'audace, ma jolie, et goûtez-moi ça.

Bien qu'indécise, Sadie entrouvrit lentement les lèvres. Charles déposa le ventre rose de la crevette sur sa langue et elle y planta ses dents, sentant sa chair sucrée. Elle essuya la sauce cocktail, d'un rouge vif, aux coins de sa bouche. Charles lui fit alors manger l'olive verte qui accompagnait son martini, piquée au bout du cure-dents. Cette fois, elle croisa son regard tout en laissant l'olive rouler contre sa joue et en savourant son jus salé. Charles éclata de rire, et Sadie sourit de le voir aussi amusé, tandis que la chaleur qui avait pris naissance sur son visage s'engouffrait dans sa gorge pour se diffuser en elle.

***

Bien après minuit, alors que Sadie et Bunny se déshabillaient pour aller se coucher, il lui chuchota :

— C'est pour ça que toutes les chambres sont reliées par des portes intérieures.

— Quoi ?

— Tu te souviens, Maud a dit que les gens aimaient se « mélanger »…

— Oui, répondit Sadie d'un ton hésitant, en s'adossant à la porte de sa penderie.

— Henderson m'a fait comprendre que les gens avaient pour habitude de se déplacer ici, la nuit.

Elle se plaqua une main sur la poitrine, et il éclata de rire.

— Détends-toi, ma chérie, je plaisante. Tu sais bien que tu es la seule à mes yeux, dit-il en lui soulevant le menton. Et quant aux Butterfield, je suis certain qu'il faut mettre leurs remarques sur le compte de l'alcool.

Sadie ne parvenait toutefois pas à effacer de sa mémoire le sourire de Charles ; son amusement avait quelque chose d'indécent.

***

Lorsque Charles arriva dans sa Phantom le lendemain après le déjeuner, Sadie s'occupait des enfants. À son retour plus tard dans l'après-midi, Bunny lui apprit que les Butterfield les invitaient à dîner, puis à sortir danser.

— D'après Charles, l'orchestre qui joue à l'Atlantic, ce soir, vient de Chicago.

— Oh, Bunny ! J'ai couru après trois petits garçons toute la journée. Maud, elle, peut faire la sieste jusqu'à l'heure de l'apéritif. Restons tranquillement à la maison ce soir.

La déception voûta les épaules de Bunny.

S'il céda ce soir-là, par la suite il insista pour qu'ils saisissent toutes les occasions : baignades, parties de tennis et de golf, sorties en mer d'une journée entière avec les amis des Butterfield, puis soirées du samedi à l'Atlantic Hotel, où ils dansaient jusqu'au bout de la nuit. Épuisée par cette cadence infernale, Sadie organisa une virée à New York. Bunny la harcelait pour qu'elle meuble la maison, et la perspective de faire les boutiques lui apparaissait finalement comme un répit.

Il lui réserva une chambre au Plaza. Son objectif était que l'intérieur d'Eden soit acceptable pour l'été suivant. Il voulait recevoir chez lui, et Maud les avait prévenus qu'ils avaient environ une année encore avant que la crème de Long Harbor ne s'attende à ce qu'on lui retourne ses invitations.

Il insista pour que Sadie ne lésine pas sur la dépense et prit des dispositions pour qu'une décoratrice d'intérieur du cabinet d'Henderson lui serve de guide pendant toute la durée des opérations. Elle ne tarda pourtant pas à découvrir que choisir des échantillons de tissu et visiter des magasins de meubles étaient des tâches aussi épuisantes qu'ennuyeuses. Au bout de quelques heures, elle résolut de donner carte blanche à la décoratrice et profita de son temps libre pour explorer Manhattan. Elle se rendit compte, avec éblouissement, qu'il y avait bien longtemps qu'elle n'avait pas été dégagée de la responsabilité de veiller sur quelqu'un d'autre. Elle se délecta de cette occasion de flâner dans les rues, anonyme parmi la foule de piétons, dans cette ville où tout était si différent de Pittsburgh et de Long Harbor. Elle se surprit elle-même, sautant les repas pour déambuler dans les musées, et tomba ainsi par hasard sur une conférence d'une certaine Margaret Sanger.

Pendant le trajet du retour, dans le train, Sadie passa en revue les factures et les photographies des meubles qu'elle avait « choisis » pour Eden. Elle sourit au souvenir de sa conversation avec la décoratrice. « Je vous le promets, madame Meister, ça restera notre petit secret. Profitez de la ville ! »

Sadie ferma les yeux et rêva à la lune brillant au-dessus de l'océan. Elle n'était partie que trois jours mais sa famille lui manquait terriblement. Elle taperait du poing sur la table à son retour et mettrait un terme à ce tourbillon mondain. Fini de flirter avec Charles et Maud sur la piste de danse. Elle voulait passer du temps avec ses enfants, leur lire des histoires le soir, les border et les embrasser avant de rejoindre Bunny dans leur chambre. Tous ses charmes lui seraient dévolus. Bercée par le roulis, elle imagina le dos puissant et musclé de son mari jusqu'à sentir monter l'excitation en elle.

Le train entra dans la gare de Kingston, et il était là, sur le quai, grand et beau. Elle ressentit un élan d'amour pour lui en le voyant chercher son visage à travers les vitres. Elle sauta du wagon dès qu'il fut immobilisé pour se jeter à son cou. Il la serra contre lui puis la tint à bout de bras.

— Eh bien… bonjour, toi !

— Oh, Bunny ! Je suis si heureuse d'être rentrée.

— Alors, mission accomplie ? Dans combien de temps les meubles seront-ils livrés ?

— Où sont les garçons ? demanda-t-elle en regardant derrière lui.

— À la maison, avec Alice.

— Oh, ça m'aurait fait plaisir que tu les amènes. Vous m'avez tellement manqué, tous. Je suis impatiente de les voir… Mais c'est toi, Bunny, qui m'as le plus manqué.

Elle releva le menton, se préparant à un long baiser passionné. Il ne remarqua sans doute pas le désir qui émanait d'elle, car au lieu de l'embrasser il sortit une poignée d'invitations de la poche de sa veste.

— Tu as vu ça ? lança-t-il d'un ton presque victorieux.

En voyant l'éventail d'enveloppes, qu'il lui présentait comme un jeu de cartes, elle sentit son cœur se serrer.

— Oh, Bunny, je crois que j'en ai assez pour le moment, sincèrement. Rentrons à la maison et faisons un dîner tranquille tous les cinq.

Il en fut abasourdi.

— Voyons, Sadie, nous n'avons pas le choix. C'est important.

— On a déjà rencontré tout le monde. Qui peut-il bien rester encore ?

— J'ai déjà accepté une invitation chez les Notman pour ce soir. Charles et Maud passent nous prendre à dix-neuf heures.

— Très bien, mais c'est la dernière fois, dit Sadie en respirant profondément.

Au dîner, elle se félicita d'être assise loin de Charles, et juste à côté de la belle-fille de leur hôtesse.

— Je suis Emily Notman, se présenta-t-elle, entrechoquant son verre de vin avec celui de Sadie.

— Alors comme ça, vous êtes tombés sous le charme des Butterfield…

La franchise de la jeune femme étonna Sadie.

— Oh, oui, ils sont si gentils avec nous.

— Maud Butterfield peut se montrer peu scrupuleuse, lui souffla Emily d'un air de conspiratrice. À votre place, je ne m'aviserais pas d'abandonner à nouveau un mari aussi séduisant que le vôtre !

Sadie rougit et eut l'impression que son cœur s'arrêtait brusquement de battre. *Mais enfin ?*

Elle repoussa son assiette d'une main tremblante avant de changer, adroitement, de sujet. Emily avait deux fils dans les mêmes âges qu'Edward et Robert, et Sadie trouva du réconfort dans l'idée qu'elles avaient la maternité en commun. Emily était la première à admettre tout haut ses difficultés à concilier sa vie de famille avec les exigences mondaines de Long Harbor.

— Je sais très bien ce que vous voulez dire. Bunny sent la pression inhérente à notre statut de nouveaux venus.

— Je passe tous mes étés ici depuis que je suis devenue Mme Notman, il y a dix ans, et je suis toujours la petite nouvelle ! s'esclaffa Emily. Vous avez entendu parler du gigantesque concours de tir à la corde qui a lieu tous les ans au club de la plage ? D'un côté de la corde, on trouve les *vrais* habitants de Long Harbor, et ils affrontent les pièces rapportées. Même nos époux éprouvent le besoin de nous rappeler où est notre place !

— Oh là là… On ne sera jamais chez nous ici !

Sadie éclata de rire. Ses yeux s'embuèrent. C'était si bon de partager avec quelqu'un d'autre l'étrangeté des mœurs de cet endroit. Elle essuya ses larmes de rire et remarqua le regard désapprobateur de Bunny, à l'autre bout de la table.

9

LONG HARBOR
Mercredi 1er juillet 1998

Sarah se débattit avec l'échelle pour la décoller du mur contre lequel celle-ci était appuyée. Elle contourna de vieilles plaques d'immatriculation, des tuteurs pour les plants de tomates, des casiers à homards et des nasses à vairons. Il y avait aussi un maillet de croquet cassé et deux vieilles raquettes de badminton, avec le filet et les volants, ainsi que des pots de peinture séchée à demi-vides, des cages à tomates, une brouette, des filets de pêche et des gilets de sauvetage mouchetés de moisissure. Une fois enfin sortie du garage qui sentait le renfermé, elle enfonça les pieds de l'échelle dans la terre, juste à côté des rhododendrons, vérifia qu'elle était bien stable. Pas besoin d'être un génie pour comprendre pourquoi les enfants de la famille s'étaient toujours vu attribuer la corvée désagréable de retirer les fleurs fanées de ces énormes massifs : ils étaient assez agiles pour se faufiler entre les branches et insensibles à la sève qui finissait par leur salir les mains et les vêtements.

Sa grand-mère lui avait raconté comment ses grands frères avaient transformé la tâche en concours. Celui qui obtenait la plus grosse pile de fleurs mortes avait droit à une récompense de Bunny. Quand Sarah était petite, son propre grand-père lui avait donné cinquante cents en échange de cette mission, après lui avoir soigneusement enseigné sa technique du « pincer-tourner ».

Juchée sur les échelons supérieurs elle fit un effort pour atteindre les fleurs les plus hautes, tout en s'appuyant d'un bras contre la maison. De ce perchoir, elle voyait l'intérieur de la cuisine, à travers la fenêtre. Elle aperçut sa mère, qui portait sa robe de chambre râpée et sortait quelque chose du grille-pain. Sarah contourna sans un bruit la fenêtre : elle n'était pas prête pour une discussion. D'un autre côté, ça représentait une sacrée avancée pour Rachel d'être descendue avaler quelque chose. Peut-être qu'ensuite elle remonterait se doucher, mettrait des vêtements présentables et gratifierait Sarah et Becca de sa présence au déjeuner. Autour de la table, elles réussiraient peut-être à parler plus sereinement. Et peut-être que Sarah parviendrait à lui arracher un sourire.

Il ne fallut pas longtemps pour que la transpiration commence à dégouliner dans son dos et trempe son tee-shirt. Après avoir rempli un sac en papier de fleurs poisseuses, elle descendit de l'échelle et traversa la cour pour rejoindre le tas de compost. En vidant sa récolte sur le sommet de la pile, elle se souvint de son grand-père, qui jetait les épis de maïs à cet endroit, tous les soirs, une fois qu'ils les avaient égrenés ensemble. S'il était encore de ce monde, il aurait sans doute été catastrophé par sa grossesse. « Avoir un enfant seule ? Sarah, je sais que les choses ont changé aujourd'hui, mais je crois sincèrement que tu n'as pas le choix, tu dois te marier. »

Parfois, elle se disait que ce serait plus simple de ne pas avoir le choix. Et pourtant elle en avait plusieurs, et ce qui compliquait encore la situation, c'était que, au fond d'elle, elle espérait qu'Alistair reviendrait sur sa décision. Même si leur dernière dispute avait été terrible.

« Très bien, vraiment… prends la fuite, Sarah, c'est ça, lui avait-il dit. N'affronte pas la réalité. Va te réfugier dans les jupons de ta maman, dans votre château sur la plage.

— Tu dis n'importe quoi.

— À une époque, je croyais que tu étais raisonnable, et je me trompais. Tu n'es qu'une enfant gâtée ! »

Si gâtée qu'elle consacrait cette belle journée à se débattre avec des rhododendrons ? En s'essuyant le front, elle étala malencontreusement de la sève dans ses cheveux. La sueur qui gouttait de son front lui piqua les yeux. Elle se demandait comment Alistair avait pu être aussi cruel. Elle découvrait cet aspect de sa personnalité pour la première fois.

Le Alistair dont elle était tombée amoureuse l'adorait. Il plongeait ses yeux dans les siens, assis face à elle dans leur café préféré, lui prenait les deux mains et glissait de temps en temps une de ses mèches folles, rousses, derrière l'oreille avant de se pencher au-dessus de la table pour l'embrasser. Sarah s'était interrogée : était-ce une technique de séduction éprouvée ? Il était spécialisé dans les étudiants de troisième cycle idéalistes. Il la complimentait pour ses idées, l'encourageait à avoir confiance en son intellect. Il la traitait en adulte et l'aidait à tourner la page de l'enfance. Il lui faisait la cuisine et l'emmenait au théâtre. Il la surprenait en lui offrant des robes légères et sexy, qu'il lui suggérait de porter avec une paire de bottines en cuir. Il l'emmenait passer des week-ends à la montagne. Il lui lisait des poèmes dans la baignoire et lui écrivait des lettres passionnées. Il connaissait le moindre centimètre carré de son corps juvénile, embrassait les taches de rousseur sur sa poitrine et caressait ses longues jambes, qui brillaient, précieuses, contre sa peau à lui, vieillissante. Il était sage, elle se sentait en sécurité avec lui.

Rachel avait accusé Sarah de chercher un père de substitution dans cet homme qui avait près de vingt ans de plus.

« Tu te trompes, maman. »

Elle n'était pas seulement séduite par ses cheveux sel et poivre… Il y avait aussi son teint mat et buriné, la barbe de trois jours qu'il arborait la plupart du temps et ses lunettes en écailles. Grand et large d'épaules, il portait des jeans qui mettaient en valeur ses jambes musclées et des chemises impeccables. Elle aimait la façon dont il posait sa veste en tweed sur le dossier de sa chaise juste avant de commencer ses cours.

Alistair avait été le premier à identifier les symptômes de la grossesse : seins endoloris et épuisement, nausées. Un jour qu'elle était agenouillée sur le tapis de bain et tentait de faire passer son envie de vomir au-dessus des toilettes, il avait glissé la tête dans la salle de bains.

« Tu devrais voir un médecin, lui avait-il dit. Tu dois en être à six ou huit semaines déjà. »

Après avoir uriné sur un bâtonnet en plastique et vu deux traits bleus s'afficher, elle avait eu confirmation de son diagnostic. Même si ses projets immédiats n'incluaient pas un enfant, elle n'y voyait pas non plus une impossibilité. Elle avait apporté la preuve dans le salon, agitant le test de grossesse. Alistair lisait le journal dans un fauteuil club.

Avec beaucoup de détachement, il lui avait dit :

« Bon, eh bien tu vas te faire avorter. »

Elle avait été abattue.

« Je ne pense pas en être capable.

— Pourquoi ?

— Tu le sais bien, ma mère a arrêté ses études pour m'avoir.

— Et ?

— Et avec mon père ils ne voulaient pas d'enfant. Ma mère aurait pu subir un avortement illégal, et c'en aurait été fini pour moi. Je ne serais pas ici aujourd'hui.

— Oh, Sarah, pitié.

— Non, je t'assure, c'est comme ça que je vois les choses. Ce bébé pourrait être quelqu'un de très bien. »

Elle lui avait décoché un sourire enjôleur, de ceux auxquels il ne résistait habituellement pas.

« Ce sont des inepties sentimentales. Il faut que tu abordes le problème rationnellement.

— Je crois que ça m'irait bien de devenir mère », l'avait-elle taquiné en s'asseyant sur ses genoux et en lui chatouillant la joue du bout du nez.

Au lieu de l'imiter, il l'avait empoignée par le bras et s'était emporté :

« Je ne veux pas d'autres enfants !

— Lâche-moi ! avait-elle hurlé en se levant. Tout ne tourne pas seulement autour de toi ! »

Elle avait dévalé les marches de l'immeuble en larmes. Elle avait parcouru à pied les cinquante blocs qui la séparaient de son appartement, tiraillée entre la réaction d'Alistair et ses rêves de poussette.

Une semaine plus tard, un courrier d'avocat lui avait été remis en main propre. Elle en avait pris connaissance debout dans son entrée, malgré le mauvais éclairage.

« J'ai besoin de votre signature », l'avait informée le coursier.

En résumé, il s'agissait d'une requête officielle : si, et seulement si, son bébé voyait le jour, elle s'engageait à procéder à un test de paternité ; s'il était établi qu'Alistair Goldstein était bien le père de cet enfant, elle le dégagerait de toute responsabilité financière.

« On m'a demandé d'attendre que vous signiez.

— Je n'ai aucune intention de le faire dans l'immédiat. »

Elle avait refermé la porte et fourré le document dans son sac à main. Sa colocataire, Laura, avait surpris des bribes de l'échange.

« Qu'est-ce qui se passe ? »

Sarah savait que lui raconter l'histoire en détail ne lui aurait valu qu'un « je te l'avais bien dit ». Dès le début, Laura l'avait mise en garde : Alistair avait la réputation de séduire ses doctorantes. Sarah avait refusé de l'écouter. Elle avait refusé d'accepter l'idée qu'elle n'était pas la seule et l'unique.

À présent elle nettoyait les rhododendrons avec vigueur, se représentant le cou d'Alistair chaque fois qu'elle tournait pour arracher une fleur fanée. Elle s'efforçait de l'imaginer d'ici quelques années, retraité et esseulé, regrettant d'avoir laissé lui échapper cette jeune femme merveilleuse et l'enfant qu'ils avaient conçu ensemble.

Les yeux plissés par le soleil, Sarah admira son travail le long du mur de la cuisine, puis se dirigea vers le perron de la maison. Plus qu'une demi-heure et elle aurait terminé. Elle déplaça l'échelle pour pouvoir atteindre ce dernier massif. Elle eut du mal à glisser les pieds de celle-ci entre les branches. Elle commençait à en avoir assez de se débattre avec les fleurs coriaces et poisseuses. Elle remonta tout en haut. Une branche céda plus bas, l'échelle vacilla et Sarah perdit l'équillibre.

Elle hurla en tombant à la renverse. L'échelle rebondit sur la façade. Sarah était immobile dans l'herbe, le souffle coupé. Elle aspira une goulée d'air. Son épaule avait heurté une pierre et la douleur cuisante s'était immédiatement diffusée dans son bras. Pendant les quelques secondes suivant sa chute, elle observa les grands nuages blancs qui défilaient dans le ciel bleu. Elle entendit alors la porte moustiquaire de la cuisine claquer.

— Bonté divine ! Tout va bien ?

Lilly courait vers elle, aussi vite que le lui permettaient ses vieilles jambes. Sarah fronça les sourcils en voyant surgir son visage dans son champ de vision.

— Je ne sais pas trop. Je n'ai pas encore essayé de remuer. C'est mon épaule qui me fait le plus mal.

— Oh, Sarah, mon Dieu ! Ne bouge surtout pas. Je ferais mieux d'appeler une ambulance.

— Non, Lilly, calme-toi. Attends une minute… on va voir.

Sarah bascula lentement sur le flanc.

— Tu t'es cogné la tête ? Oh, ma chérie… et le bébé ?

— J'ai atterri sur le dos, ça m'a juste coupé le souffle. Ma tête va bien.

Elle se frictionna l'épaule avant de placer une main sur son ventre. Elle ferma les yeux pour se concentrer, peinant toujours à retrouver une respiration normale.

— Je crois vraiment qu'il faut appeler une ambulance. Qu'est-ce que tu faisais sur cette échelle, d'abord ?

— Pas d'ambulance, Lilly… Ça va. Je vais téléphoner à mon médecin habituel.

— Tu crois que c'est raisonnable de te relever ?

— Eh bien, si je n'y arrive pas, ce sera le signe que j'ai de gros ennuis. Dans ce cas, je te laisserai appeler une ambulance.

— Ne bouge pas, Sarah. Tu dégoulines de sueur. Je vais d'abord t'apporter une citronnade.

Le temps que Lilly revienne avec un grand verre glacé, Sarah se sentait mieux, même si elle était couverte de bleus et inquiète. Elle s'assit doucement, à l'affût de la moindre sensation que quelque chose n'irait pas à l'intérieur de son corps. Elle but à petites gorgées, sentit le liquide froid couler dans sa gorge, lui rafraîchir toute la poitrine. Elle pressa quelques instants le verre contre son front. La condensation fut une source de soulagement immédiat.

Au bout de plusieurs minutes, Sarah s'agenouilla, puis bascula sur ses pieds. Lilly l'accompagna à la cuisine en la tenant par le bras. Au moment où elles entraient dans la cuisine, Sarah sentit un liquide chaud couler entre ses cuisses. Elle se précipita aux toilettes, et sa gorge se serra quand elle découvrit du sang dans sa culotte.

De retour dans la cuisine, elle trouva Lilly en train de rincer la vaisselle dans laquelle sa mère avait pris son petit déjeuner.

— Il faut qu'on aille à l'hôpital.

Lilly s'empara d'un torchon, les épaules voûtées par l'inquiétude.

— Oh, ma chérie…

— Je vais juste chercher mon sac.

— Pendant ce temps, je préviens ta grand-mère.

— Non. Je ne veux pas qu'elle se fasse du souci.

10

PITTSBURGH
1928

— Madame Meister, il arrive que des pressions extérieures puissent occasionner un retard, lui dit la vieille infirmière du cabinet du Dr Hart.

Sadie grimaça lorsque la main moite de la femme lui agrippa le bras. Elle se détourna pour ne pas voir l'aiguille qui lui prélevait du sang et poussa un long soupir.

La perte de ses parents et le tri de leurs affaires avaient été pénibles, sans parler de l'inquiétude que lui inspirait Kitty. D'autant qu'elles n'étaient pas du tout dans les temps, sa sœur et elle, ayant passé l'essentiel des deux derniers jours à échanger des souvenirs. Au lieu de vider les placards, elles s'étaient assises face à face sur le canapé, les genoux repliés contre la poitrine, une tasse bien chaude à la main. Elles ne s'étaient pas retrouvées en tête à tête depuis que Sadie s'était mariée et avait déménagé.

Quand le téléphone sonna deux jours plus tard, Sadie mettait sans enthousiasme les tricots de sa mère dans un carton. Elle pensa immédiatement qu'il s'agissait encore d'un promoteur immobilier. Ils la harcelaient, planant tels des vautours, désireux d'acheter Lancaster Fells et de subdiviser le terrain. Pourtant, à l'autre bout de la ligne, elle trouva la voix de la vieille infirmière.

— Madame Meister ! lança-t-elle d'une voix chantonnante. Vous allez à nouveau recevoir la visite d'une cigogne !

Sadie se laissa tomber dans un fauteuil.

— Y a-t-il un risque d'erreur ?

— Oh, non, madame Meister, les résultats sont sans appel. Félicitations ! Il faut que vous preniez rendez-vous avec le docteur Hart pour discuter des mois à venir.

Lorsque Sadie eut raccroché, elle se mordilla la lèvre et porta une main à son front. Elle était pétrifiée sur le fauteuil. *Doux Jésus, ce n'est pas possible.* Elle avait utilisé une cape cervicale et pris des médicaments pour éviter de tomber enceinte. Elle devait poursuivre le tri des affaires de ses parents, et Bunny comptait partir pour Long Harbor trois semaines plus tard seulement. Elle devait préparer tous leurs bagages en plus du reste.

Sadie retourna à Lancaster Fells le lendemain matin, décidée à avancer dans ses rangements. Malheureusement, Kitty l'attendait devant la maison, en tenue de cavalière, avec une expression de tristesse absente.

— Allons plutôt nous promener, suggéra-t-elle.

Sadie accepta, quand bien même elle savait que c'était on ne peut plus contre-indiqué dans son état. Elles sellèrent et montèrent les chevaux, sillonèrent la vaste propriété. Elles avaient toutes deux beaucoup de sujets de préoccupation. Sadie n'avouerait jamais le désespoir que lui inspirait cette grossesse devant sa sœur qui n'aurait sans doute pas d'enfant.

Le souffle de Sadie formait de la buée dans l'air froid, et l'exercice lui rougissait les joues. Elle se délectait comme rarement de l'étendue de ces terres, maintenant qu'elle avait acquis un regard d'intendante. Elle rattrapa Kitty lorsqu'elles approchèrent des écuries.

— Merci beaucoup. Tu n'imagines pas combien j'en avais besoin.

Pendant qu'elles dessellaient les chevaux après les avoir fait marcher au pas, Sadie eut une idée.

— Pourquoi tu ne t'installerais pas à Lancaster Fells, Kitty ? Tu pourrais t'occuper de l'écurie. Prendre des chevaux en pension.

Kitty écarquilla les yeux en souriant.

— Vraiment ?

— Mais oui. Je ne comprends pas pourquoi on n'y a pas pensé avant.

Ce soir-là, quand Sadie fit part à Bunny de ce projet, il parut surpris.

— Je croyais que vous passiez vos journées à vous partager la vaisselle et l'argenterie. Il y a une fortune à se faire en vendant ce domaine, tu sais.

— Nous n'avons pas besoin d'argent, et Kitty, elle, a besoin d'un toit et d'une vocation.

— C'est sûr que si elle vit seule à Lancaster Fells, elle devra repousser les prétendants avec un bâton, plaisanta-t-il.

— Bunny !

Elle lui donna une bourrade dans le torse. Sa taquinerie manquait de délicatesse. Kitty, avec son visage plein de taches de rousseur et ce roux familial qui prenait sur elle une teinte orange vif, n'avait jamais été une beauté et avait depuis longtemps dépassé l'âge de se marier. Sadie s'interdisait de s'attarder sur l'ironie de la situation : Kitty resterait libre, ce serait elle qui monterait leurs chevaux dans ces magnifiques champs tous les matins.

— J'ai autre chose à te dire, Bunny, ajouta-t-elle en levant des yeux gonflés de larmes vers lui.

Quand elle finit par trouver les mots, il la souleva par la taille et la fit tournoyer.

— Oh, arrête ça, Bunny ! Repose-moi…

Il prépara deux cocktails et proposa de trinquer.

— À ma sublime épouse !

— Bien sûr, tu es heureux, toi, gémit-elle. Un autre enfant ne changera rien à ta vie !

— Oh, Sadie, allons allons. Tu te montres hystérique, protesta-t-il.

— Mais c'est la vérité ! Tes journées continueront à se ressembler. Tu ne sais pas ce que c'est que de s'occuper de l'éducation d'un enfant, de l'aider à se connaître, à découvrir ses dons, d'être là pour lui *en permanence* !

Si Sadie déversait l'essentiel de ses frustrations sur Bunny, elle se sentait surtout ridicule d'avoir fait confiance au Dr Hart. Un an plus tôt, elle lui avait montré la brochure qu'elle avait récupérée lors de la conférence de Margaret Sanger, à New York.

« Ceci doit rester entre nous, avait-elle précisé en lui montrant le schéma rudimentaire d'une cape cervicale. Je ne veux pas que Bunny l'apprenne. »

Le Dr Hart n'avait pas immédiatement réagi, jaugeant d'abord l'expression de sa patiente. Un silence gêné s'était étiré dans la salle d'examen.

« Ce n'est pas comme si je vous demandais d'enfreindre la loi, avait-elle ajouté.

— Madame Meister, on ne m'a encore jamais fait une requête pareille. J'ai déjà eu recours à des traitements par voie vaginale pour traiter des infections, mais vous êtes la première à me demander de bloquer l'accès à son utérus.

— Ou peut-être simplement la première à avoir le courage de le faire. »

Il regarda à nouveau la brochure avant de la ranger dans sa poche.

« Alors, c'est ça qui agite les femmes de New York ?

— Vous allez m'en prescrire, oui ou non ? insista-t-elle en plissant les yeux.

— Oui. Mais j'apprécierais aussi que cela reste *entre nous*[1]. »

De retour au cabinet, enceinte et nerveuse, Sadie posa un regard d'acier sur le Dr Hart lorsqu'il lui souhaita la bienvenue. Pour toute réaction, il se contenta d'un haussement d'épaules.

— Ces choses sont entre les mains de Dieu, après tout.

Sadie ne parvint à l'écouter que d'une oreille pendant qu'il soulignait les risques de grossesse pour une femme à un âge aussi avancé que le sien. Il lui conseilla de passer le dernier trimestre de sa grossesse alitée. Sadie ouvrit la porte du bureau à la volée, ignorant la vieille infirmière qui l'appelait.

Dans la rue, elle imagina la silhouette rigide de sa mère. « Tiens-toi droite et montre-toi imperturbable. » Sadie savait qu'elle n'avait pas d'autre choix que d'accepter la situation, même si elle avait près de

1. En français dans le texte.

quarante ans. Les garçons n'étaient plus petits, et elle n'avait ni l'envie ni, le craignait-elle, la patience, de se lever plusieurs fois par nuit et de s'occuper d'un nourrisson.

***

Trois semaines plus tard, à leur arrivée à Long Harbor, Sadie organisa un barbecue avec les Notman. Emily était devenue sa meilleure amie et voir la grande troupe formée par leurs deux familles, pieds nus, déguster des saucisses de Francfort et allumer des cierges magiques sur la plage lui fit oublier ses soucis.

Au cours des derniers étés, Emily et elle avaient passé des heures ensemble, à déguster des gin tonic et à glousser sur la véranda d'Eden pendant que leurs garçons jouaient sur la pelouse. Il leur était arrivé d'échanger des anecdotes sur leurs maris. Quand Emily lui avait confié qu'elle aurait davantage apprécié leur vie intime, à Ted et elle, si elle avait eu une méthode infaillible de contraception, Sadie avait posé son verre pour se précipiter au premier et redescendre avec un exemplaire de la *Birth Control Review*, dédiée au contrôle des naissances.

« Ça alors, Sadie ! s'était exclamée Emily. Quelle femme moderne tu fais ! »

Et Sadie s'était précisément sentie moderne et triomphale à cette époque, puisqu'elle avait réclamé le droit de maîtriser son corps.

« Ma famille est au complet », avait-elle ajouté.

Et à présent, assise avec Emily dans le salon d'Eden, elle avait le sentiment d'être le dindon de la farce. Lustrant avec nostalgie le trophée en argent du championnat du club de tennis, qui trônait fièrement sur la cheminée, elle dit :

— On ne pourra pas défendre notre titre en août, cette année.

Emily lui adressa un sourire compatissant.

— Tu es une vieille habituée, maintenant. Ton accouchement se passera sans problème, et nous serons de retour sur le court dc tennis l'an prochain.

L'été précédent, Bunny et elle avaient reçu une invitation à devenir membres du Paupanaug Club. Sadie avait toujours eu foi dans le fait qu'ils seraient acceptés un jour, mais Bunny, lui, avait douté jusqu'au bout. À compter du jour de leur intronisation, il s'était enfin autorisé à se détendre, nouant de nouvelles relations et se faisant toutes sortes d'amis au club de la plage et sur les terrains de tennis. Soulagée par la diversité de ses fréquentations, Sadie avait espéré que cela mettrait un terme à sa relation fusionnelle avec les Butterfield. Ils étaient dangereux. Sadie ne pouvait pas croiser Charles dans une fête sans s'attirer un clin d'œil lubrique ou un baiser séducteur, envoyé de l'autre bout de la piste de danse. Maud, plus svelte que jamais, s'était mise à porter des robes courtes à franges et des bandeaux en soie assortis autour du front.

Certains soirs, Bunny convainquait Sadie d'aller danser le charleston à l'Atlantic. Elle ne pouvait s'empêcher de se plaindre.

— Regarde comme Maud est belle, lui glissait-elle à l'oreille. J'ai l'impression que mon corps ne m'appartient plus. Je me suis rarement sentie aussi éreintée, et le bébé n'est prévu que pour Noël.

— Allons, allons, répondait-il en lui frictionnant le bas du dos.

— Ça doit être une fille cette fois. J'ai entendu dire que les filles absorbaient toute l'énergie des mères.

Bien que dépitée par sa grossesse, Sadie tenait là une excuse en or pour décliner les invitations. Danser jusqu'au bout de la nuit ne fut plus envisageable dès que son ventre s'arrondit suffisamment. Il était de bon ton qu'elle reste chez elle, même si elle continuait à se rendre à la poste à pied tous les matins. Elle passait le reste de la journée à encadrer des photos de famille, qu'elle suspendait dans l'escalier de service. Elle tria les vêtements des garçons, envoya ceux qui étaient trop petits ou trop vieux à l'Armée du salut. Elle broda plusieurs taies d'oreillers et écrivit de longues lettres à Kitty.

***

Enceinte de neuf mois, Sadie abordait la saison des fêtes comme une corvée. À genoux dans le bureau de Bunny, elle accrocha un nœud sur un camion de pompiers rouge. Elle passa à nouveau en revue les piles de cadeaux, une pour chacun de ses fils, puis déposa le camion sur celle de Robert afin de les équilibrer. Elle espérait qu'ils apprécieraient le train électrique qu'elle avait commandé et qui ferait tout le tour du salon, avec une réplique parfaite des locomotives de Bunny, jusqu'au sifflet à vapeur. Alors qu'elle se trouvait à quatre pattes et lissait le papier cadeau sur la moquette, elle sentit jaillir un liquide chaud entre ses cuisses.

Elle cria pour prévenir Alice, qui préparait des cookies dans la cuisine. Celle-ci la rejoignit aussitôt. Elle se jeta sur le téléphone pour composer le numéro du Dr Hart puis celui de Kitty et, enfin, celui du bureau de Bunny.

La dernière pensée qui traversa l'esprit de Sadie avant qu'elle ne respire l'éther dans la salle de travail fut que, s'il lui arrivait quelque chose, il y aurait au moins des cadeaux sous le sapin.

Elle reprit connaissance dans les minutes précédant la naissance. L'infirmière se trouvait à son chevet pour la rassurer.

— Madame Meister, tout se déroule sans heurt. Le docteur est arrivé, il a besoin que vous donniez la poussée finale.

Les contours du Dr Hart se précisèrent lorsqu'il se posta au pied du drap blanc en forme de tente qui recouvrait les jambes de Sadie. En le découvrant, elle eut envie de hurler. Elle serra le drap dans ses poings et poussa en gémissant. L'infirmière l'aida à se redresser tandis que des larmes coulaient sur son visage. La douleur était à son apogée quand la pression insurmontable qui s'exerçait sur son bassin se relâcha brusquement dans un mouvement de torsion. Elle accompagna cette libération d'une longue plainte.

Le Dr Hart souleva le bébé pour vérifier son état physique avant de le confier à une infirmière, qui le nettoya. Au cours des secondes qu'il fallut au médecin pour procéder à cette inspection, Sadie sentit le gouffre dans son ventre se remplir de quelque chose de sombre, d'amer et de laid.

— Eh bien voilà, vous avez enfin votre fille ! lança-t-il d'un ton léger en se dirigeant vers les portes battantes.

Il allait sans aucun doute féliciter Bunny, avec qui il partagerait l'habituel cigare, puis il repartirait avec un généreux pourboire. L'infirmière le retint.

— Docteur Hart, la patiente continue à avoir des saignements, et ils sont d'un rouge vif.

Le Dr Hart rebroussa chemin jusqu'au lit d'accouchement et constata la situation.

— Elle fait une hémorragie, annonça-t-il. Son utérus ne se contracte pas.

Il enfila un gant en caoutchouc et inséra profondément sa main en Sadie, tout en massant son ventre de l'extérieur. Les manches blanches de sa blouse se gorgèrent de sang. Ses mouvements possédaient une énergie qui confinait à la panique. La vue de Sadie se troubla et sa tête retomba sur l'oreiller. Le Dr Hart appuyait de plus en plus fort.

Il hurla à l'une des infirmières :

— Allez trouver monsieur Meister dans la salle d'attente et annoncez-lui la naissance de sa fille, mais préparez-le… nous ne sommes pas encore au bout de nos peines !

11

LONG HARBOR

Mercredi 1er juillet 1998

Assise au bord de son lit, Becca tendit les bras devant elle et inspecta ses mains, examinant autant ses taches de vieillesse que sa manucure. Elle prit une profonde inspiration. Comment le temps avait-il pu filer aussi vite ?

Dan et elle avaient repris cette chambre quarante ans auparavant, et pourtant Becca continuait à avoir l'impression d'usurper la place de sa mère. La présence de Sadie imprégnait toutes les pièces d'Eden mais c'était particulièrement ici, au milieu de ses peintures à l'huile, de sa coiffeuse et de sa méridienne, que sa fille éprouvait la réprobation maternelle. Becca sentit une boule se former dans son ventre et elle eut la chair de poule.

Les photographies dans la cage d'escalier illustraient, à elles seules, la transformation de Sadie, jeune femme sportive et en bonne santé devenue émaciée et exsangue. Ce n'était un secret pour personne que Becca avait été conçue sur le tard et que sa mère avait subi un calvaire lors de l'accouchement ; et malgré tout elle aurait préféré ce destin à celui qu'elle avait connu. Oui, elle aurait préféré ce destin ou celui de Rachel, qui avait épousé un homme qu'elle connaissait à peine pour garder son enfant. Becca occupait une position singulière : elle était la seule à savoir ce qui s'était produit par le passé, et ce qui se produisait à nouveau aujourd'hui. Elle ne serait pas toujours là, et il fallait que Sarah comprenne que c'était l'histoire de plusieurs générations de femmes qui continuait de se jouer à travers elle.

Becca décrocha le téléphone sur sa table de chevet, mais elle ne put se résoudre à composer le numéro. Elle se roula en boule sur le lit, puis remonta le jeté en laine sur ses jambes, se remémorant le soir où, dix ans plus tôt, elle avait entendu parler de Lee pour la toute première fois. Elle sortait de sa douche et était encore mouillée. Ils étaient attendus, avec Dan, à un cocktail, une demi-heure plus tard, et elle était agacée qu'il ne soit pas encore rentré du golf. Une serviette enroulée autour de ses cheveux humides, une autre autour de son corps trempé, elle s'était jetée sur le téléphone, s'attendant à avoir droit aux excuses typiques d'un mari. Elle avait aboyé un « allô ! ». Il y avait eu un silence à l'autre bout du fil, comme si son correspondant était en train de se raviser. Irritée, Becca avait répété son « allô ! » d'un ton encore plus sec. Elle s'apprêtait à raccrocher quand elle avait entendu une voix féminine :

« Je cherche à joindre Rebecca Meister.

— C'est moi-même. »

La voix avait poursuivi lentement :

« Je m'appelle Lee Hinkle, et j'ai toutes les raisons de croire que vous êtes ma mère. »

Becca avait senti ses jambes se dérober. Elle était tombée à genoux sur la moquette, près de son lit, et avait agrippé la serviette sur sa poitrine.

« Ma Leah ? Dieu du ciel, c'est vraiment toi ?

— Avez-vous fait adopter un bébé à Kansas City en 1946 ? »

Becca avait étouffé un cri dans sa serviette ; les mots refusaient de sortir. Entre deux sanglots, elle avait fini par réussir à articuler :

« Oui, c'est le cas… C'était moi… Je suis ta mère. »

Le silence s'était étiré dans le combiné.

« Tout va bien ? s'était inquiétée Becca. Enfin, je veux dire, je… je ne pensais pas que tu…

— Non, non, pardon, tout va bien. »

Apparemment, Lee cherchait à ravaler ses larmes, elle aussi.

« Je vais vraiment bien, ça a toujours été le cas. Je ne m'imaginais pas que ça me ferait un tel effet d'entendre votre voix. »

Elles avaient discuté pendant plusieurs minutes surréalistes, jusqu'à ce que Becca décide de raccrocher, de peur que Dan ne la surprenne.

« Lee, est-ce que je peux te rappeler demain matin ? Il y a tellement de choses que j'aimerais te dire… Malheureusement le moment est mal choisi. »

Sa main tremblait tellement qu'elle avait eu du mal à noter le numéro.

Quand Dan s'était glissé, penaud, dans la chambre quelques minutes plus tard, Becca était toujours assise sur leur lit, ses cheveux mouillés gouttant sur le couvre-lit immaculé.

« Ça va ? On n'est pas censés aller chez les Notman ce soir ? » lui avait-il demandé.

Becca s'était essuyé les yeux avec les poignets.

« Je préfère rester ici, je ne me sens pas dans mon assiette », avait-elle expliqué en reniflant.

Sa mère lui avait certifié, et Becca l'avait crue, que son secret lui pèserait de moins en moins avec le temps. Et pourtant, plus elle l'avait gardé plus il était devenu lourd. Faire croire que Rachel était son premier enfant lui avait coûté bien plus d'efforts que la maternité en soi. Pendant cette grossesse, elle s'était sentie obligée de feindre l'étonnement pour Dan. Et plus il se montrait enthousiaste, plus la culpabilité de Becca s'amplifiait.

Les semaines suivantes, Becca avait contacté Lee à plusieurs reprises.

« À quoi ressemblent Rachel et Andrew ? » lui avait demandé celle-ci.

« Combien mesures-tu ? De quelle couleur sont tes cheveux ? » s'était enquise Becca.

Elle rêvait d'une proximité que ne pouvaient pas lui offrir ces conversations téléphoniques. C'est pourquoi, lorsque Lee avait proposé qu'elles se rencontrent, elle avait sauté sur l'occasion. Lee vivait dans le Connecticut, où elle exerçait le métier de sage-femme libérale, et elle avait proposé de faire la route jusqu'à Long Harbor un dimanche de septembre. À l'approche de leur rendez-vous, Becca avait eu la nausée et des difficultés à se concentrer. Elle avait poussé Dan à sortir pêcher en mer, cet après-midi-là, puis elle avait mis sa laisse à Brandy, leur chien de l'époque, et avait marché jusqu'au café du village.

Becca n'oublierait jamais ce merveilleux bébé qu'elle avait tenu contre son sein dans un hôpital de Kansas City, et elle avait eu bien du mal à croire que la quadragénaire qui commandait un café à quelques mètres d'elle était la même personne. La terre était comme désaxée. Lee était petite, elle portait une jupe en jean et un pull beige épais sur sa taille volumineuse. Elle était aussi robuste que Rachel, avec des cheveux noirs ondulés aux épaules et un teint rougeaud. Les mains sur les hanches, elle était montée sur la pointe de ses sabots en cuir et avait remonté ses lunettes sur son nez pour étudier le menu affiché au mur, derrière la caisse enregistreuse.

Les jambes agitées d'un tremblement inhabituel, Becca s'était approchée pour la saluer.

« Lee ? »

Sa jupe en jean avait tourbillonné lorsqu'elle s'était retournée.

« Becca.

— C'est bien moi. »

Les deux femmes se souriaient quand la jeune serveuse au comptoir avait demandé :

« Je peux vous servir quelque chose, madame Fitzpatrick ?

— Oh, oui ! Un petit café noir, merci. »

L'adolescente était peut-être amie avec l'un de ses petits-enfants… Becca avait réglé les deux boissons et entraîné Lee dehors. Il n'y avait pas un seul endroit dans cette ville où elle ne courait pas le risque de tomber sur une connaissance, et elle avait donc emmené Lee sur la plage.

Lorsqu'elles avaient atteint le bord de l'eau, le visage fouetté par le vent, Becca ne s'était toujours pas débarrassée de ses tremblements. Elle avait résisté à la tentation de prendre la main de Lee tandis qu'elles marchaient côte à côte, se contentant d'observer le profil de sa fille à la dérobée. Elle avait remarqué combien la peau au coin de ses yeux était ridée, mais aussi que son sourire lui remontait les commissures des lèvres ;

elle avait étudié ses lunettes en écailles. Ce n'était que quand elles s'étaient assises sur un grand morceau de bois flotté que Becca avait pu examiner l'ensemble des traits de Lee et découvrir le vert pétillant de ses yeux.

« Je suis désolée de te dévisager comme ça, s'était-elle excusée en riant. Je n'en reviens pas qu'on soit là, toutes les deux.

— Ça ne me dérange pas, avait répondu Lee, qui rayonnait presque. C'est la première fois que je retrouve mes traits sur un autre visage.

— Je n'ai jamais cessé de penser à toi. »

Becca n'avait pas essayé de retenir ses larmes. Lee, qui n'avait pas pleuré sur-le-champ, s'était employée à réconforter sa mère, la prenant dans ses bras et lui frictionnant le dos. Becca avait appuyé son menton sur l'épaule de Lee, respirant l'odeur fruitée de son shampooing, et elle avait murmuré :

« Et j'ai toujours voulu te dire que j'étais désolée. »

Lee avait sorti un petit paquet de mouchoirs de son sac à main – Becca en avait toujours un à portée de main quand Rachel et Andrew étaient petits. Elle en avait déplié un avant de le tendre à Becca, qui s'était essuyé les yeux et mouchée. Leurs larmes de tristesse s'étaient transformées en larmes de joie alors que le soleil automnal, qui baignait la plage et Becca de sa lumière dorée et ambrée, était quant à lui une source de soulagement.

Becca brûlait de tout savoir. La maternité lui avait certifié que sa fille serait accueillie par une famille merveilleuse, et Lee le lui avait confirmé ce jour-là : elle avait grandi à Cincinnati, fille unique de parents incroyables qui venaient de mourir. Depuis qu'ils n'étaient plus de ce monde, elle s'était sentie autorisée à écouter sa curiosité instinctive qui la poussait à trouver ses parents naturels. Sa quête n'avait pas été très compliquée, Becca ayant renseigné l'adresse d'Eden sur tous les formulaires administratifs. Lee avait ainsi observé :

« Qui aurait pu imaginer que tu serais toujours dans la même maison après toutes ces années ?

— Ta mère devait être quelqu'un de bien… Elle a à peine modifié le prénom que je t'avais donné.

— C'était une mère attentionnée, prodigieuse. »

Malgré la morsure de la jalousie, Becca s'était efforcée de poursuivre sans transition :

« Les gentilles filles issues de bonnes familles n'avaient pas beaucoup d'options en 1946.

— Becca, je ne suis pas venue pour obtenir des explications. Ça appartient au passé. Je crois que j'espérais juste que nous pourrions devenir amies. »

Becca avait souri et lui avait serré la main.

« Bien sûr que nous pouvons.

— Et je me disais aussi que tu me mettrais peut-être sur la piste de mon père naturel. »

Becca avait laissé retomber ses mains sur ses cuisses. Son visage s'était empourpré et sa poitrine serrée. Elle s'était éclairci la voix.

« Lee… Tu as attendu la mort de tes parents pour partir à ma recherche. Comme toi, je dois penser à certaines personnes.

— Je ne comprends pas. Tu veux dire que tu es toujours en contact avec mon père naturel ? »

Becca avait bafouillé :

« Je… je ne peux pas prendre de risque. Je dois protéger Dan. Vois-tu, s'il apprenait que je lui ai caché ce secret depuis le début de notre mariage… je ne peux pas. »

Et puis, avait-elle songé, il y avait Rachel, qui semblait attribuer tous ses problèmes à son éducation, et plus particulièrement à sa mère. Elle l'imaginait d'ici, utilisant la découverte subite de cette grande sœur pour étayer la théorie de sa psy selon laquelle Becca avait été une mère absente, au point de vue émotionnel.

La déception s'était brièvement peinte sur les traits de Lee, pourtant elle n'avait pas insisté.

« D'accord, je comprends. »

À la mort de Dan, des années plus tard, Becca n'avait plus d'excuses. Si bien que, lorsque Lee l'avait appelée pour lui présenter ses condoléances et lui demander si elle aimerait la retrouver pour un petit déjeuner, Becca s'était sentie obligée de l'inviter à Eden pour lui faire faire ce tour de la propriété attendu depuis si longtemps. Rachel, Sarah et Andrew étaient venus pour l'enterrement, mais ils avaient repris le travail, l'année scolaire étant ponctuée d'obligations. Becca s'était ainsi retrouvée seule, avec Lilly, pour la première fois de sa vie. Elle avait décidé d'inviter Lee chez elle.

Le jour dit, Lee s'était engagée avec sa Subaru sur le long chemin menant à Eden. Elle s'était figée, les yeux écarquillés et la bouche ouverte, devant la porte de la cuisine. Becca était sortie à sa rencontre.

« Ne te laisse pas impressionner par la maison, ma chérie.

— Becca… elle est magnifique. »

***

Becca sortit brusquement de sa rêverie en entendant un grand fracas dans la cour. La porte de la cuisine claqua, et Lilly hurla :

— Bonté divine !

Becca nota dans un coin de sa tête de demander aux laveurs de vitres d'être plus prudents. Elle regarda la montre fine à son poignée : il était déjà onze heures. *Tu devrais avoir honte d'avoir laissé filer la matinée.* Elle prit le combiné et, convoquant toute la détermination qu'elle pouvait puiser en elle, composa le numéro de Lee. Celle-ci décrochait toujours à la première sonnerie, avec un « allô » guilleret. Elle était joyeuse et optimiste, c'était rafraîchissant.

— Lee…

Becca prononça si lentement son prénom qu'on aurait presque dit qu'il était composé de deux syllabes.

— Ma chérie, la raison de mon appel est simple : je voudrais savoir si tu es libre pour le brunch, dimanche. Je crois que je t'ai dit qu'Andrew et Camilla viennent de Londres avec leurs enfants. Bien sûr, Rachel et Sarah sont ici. Il y aura aussi mon frère et mes deux belles-sœurs. Je sais que ça doit être intimidant, mais j'ai pensé que tu aimerais faire, enfin, la connaissance de tout le monde.

Un long silence s'étira à l'autre bout de la ligne, puis Lee finit par répondre.

— Becca, tu leur as parlé de moi ?

— Non, pas encore. Je compte le faire ce week-end.

— Tu devrais peut-être attendre de voir leur réaction avant de m'inviter.

— Lee, il y a déjà longtemps que j'aurais dû le faire. Si on ne saisit pas cette occasion, Dieu sait quand Andrew reviendra aux États-Unis.

Un nouveau silence, puis :

— D'accord, mais seulement parce que je meurs d'envie de faire la connaissance de mon frère et de ma sœur. À quelle heure veux-tu que je vienne ?

Une fois qu'elles eurent réglé les détails, Becca raccrocha. *Je suis une femme de presque soixante-dix ans, plus rien ne me force à garder ce secret.* Le portrait de Dan, sur la table de chevet, la tourmentait.

— Je suis désolée, lui dit-elle.

Elle imagina alors sa mère devant sa coiffeuse, apportant avec élégance les dernières touches à sa mise avant de sortir pour la soirée avec son mari. Sadie jetait un coup d'œil au reflet de Becca dans le miroir tout en appliquant du rouge à lèvres, la bouche arrondie en un *O* outré.

« Tout se passera bien, tu verras, lui souffla l'image de sa mère. Tu réussiras à oublier toute cette histoire. Personne n'en saura jamais rien.

— Mais moi, je sais, maman. Et Lee aussi. Tu n'imaginais pas qu'elle me retrouverait, n'est-ce pas ?

— Il faut toujours que tu en rajoutes. Il est tout à fait acceptable pour une femme d'avoir des secrets. Tout n'a pas à être porté à l'attention générale.

— Maman, nous formons une famille, nous devrions être capables de nous montrer honnêtes les uns envers les autres.

— Oh, Becca, à quoi bon tout chambouler ? »

12

PITTSBURGH
1928

Sadie eut du mal à ouvrir ses yeux gonflés. Elle ne se rappelait pas encore l'endroit où elle se trouvait lorsque les contours du visage de Bunny, tout près du sien, se précisèrent. C'était étrange, il souriait et pleurait simultanément.

— Sadie, tu es réveillée ! Oh, tu m'as fait une de ces peurs !

Il se pencha par-dessus la barre du lit d'hôpital pour l'embrasser.

— Bunny… pourquoi ?

— Chut. Il est temps que tu rencontres Rebecca, lui murmura-t-il.

— Qui ?

— Notre petite fille.

— Mais…

— Je l'ai appelée Rebecca, en souvenir de la sœur de ma mère.

***

Il fallut plusieurs jours pour que la confusion se dissipe dans l'esprit de Sadie. Les infirmières allaient et venaient, prenaient son pouls et sa température, lui apportaient des plateaux de nourriture qu'elle pouvait à peine toucher.

— Vous devez manger, c'est important, lui dit l'une des plus âgées. C'est le seul moyen de retrouver des forces.

Pour toute réponse, Sadie sourit faiblement.

— Et votre petite fille… Rebecca, n'est-ce pas ? Elle est impatiente de rencontrer sa mère.

Sadie sourit de nouveau et hocha la tête. Elle gardait le silence, toujours troublée par le fait que Bunny ne l'ait pas attendue pour prénommer leur bébé. Il lui avait expliqué qu'elle était restée inconsciente quatre jours, au cours desquels le Dr Hart l'avait préparé au pire.

L'infirmière, gardant une expression sévère sous son impeccable coiffe blanche, remplaça le jus de la veille, auquel Sadie n'avait pas touché.

Kitty passa la tête par la porte, et sa sœur se redressa légèrement dans son lit.

— Bonjour, lui dit sa cadette, un sourire jusqu'aux oreilles.

— Kitty, je…

Sadie faillit fondre en larmes en découvrant ses traits si reposés. Elle avait envie de hurler et de bourrer en même temps son oreiller de coups de poing. Kitty se précipita au chevet de sa sœur, qui se mit à sangloter.

— Oh, Sadie, trésor, laisse-moi arranger un peu ta coiffure.

— Non, surtout pas. J'ai décidé de tout couper.

Les mots lui échappèrent sans qu'elle ait eu le temps de mesurer ce qu'elle s'apprêtait à dire. C'était une décision soudaine, mais ses longs cheveux étaient emmêlés, collés sur sa nuque moite.

— Je peux retirer les nœuds avec un peigne, suggéra Kitty.

— Non, je t'assure, si tu veux m'aider, va dans le bureau de ces satanées infirmières et trouve une paire de ciseaux. Puis reviens me débarrasser de ce fouillis.

— Allons, Sadie…

— Kitty, s'il te plaît. Je me fiche du résultat. Je pourrai aller chez le coiffeur plus tard pour avoir une coupe digne de ce nom.

Une heure plus tard, lorsque Bunny entra dans la chambre, il en resta bouche bée. Kitty était repartie, et les vestiges des longues tresses rousses de Sadie gisaient toujours sur le linoléum, autour du lit. Elle posa le journal qu'elle lisait.

— Je sais ce que tu penses, mais ne t'avise pas de dire quoi que ce soit.

— C'est terriblement radical comme décision, Sadie.

— J'ai le droit de me couper les cheveux si j'en ai envie.

Il se figea brusquement et observa son épouse avant de parler.

— Pourquoi je n'irais pas à la pouponnière pour demander aux infirmières de t'amener Rebecca ?

— Je n'aime pas ce prénom.

— Quoi ?

— Je n'aime pas ce nom. Il ne… Je ne sais pas. Il ne roule pas bien sur ma langue.

— Eh bien, il est trop tard pour le changer maintenant. Ça fait une semaine que je lui ai donné ce prénom, et ma mère est folle de joie, elle l'a déjà annoncé à toutes ses amies.

Sadie le foudroya du regard.

— Sa sœur s'appelait Rebecca et elle…

— Je sais, je sais. Je connais l'histoire, merci. Je suppose qu'il ne me reste qu'à l'appeler Becca.

L'infirmière lui apporta alors sa fille et la déposa dans ses bras. La petite, emmaillotée dans une couverture, gigotait tellement pour libérer ses mains qu'elle rougit rapidement. Son petit front était plissé et ses yeux se réduisaient à deux fentes. Aux petits pépiements qui s'échappaient de sa bouche, Sadie devina que sa fille allait, d'ici quelques secondes, hurler à pleins poumons. L'infirmière lui tendit un biberon, et Sadie le posa sur la table de chevet, juste à côté du jus de fruits du matin, auquel elle n'avait encore pas touché.

— Je vais d'abord essayer de l'allaiter, dit Sadie.

— Comme vous voulez, mais elle a faim.

Les lèvres du bébé cherchèrent frénétiquement le mamelon et furent néanmoins incapables de s'y accrocher. La petite Becca remuait la tête d'un côté à l'autre, la colère lui couvrant le visage de marbrures rouges. Sadie avait été trop faible pour que sa montée de lait puisse se faire, pourtant elle aspirait à ce lien instinctif, peau contre peau, que créait l'allaitement.

Elle accepta, avec fatalisme, de fourrer la tétine en caoutchouc dans la bouche de sa fille.

— J'en suis incapable, marmonna-t-elle tout bas.

— Bien sûr que si, l'encouragea Bunny, même si les cris persistants du bébé noyaient sa voix.

Quelques secondes plus tard, les minuscules lèvres de Becca trouvèrent le latex et un silence paisible envahit la chambre. Bunny resta près de Sadie pour lui caresser l'épaule. Elle fit faire un rot à Becca.

— J'attendais le bon moment pour t'annoncer une autre nouvelle, ma chérie. Je suis vraiment désolé, mais le docteur Hart dit que tu ne pourras plus avoir d'enfants.

Sadie leva vers lui un regard interrogateur.

— Ça me va très bien, lâcha-t-elle, déconcertée de constater à quel point il ne la comprenait pas.

Replaçant Becca sur ses cuisses, elle pressa la tétine contre ses lèvres. Elle redressa la tête à temps pour surprendre l'expression mélancolique de Bunny.

— Oh, allons… Tu n'en voulais quand même pas plus de quatre ?

Il haussa les épaules sans un mot, caressant le sommet du crâne de Becca.

***

Sadie n'avait toujours pas retrouvé sa vigueur la semaine suivante, lorsque Bunny vint les chercher, Becca et elle. La maison était envahie par les fleurs et les ballons. Alice, Kitty et la nouvelle nourrice se tenaient en rang dans l'entrée, juste derrière les garçons. Thomas avait tracé au crayon gras le mot BIENVENUE sur une grande banderole suspendue au-dessus de l'escalier. Sadie fit l'effort, pour ses fils, de sourire mollement devant cette démonstration si excessive. Elle confia le bébé à Alice, puis se pencha pour embrasser les garçons sur la tête. D'une voix douce, elle leur dit :

— Merci, mes amours, pour cet accueil en fanfare. Je vous verrai après votre dîner. Je rêve d'un bain depuis des semaines.

Plusieurs jours d'affilée, ce fut Bunny qui tira Sadie du sommeil, à son retour du travail. Il allumait les lampes et attisait le feu dans la cheminée, mais elle n'aspirait qu'au repos. Un soir, elle sentit son regard sur elle tandis qu'elle enfilait sa robe de chambre et mettait des barrettes pour dégager les mèches irrégulières de son visage.

— Je ne sais pas comment je ferais sans Alice et la nourrice, avoua-t-elle. Elles s'occupent de tout.

— Elles sont là pour ça, mon amour. Et j'ai appris que Kitty était passée aujourd'hui pour sortir promener le bébé en landau.

— J'ai l'impression que je ne redeviendrai jamais moi-même.

— Mais si. Veux-tu que je demande à Kitty de te prendre rendez-vous chez le coiffeur ?

— Non. Je ne suis pas encore en état de quitter la maison.

Alice apporta le bébé dans la chambre.

— J'ai pensé que vous voudriez la prendre un peu.

— Merci, Alice, lui dit Bunny.

Pressant une Becca gesticulante contre sa poitrine, Sadie tenta de synchroniser leurs respirations. Elle enfouit son nez dans les plis du cou de sa fille, cependant son odeur lui demeurait étrangère : lait maternisé mêlé aux parfums de cuisine, à la cannelle chaude et au citron, sans oublier le détergent d'Alice. Elle confia Becca à Bunny.

— On va t'emmener à Eden, proposa-t-il. Avec l'air marin et le soleil, tout reviendra à la normale en un rien de temps.

Sadie s'approcha de sa coiffeuse et observa dans le miroir cette nouvelle version d'elle-même. Elle avait cessé de s'inquiéter des cernes sombres sous ses yeux. Elle avait depuis longtemps perdu son teint si éclatant, et même courts, ses cheveux étaient plats. Sa mère lui aurait reproché de ne pas faire « davantage d'efforts », de ne pas « mettre un peu de fard à joues ». Sadie n'avait pas la force de feindre. La frustration qui l'avait rongée pendant sa grossesse s'était transformée en quelque chose de plus dur, de plus profond.

Bunny rapportait des fleurs à la maison et faisait de la préparation de leurs martinis du soir un véritable cérémonial, s'efforçant de remplir le silence de la pièce avec les ragots de la journée. Sadie n'avait toutefois aucune patience pour cet enthousiasme de circonstance ou pour les petits scandales de Pittsburgh.

Alice leur apportait Becca, dans sa jolie chemise de nuit, pour qu'ils l'embrassent avant la nuit. Suivaient les garçons, qui avaient été nourris, baignés et mis en pyjamas. Un soir, Thomas grimpa sur le lit à côté de Sadie. Bunny était assis dans un fauteuil tout près.

— Comment va la minuscule princesse aujourd'hui ? s'enquit Robert, en se hissant sur la pointe des pieds.

Becca ouvrit des yeux grands comme des soucoupes en voyant le visage animé de son grand frère et agrippa son auriculaire. Pendant que Robert et Edward jouaient à être des agents secrets chargés de protéger la princesse égyptienne, Thomas se lova contre sa mère, un livre à la main.

— Bunny, tu peux prendre le bébé, pendant que je lis une histoire à Thomas ?

Au bout d'une demi-heure environ, Alice mit un terme à ce temps de communion familiale pour conduire les garçons au lit.

— Eh bien, j'ai eu une sacrée journée ! lança Bunny après s'être raclé la gorge. On a obtenu un important prêt bancaire pour de gros travaux d'amélioration des voies.

— Mais le P&LE n'avait jamais contracté de dette jusqu'à présent, observa-t-elle, choquée qu'il ait franchi un tel pas.

— L'objectif, c'est de ne pas vendre d'actions. Le marché est en plein boum, on peut emprunter de l'argent à moindres frais.

Sadie pouvait entendre les critiques de sa mère dans sa tête : *Ah, ton mari, il a tendance à s'emballer.*

Bunny se rendit dans son dressing-room en déboutonnant sa chemise. Quand il se glissa sous les draps à côté d'elle, il commença à lui décrire les monceaux de tulipes qui devaient fleurir juste avant leur arrivée à Eden. Elle avait abandonné sa tête sur son épaule et le sommeil alourdissait ses paupières, lorsque soudain il y eut du bruit dans le couloir. Alice frappa.

— Monsieur Meister, venez vite ! C'est Thomas !

Bunny fut debout en un rien de temps. Sadie le suivait en retrait, et elle hésita en entendant le tapage. À travers l'entrebâillement de la porte, elle vit son mari penché au-dessus de leur fils, qui tremblait violemment par terre. Alice bafouilla :

— J'étais juste descendue voir le bébé quand je l'ai entendu tomber de son lit.

D'une voix au calme forcé, Bunny dit :

— Alice, veillez à ce qu'Edward et Robert restent dans leurs chambres. Sadie ! cria-t-il ensuite. Appelle le docteur Hart !

Elle se jeta sur le téléphone, sur le palier, et décrocha le combiné d'une main frémissante. Elle dicta à l'opératrice le numéro d'urgence du Dr Hart.

— Vous avez des saignements ? lui demanda-t-il aussitôt.

— Non, je vais bien, c'est Thomas… Il a des convulsions.

Elle retourna dans la chambre de son fils. Les spasmes avaient cessé. Agenouillé par terre, Bunny tenait la tête de leur fils dans ses mains. Son pyjama était trempé de sueur et une salive écumante coulait dans son cou. Sadie s'approcha pour lui essuyer le menton avec la manche de sa chemise de nuit.

— Ne le bouscule pas, lui murmura Bunny.

Elle sentit le goût de la bile. Elle couvrit Thomas avec la couverture en poils de chameau posée au bout de son lit et frictionna ses pieds glacés. Bunny et elle conservèrent le silence jusqu'à ce que leur parvienne le bruit de la porte d'entrée : Alice avait ouvert au Dr Hart.

Il s'installa à côté d'eux et oscula les poumons, puis le cœur de Thomas, lui palpa l'intérieur de la bouche avant de braquer le faisceau d'une lampe de poche sur ses yeux.

— Je ne sais pas quoi vous dire, conclut-il, s'adressant à Bunny. Amenez-le-moi à l'hôpital demain matin. Nous ferons un bilan complet.

Sadie arpenta sa chambre toute la nuit. Avait-il pu tomber et se cogner la tête ? Qu'en saurait-elle ? Elle était submergée par son impuissance. Elle se grattait les avant-bras. Elle croisait les mains et les plaquait sur sa poitrine pour prier en silence. *Pitié, Dieu, faites qu'il n'y ait aucun problème, pitié. Je promets de mieux m'occuper de mes enfants. Pitié, ne m'enlevez pas mon garçon chéri.*

***

Sadie était au lit, deux jours plus tard, quand le Dr Hart arriva. Alice vint la chercher et l'aida à descendre au rez-de-chaussée. Bunny et le médecin se levèrent à son entrée dans le salon.

— Je suis désolée de vous avoir fait attendre, s'excusa Sadie. J'étais fatiguée, j'ai du mal à trouver le sommeil la nuit.

— C'est moi qui suis désolé d'avoir interrompu votre sieste, répondit le Dr Hart en avisant sa robe de chambre et ses cheveux en désordre. Je suis venu vous parler des résultats des examens de Thomas.

Bunny se rassit dans son fauteuil. Le regard de Sadie passa de l'un à l'autre, puis elle se mit à jouer avec un fil de sa manche. Le docteur reprit :

— J'ai consulté mes collègues. Beaucoup de cas similaires ont été répertoriés. De jeunes médecins de la Harvard Medical School font des recherches sur les troubles cérébraux, ils parlent d'« épilepsie », et leurs travaux sont très encourageants. Nous pouvons nous arranger pour qu'ils voient Thomas lorsque vous irez sur la côte.

— Et s'il a une autre crise avant ? s'enquit Sadie.

— Nous ignorons si cela sera le cas et nous ne connaissons pas les facteurs déclencheurs, répondit le Dr Hart.

Sadie détestait son incertitude. Son regard d'acier, sa moustache… il n'était décidément pas fiable.

— Mais ça pourrait arriver n'importe où, il pourrait se cogner la tête, ou pire, insista-t-elle.

— Il pourrait aussi ne plus jamais avoir de crise. C'est impossible à savoir.

Le médecin se tourna vers Bunny pour s'adresser exclusivement à lui. Il lui conseilla de maintenir Thomas à l'écart des surfaces tranchantes ou dangereuses, dans le cas où il aurait une autre crise. Puis il remit à Bunny un petit appareil d'aspect barbare à glisser dans la bouche de Thomas pour l'empêcher d'avaler sa langue.

— On devrait prévenir son école, suggéra Sadie.

— Surtout pas. Ça ne regarde personne d'autre que nous, lui rétorqua Bunny en considérant le Dr Hart d'un air menaçant.

À compter de cet instant, Sadie fut emplie de terreur à l'idée qu'une autre crise puisse survenir. Elle se surprenait à scruter les traits de son fils à la recherche d'une expression inhabituelle ou absente, d'un signe de ce mal qui rôdait sous la surface.

13

LONG HARBOR
Mercredi 1er juillet 1998

La partenaire de bridge de Becca, Sheila Murphy, mélangea les cartes pendant que celle-ci piochait un chocolat dans le petit plat sur sa gauche. Les gestes de Sheila étaient imprévisibles et saccadés, elle tournait ses dix doigts vers l'intérieur. Ce manque patent de coordination produisait le même effet sur Becca que, sur Dan, un enfant incapable de lancer correctement une balle de baseball. Il secouait la tête chaque fois que Rachel armait son bras, la balle dans la main. Son coude formait un angle étrange. Il avait tenté de la corriger, mais elle s'était butée, comme toujours.

La salle était remplie de tables de quatre, occupées par des joueuses provenant des cercles les plus anciens de Long Harbor, issues d'une génération où l'on devenait mordu de bridge dans les dortoirs des meilleures universités du pays. Becca était l'une des rares à n'avoir pas fait d'études supérieures et était passée maîtresse dans l'art d'éluder les questions sur ce sujet. Dan lui avait appris à jouer. Il était toqué de bridge.

Une fois les cartes distribuées, Becca se concentra sur les enchères : Sheila se targuait d'être l'une des meilleures bridgeuses du club. Becca, elle, se laissa facilement distraire par les voix des tables alentour, où l'on débarrassait encore le déjeuner, ainsi que les jolis petits centres de tables composés d'hortensias. Leur quatuor était toujours le premier à commencer : Sheila était systématiquement attendue quelque part.

Becca avait une bonne main à carreau, mais elle se souvenait des reproches passés de Sheila : « Les carreaux, c'est bon pour les fenêtres, Becca. Jouons plutôt les couleurs majeures. »

— Je passe, annonça Becca.

Sheila remporta le contrat avec quatre piques. Ce qui faisait de Becca le mort, lui permettant de se détendre – c'était, en toute honnêteté, son rôle préféré autour de la table. Elle était habituée à regarder Dan jouer avec adresse : il planifiait toujours tout dès la première levée. Ça leur avait plu, de partager cette activité, de jouer une heure ou deux après le dîner avec un autre couple. C'est grâce à cela qu'ils en étaient venus à passer autant de temps avec les Murphy. Dan avait commencé par jouer au golf le samedi matin, avec Dick, qui avait ensuite suggéré qu'ils jouent au bridge tous les quatre.

— Alors, j'ai entendu dire que ta petite-fille était arrivée, dit Sheila d'une voix légèrement traînante, dans l'espoir de glaner des informations.

Becca se contenta de hocher la tête, puis elle disposa ses cartes par couleur et compta ses points. En général, Sheila désapprouvait les conversations pendant les parties.

— Elle est toujours étudiante ? insista-t-elle.

— Oui.

Becca n'en dit pas davantage, et face à ce laconisme inhabituel Edith et Judy, leurs adversaires, écarquillèrent les yeux. Sheila distribua la levée suivante. Elle avait une façon singulière de faire claquer les cartes en les posant devant elles.

— Est-ce qu'elle travaillerait ? Enfin, a-t-elle besoin de travailler pendant l'été ? Parce que je crois que ma fille cherche quelqu'un pour faire du soutien scolaire auprès de ses enfants, ajouta Sheila.

— Elle termine sa thèse. Elle pourra avoir un poste de professeur dès le printemps prochain.

Becca détestait jouer la carte de la thèse, mais ça les ferait taire. La situation avait beau être critique, elle n'avait aucune envie que Sarah accepte des petits boulots à Long Harbor.

— Quand vos petits-enfants arrivent-ils ? lança-t-elle à l'attention de l'ensemble de la tablée.

— Les miens, vendredi. Tout le monde aime les feux d'artifice, dit Edith, en posant un atout avec un petit sourire satisfait.

Elle ramassa la levée et joua la carte suivante.

— Les nôtres débarquent demain, enchaîna Sheila. Il faut que je rentre juste après notre partie si je veux avoir droit à ma sieste. Je dois faire des réserves de sommeil.

— Oh moi, j'ai moins besoin d'être reposée que d'en avoir l'air, glissa Judy.

Elles gloussèrent. Becca battit les cartes, puis Sheila les distribua. Judy fit signe à la serveuse : elle était prête à passer à quelque chose de plus fort que le thé glacé.

— Mets des lunettes de soleil, lui suggéra Sheila. Ça te rajeunira de quinze ans.

Judy passa commande à la serveuse.

— Une vodka cranberry, s'il vous plaît. Quelqu'un m'accompagne ?

Les autres secouèrent la tête, les yeux rivés sur leur jeu.

— Howard fait la sieste tous les jours, moi ça dépend, dit Edith.

— Pourquoi tu n'en profites pas pour le rejoindre, l'après-midi ? lui demanda Judy.

— Ah ça, il ne dirait pas non, rétorqua Edith en balayant l'air d'un geste faussement innocent.

Becca se fit la réflexion que Dan et elle ne s'étaient jamais retrouvés au lit en plein après-midi. En cinquante ans de mariage, ils ne l'avaient pas fait une seule fois en journée, pas une seule fois la lumière allumée. Au début, c'était elle qui était coincée, mais Dan était on ne peut plus conventionnel dans ce domaine, guère tenté par la nouveauté. Pour leur nuit de noces, elle voulait qu'ils soient ivres, tant elle redoutait qu'il la perce à jour. Ainsi avait débuté leur petit verre rituel du soir.

Becca se demandait à quoi aurait ressemblé un mariage plus passionné. Le mari d'Edith, Howard, était un dragueur patent, et celle-ci faisait fréquemment allusion à son « appétit vorace ». Il l'épuisait ! Becca avait eu vent de rumeurs évoquant d'autres femmes, aussi. Ruth avait même affirmé qu'un jour Howard lui avait fait des avances.

Sheila remporta à nouveau le contrat. Elle faisait des annonces trop agressives. Becca sortit le nez de son éventail de cartes pour promener son regard autour d'elle. Elle fut surprise d'apercevoir sa chère amie Mary

Bell, qu'elle croyait à New York pour un rendez-vous médical.

— Je vous prie de m'excuser, je vais en profiter pendant que Sheila joue la levée… Bonne chance, partenaire ! lui dit-elle en se levant pour aller aux toilettes.

Becca fit un crochet par la table de Mary. Elle se pencha pour l'embrasser sur la joue pendant que celle-ci hésitait sur la carte à jouer.

— Tu es déjà rentrée ?

— Je n'y suis pas allée, mon rendez-vous a été annulé.

— Tout va bien ?

— Oui, des problèmes de femme… Un petit désagrément, rien de plus.

Mary posa une carte avant d'ajouter :

— Et comment ça va, toi ? Rachel a retrouvé la raison ?

— Pas encore.

— Oh là là ! Je suis désolée, ma chérie.

— Jason vient pour le feu d'artifice ?

— Bien sûr.

Mary joua une autre carte.

— Alors amène-le samedi soir, s'il te plaît. J'organise un petit pot pour Andrew.

— Quelle bonne idée ! Comment ça se passe avec Sheila aujourd'hui ?

— Je n'ai pas encore fait un seul contrat.

Becca jeta un coup d'œil en direction de sa table et vit Sheila mélanger à nouveau les cartes de ce geste si singulier. Comment s'était-elle retrouvée à jouer avec ces femmes ? Parce que Dan l'avait poussée à faire équipe avec Sheila, à s'associer à de meilleurs joueurs.

Et puis il avait toujours voulu se lier avec Dick, qui avait quelque chose d'un homme du monde. Si elle était restée la partenaire de Mary, elle serait en train d'échanger des recettes au lieu de s'inquiéter des modalités compliquées du jeu de Sheila. Elle prit un chocolat dans l'assiette sur la table de Mary avant de retourner à sa place.

Sheila avait un air renfrogné, à croire que Becca avait retardé les enchères. Cette dernière décida de l'ignorer.

— Le moment est venu pour Judy et Edith d'avoir un peu de jeu et de remporter une levée, dit-elle.

— Becca, j'aimerais que tu te concentres sur la partie en cours, s'il te plaît, lâcha Sheila.

Becca se mordit la langue. Dès que celle-ci perdait la main, elle le reprochait à sa partenaire. Judy fit signe à la serveuse de lui apporter une autre vodka cranberry pendant la distribution des cartes. Une fois servie, elle se tourna vers Becca.

— Alors comme ça le fils de Mary Bell divorce ?

— Je ne suis pas au courant, lui répliqua-t-elle.

Qu'est-ce que cela pouvait bien faire à Judy ? La vue du jus de cranberry qui flottait parmi les glaçons à la surface de la vodka la dégoûtait autant que les ragots. Pour se protéger, elle se concentra sur ses cartes comme si sa vie en dépendait. Dan aurait été fière de sa façon de jouer. Elle réussit même un contrat de trois sans-atout. Elle avait presque l'impression qu'il la guidait depuis le ciel, lui soufflant dans quel ordre poser ses cartes. Il murmurait à son oreille, regardait par-dessus son épaule. Elle applaudit sa propre victoire après avoir ramassé la dernière levée.

— C'était une bonne partie, observa Sheila en haussant les sourcils.

Becca s'abandonna contre le dossier de sa chaise, le cœur tambourinant, satisfaite et épuisée d'avoir tant réfléchi. Bien jouer était la plus douce des revanches. Sheila s'empara de la petite enveloppe « vainqueurs » sur la table et tendit un des billets à Becca.

— Qu'est-ce qui t'a pris, partenaire ? lui demanda-t-elle.

— Oh mais tu me sous-estimes, Sheila, lui rétorqua Becca avec une assurance inédite.

Pendant qu'elle cherchait son rouge à lèvres dans son sac – elle voulait en remettre avant de sortir –, elle vit, du coin de l'œil, le gérant du club s'approcher de la table de Mary Bell. Il se pencha pour lui parler à l'oreille. Mary se retourna et lui indiqua la direction de Becca. Le gérant se fraya un chemin à travers le dédale de chaises et rejoignit sa table, à l'extrémité de la salle. Doux Jésus, elle avait bien payé sa cotisation annuelle, non ? À moins qu'il ne s'agisse de l'une de ces dépenses dont son comptable avait estimé qu'elles pouvaient attendre ? Bonté divine, pas ici, pas maintenant ! Il n'oserait quand même pas aborder un sujet pareil en public ? Pas devant Sheila, miséricorde… La saison venait tout juste de commencer, il ne pouvait pas déjà s'inquiéter des impayés, si ?

Elle appliqua son rouge à lèvres d'une main tremblante tout en faisant mine de ne pas l'avoir vu.

— Bonjour, madame Fitzpatrick.

— Bonjour, Michael, répondit-elle en se raidissant.

— Je suis vraiment navré d'interrompre votre partie, mais j'ai un message téléphonique pour vous. Ça avait l'air urgent.

— Urgent ? De la part de qui ?

— Une certaine Mlle Lilly. Elle m'a chargé de vous prévenir qu'elle était à l'hôpital avec Sarah.

Le cœur de Becca se serra aussitôt. Sheila fit le tour de la table pour ramasser le sac à main et le pull de Becca, tombés par terre. Mary avait dû sentir à distance qu'il y avait un problème, car elle s'approcha aussi. Edith et Judy échangèrent des paroles à voix basse avant d'aider discrètement Becca à se lever.

— Accompagne-la à la sortie, murmura Mary à Sheila. Je vais chercher ma voiture.

— Je suis sûre que ce n'est rien de grave, dit Becca. Inutile que tout le club commence à se poser des questions.

14

LONG HARBOR
1929

Les mains de Sadie tremblaient tandis qu'elle défaisait ses valises à Eden. Elle renversa des flacons de parfum en longeant sa coiffeuse, les bras chargés de foulards et de chemisiers.

— Bon sang !

Elle était exténuée, ne parvenait toujours pas à trouver le sommeil la nuit. Elle ne pensait qu'à une seule chose : conduire Thomas à son rendez-vous médical, à Boston. Au moment de ranger une paire de bas nylon dans le tiroir à lingerie, elle les accrocha avec un ongle cassé. Agacée, elle ouvrit une petite trousse à la recherche de ses ciseaux à ongles. Elle ne parvint pas à les trouver. Qu'est-ce qui ne tournait pas rond chez elle ? Elle était étourdie, ne dormait plus et était à présent couverte de bleus à force de se cogner contre les meubles.

La maison était étrangement calme. La dernière fois qu'elle avait vu Bunny, il portait un maillot de bain et partait goûter l'océan avec les garçons. Elle enfila l'une de ses robes d'été de couleur vive. Elle descendrait sur la véranda et l'attendrait. Il fallait qu'il appelle l'hôpital et prenne des dispositions pour Thomas. Dehors, elle s'étendit sur une chaise longue. Sa respiration ralentit progressivement ; elle était sur le point de s'endormir quand Bunny surgit près d'elle, vêtu d'un élégant costume en lin.

— Où vas-tu ?

— Suis-moi, lui répondit-il.

— Maintenant ?

Il lui sourit tristement et la conduisit vers l'avant de la maison, une main posée au milieu de son dos. En chemin elle observa les plates-bandes, remarquant les semis qui commençaient déjà à sortir de terre. Il faudrait les arroser dans l'après-midi… Mais la voiture les attendait. Bunny lui ouvrit la portière côté passager et elle monta. Que se passait-il ? Elle n'avait pas de temps à perdre avec une de ces surprises stupides dont il avait le secret.

Bunny était nerveux, et il eut du mal à démarrer le moteur. Après s'être engagé sur le chemin, il se tourna brièvement vers elle, rivant presque aussitôt son regard sur la route.

— Sadie, il y a une clinique à Providence, Banford. Ils nous attendent.

— Banford ? Mais qu'est-ce que tu racontes ? Thomas a un rendez-vous à Mass General.

— Oh, Sadie, tu ne me facilites vraiment pas les choses…

Il s'essuya les yeux. Était-ce des larmes ? Elle se pencha vers lui. Que cherchait-il à lui dire ?

— Tu sais que tu n'es plus toi-même depuis la naissance de Becca. Il est important que tu mettes tes nerfs au repos. Je te promets de m'occuper de Thomas, et pendant ce temps il faut que toi, tu t'occupes de toi.

La gorge de Sadie se noua. Elle avait du mal à respirer. Bunny continuait à conduire, les yeux fixés sur la route. Des larmes se mirent à couler sur les joues de Sadie quand il poursuivit :

— Avec Alice, nous t'avons préparé quelques affaires. Ce n'est qu'à une heure de route d'ici. C'est comme un camp de vacances pour adultes, dédié à la tranquillité. Le Dr Hart dit que c'est le Yale des sanatoriums.

Une bouffée de chaleur parcourut l'échine de Sadie à la mention du nom « Dr Hart » et au mot « sanatorium ». Elle pressa ses paupières de toutes ses forces. L'été venait à peine de commencer, comment Bunny avait-il pu la trahir ? Et laisser ce médecin l'envoyer dans une maison de fous ? Elle posa une main sur la poignée et pressa l'autre contre la vitre. Chaque fois que la voiture ralentit, pendant l'heure de trajet, elle envisagea de sauter. Ce ne fut que lorsqu'ils furent presque arrivés qu'elle retrouva sa langue.

— Bunny, je t'en prie, c'est tellement subit. Pourrait-on en discuter, au moins ?

— Sadie, mon amour, je ne veux surtout pas que tu te mettes en colère. Ça ne fera qu'aggraver les choses.

Elle secoua la tête et essuya ses larmes d'un revers de main.

— Bunny, tu ne peux tout simplement pas prendre ces décisions sans moi.

Il la considéra avec de la tristesse dans les yeux et lui indiqua le panneau discret à l'entrée de la voie privée menant à Banford.

— Nous sommes arrivés.

Banford ressemblait plus à une demeure élégante qu'à une clinique. Sadie garda la tête baissée pour cacher ses joues rouges pendant que Bunny remplissait le formulaire d'admission. Elle observa les motifs du tapis d'Orient, les plinthes soigneusement peintes. Il avait dû planifier son coup depuis des semaines. Elle se demanda s'il avait mis Kitty au parfum, et une vague de nausée la balaya.

Dans le vestibule, elle sanglota contre le torse de Bunny. Elle bégayait comme un enfant pris d'un accès de colère.

— Oh, Bunny, je t'en supplie… Ramène-moi à Eden ce soir… je t'en supplie.

Elle était sûre qu'il faiblissait, qu'elle avait su faire vibrer sa corde sensible. Pourtant, il l'embrassa alors sur le front et lui dit :

— Au revoir, mon amour.

Elle sentit son cœur se briser. Elle resta plantée là, seule et sidérée, jusqu'à ce qu'elle remarque l'aide-soignant juste derrière elle. Il lui prit le bras, lui injecta un liquide transparent juste sous l'épaule, puis la fit asseoir dans une chaise roulante.

***

Dix-huit heures plus tard, Sadie reprit conscience, même si elle restait engourdie. Le soleil brillait à travers la fenêtre, dont les rideaux avaient été ouverts. Elle souleva ses paupières gonflées, avant de rouler sur le ventre pour enfouir son visage dans l'oreiller et apaiser son front palpitant. L'odeur étrangère des draps qui grattaient lui rappelèrent où elle se trouvait. *Bonté divine, je n'ai pas rêvé.*

Elle sortit la tête de l'oreiller : la lumière qui se réfléchissait sur les murs blancs éclatants et le sol gris pâle était éblouissante. Elle posa ses pieds nus sur un tapis en coton et frotta ses yeux gonflés de sommeil. Elle fit deux pas en direction de la fenêtre, effleurant la vitre froide de ses doigts.

Une voix s'éleva dans son dos.

— Madame Meister, vous êtes réveillée.

Sadie se retourna et découvrit une petite infirmière brune aux cheveux très frisés. Elle se passa, sans s'en rendre compte, la main dans les cheveux.

— Oui, je suis réveillée.

— Je vais vous laisser le temps de vous installer, puis je vous emmènerai passer votre bilan médical.

Sadie s'assit sans énergie au bord de la table d'examen, après avoir subi l'épreuve de la pesée et de la mesure. On lui avait aussi braqué une lampe de poche dans les yeux. La consultation dura l'essentiel de la matinée. Après le déjeuner, elle fit la sieste, et fut ensuite conduite dans le bureau du psychiatre. Le Dr Graham lisait attentivement un dossier quand elle prit place devant lui. Il entama leur rendez-vous en évoquant l'évaluation du Dr Hart, qui décrivait les manquements domestiques de Sadie. À la mention de cet homme, elle sentit la bile lui monter dans la gorge.

— Ne prononcez plus jamais son nom devant moi, dit-elle en trouvant la force d'exprimer une forme de détermination.

Le Dr Graham haussa un sourcil, puis tourna une page du dossier sur son bureau.

— À votre guise, madame Meister. Je ne l'évoquerai plus, mais pouvez-vous contredire son appréciation de la situation ?

Sadie baissa les yeux, et les larmes brûlantes se remirent à couler. Elle secoua la tête.

— Non.

— Je vais vous prescrire, pour débuter, une cure de repos, afin de traiter votre épuisement nerveux. C'est assez courant pour les femmes de votre âge. Je veux que vous vous gardiez de toute activité, y compris écriture ou lecture. Votre cerveau ne doit surtout pas être mis à l'épreuve.

— Mais, docteur, comment voulez-vous que…

Il l'interrompit.

— Votre infirmière veillera à ce que l'on vous administre suffisamment de sédatifs pour que vous jouissiez d'un sommeil confortable.

***

L'infirmière faisait claquer ses talons sur le linoléum brillant tous les matins, avant d'ouvrir les rideaux dans la chambre de Sadie pour permettre au soleil d'y pénétrer. Elle allait même jusqu'à ouvrir les fenêtres pour que l'air frais et l'odeur de la pelouse qui se trouvait juste au-dessous des barreaux, disposés avec régularité et solidement rivés dans la maçonnerie, s'y engouffrent.

En général, Sadie continuait à dormir pendant ce temps-là. Toutefois, un matin, un rayon de soleil lui tomba dans l'œil et elle souleva la tête de l'oreiller comme si une question pressante avait germé dans son esprit.

— Quel jour sommes-nous ? Depuis combien de temps suis-je ici ? demanda-t-elle à l'infirmière, qui entrait et sortait avec des comprimés dans de petits gobelets.

— Mardi 18. Cela fait presque trois semaines que vous êtes avec nous.

— J'ai l'impression d'avoir dormi des jours entiers. Mon mari est-il venu ?

— Non, Banford n'autorise pas les visites les deux premiers mois.

— Deux mois ? Oh, non… je ne vais pas rester aussi longtemps. J'ai de jeunes enfants, vous savez, ils ont besoin de moi. J'ai un petit bébé. Je dois…

Sadie s'assit dans son lit.

— Vous n'avez pas eu de visiteurs, mais vous avez reçu du courrier.

L'infirmière sortit chercher les enveloppes dans son bureau. L'une d'entre elles, particulièrement grande, portait l'écriture si caractéristique de Bunny. Toujours dans son lit, Sadie les déchira soigneusement avec son index. Quatre des photographies qu'elle avait fait encadrer l'été précédent tombèrent sur ses genoux.

Elle imagina Bunny décrochant les cadres des murs, puis sortant les clichés. Il avait choisi l'un des préférés de Sadie, la représentant entourée des trois garçons, sur la plage. Comme elle les avait déçus, tous, si lamentablement. Elle s'étrangla avec ses larmes. L'infirmière lui apporta un verre d'eau fraîche et fit glisser les comprimés d'un petit gobelet en papier dans sa paume. Au bout de plusieurs minutes, la tristesse de Sadie s'émoussa. Elle fixa d'un regard absent les barreaux à sa fenêtre jusqu'à ce qu'ils deviennent flous. Il fut alors l'heure du déjeuner.

Elle perdit le fil du temps à Banford, où les jours étaient ponctués de repas composés de viande en sauce avec un gratin de pommes de terre ou du maïs en boîte. Les plats étaient servis dans de la belle porcelaine, accompagnée de couverts inoffensifs en carton. L'été clément le permettant, elle les prenait souvent dehors, sur une terrasse entourée de jardins à l'anglaise et de pelouses vertes tout en longueur.

Quand l'équipe de soignants s'adressait à elle, elle avait l'impression d'être sous l'eau, leurs voix lui parvenant de la surface, très loin. Les autres patients flottaient à la périphérie de la bulle où vivait Sadie. La brise gonflait leurs peignoirs blancs et ils passaient près d'elle tels les voiliers du port de Long Harbor. Durant ses instants de lucidité, elle interrogeait l'infirmière à leur sujet. Allongée dans son lit la nuit, elle entendait des bruits, des cris ponctuels et des gémissements dans le couloir. L'infirmière lui avait dit de ne s'inquiéter de personne d'autre que d'elle-même lorsqu'elle lui faisait sa piqûre du soir. « Je ne suis pas comme eux », insistait Sadie tandis qu'elle sombrait dans un sommeil dont il était, semble-t-il, impossible de s'extirper. La journée, dès qu'elle se mettait à verser des larmes de honte et de dégoût pour elle-même, l'infirmière se tenait prête à lui donner les comprimés qui lui permettaient de retrouver la sérénité.

Huit semaines après son arrivée, se voyant administrer une quantité réduite de sédatifs, Sadie pouvait désormais passer ses journées à se promener, assister à des séances de thérapie et participer à des activités artistiques. Elle s'abandonna à la lenteur pénétrante de Banford et à ses conversations chuchotées. C'était un endroit sans bruits forts ni changements brutaux.

Elle n'élevait la voix que lors de ses séances avec le Dr Graham, s'échinant à le persuader qu'elle était prête à rentrer.

— Je veux retrouver ma famille. Je suis convaincue que toutes les mères ont besoin d'une période d'adaptation. Pour certaines elle est plus longue que pour d'autres.

— Madame Meister, je vous en prie. Vous souffrez d'une dépression très grave.

— Je me sens tellement mieux... Leur absence me fait bien plus souffrir que tout ce que j'ai pu ressentir à la maison, insista-t-elle en se tordant les mains.

— Vous ne devez pas vous inquiéter autant, madame Meister. Vous voyez comme vous tremblez en abordant ce sujet avec moi ? Je risque de devoir envisager les électrochocs.

Elle secoua la tête.

— Oh, non, s'il vous plaît.

— Dans ce cas, je crois qu'il serait sage de vous laisser un peu plus de temps. Il y a un grand calme, ici, un calme qui n'existe pas à l'extérieur de nos murs.

— Mais mon mari a bien dû...

— À terme, votre sortie dépendra de lui.

***

Un après-midi du mois d'août, des chevalets avec des toiles blanches et des tubes de peinture furent installés sur la terrasse. Sadie joua avec les poils d'un pinceau.

— Il n'y a rien de plus prometteur qu'une toile d'un blanc pur, déclara un homme âgé en passant la tête sur le côté de son chevalet.

Il était aussi petit que Sadie, et des taches de vieillesse ornaient son crâne de plus en plus dégarni.

Sadie trouvait de la joie dans le fait de peindre, de créer quelque chose là où il n'y avait rien. Quand leurs leçons évoluèrent du thème des paysages à celui des portraits, son professeur lui suggéra de représenter ses enfants.

— Vous pourriez vous inspirer de vos photographies, lui proposa-t-il.

Si au début la vue de ces clichés avait été trop pénible, à présent ils remplissaient une fonction précise, l'aidant à déterminer la composition initiale de sa toile, à brosser les grandes lignes. Sadie finit par les ranger dans leur enveloppe pour peindre de mémoire, s'attachant à reproduire la moue boudeuse d'Edward, les yeux noirs de Thomas, les boucles auburn qui collaient au visage moite de Robert ou les bourrelets de nourrisson dans le cou de Becca. Sadie adorait sa petite dernière, de la tête aux pieds. Comment avait-elle pu prendre à la légère cette bénédiction d'avoir une fille après trois garçons ?

Lorsqu'elle les peignait, elle avait l'impression d'être avec eux, mais sans Alice pour s'interposer. Il n'y avait ni maladie ni angoisse. Leur innocence et leur perfection lui sautaient aux yeux.

— Je suis leur mère, se répétait-elle. Personne ne les connaîtra jamais aussi bien que moi.

À force de pratique, elle acquit l'habileté nécessaire pour contraster la lumière, reproduire les carnations, représenter l'éclat des joues de ses enfants.

Un jour, son voisin dégarni observa, en montrant le sourire d'Edward :

— Celui-ci est un vrai sac à malices.

— Oh, ça oui ! répondit Sadie en éclatant de rire.

Elle était déterminée à retrouver sa famille. Elle appliquait la peinture sur la toile avec la main, elle caressait leurs mentons, leurs fronts. Et quand elle admira la lune du vieil homme, qui se reflétait dans l'eau, elle éprouva même du désir pour Bunny.

Son voisin se leva pour la rejoindre et plaça une main sur son épaule.

— La vie est injuste… Nos sentiments à nous, les artistes, sont exacerbés. Le secret, c'est de faire comme les acteurs.

Sadie posa sur lui un regard interrogateur.

— Jouer pour son public.

***

Sadie attendait dans la véranda, devant Banford. Elle sortit le nez de son livre en entendant les pneus d'une voiture crisser sur la longue allée de gravier. Bunny, enfin. Elle le regarda conduire trop vite, écraser la pédale de frein en arrivant devant une place de parking. Il retira ses lunettes de soleil et s'observa dans le rétroviseur. Il descendit ensuite de voiture, claqua la portière et se tourna vers le bâtiment. C'était le cœur de l'été, pourtant il avait le teint pâle et les yeux bouffis. Il aplatit ses cheveux, puis garda son panama à la main.

Lorsqu'il aperçut Sadie, il sourit, gravit les marches du perron deux à deux.

— Ma chérie, dit-il en lui prenant les mains et en l'embrassant sur la joue.

Elle sentit qu'il la dévisageait mais elle refusait de croiser son regard. Il lui frotta la joue avec le pouce.

— Qu'est-ce que tu as, là, chérie ?

— Ça doit être de la peinture, répondit-elle sans lui fournir davantage d'explications.

— Tu es resplendissante, tu sais ? Comment te sens-tu ?

Elle savait qu'elle n'était plus la belle jeune femme charismatique dont il était tombé amoureux. Elle avait croisé son reflet à de nombreuses occasions. Son visage était émacié, ses cheveux cassants. Même l'étincelle dans ses yeux avait disparu.

— Tu me ramènes à la maison ?

Il baissa les yeux et lui serra les mains, façon de s'excuser.

— Pas aujourd'hui. Je suis sincèrement désolé, mon amour. Je suis venu te rendre visite… Je suis leurs instructions, pour que tu ailles mieux.

Les larmes de Sadie tombèrent sur leurs mains jointes. Ils restèrent ainsi un long moment, sous le soleil qui chauffait. Elle se demanda si la vie redeviendrait un jour ce qu'elle avait été.

Elle prit des nouvelles des enfants.

— Becca commence à se mettre debout. Je m'en suis rendu compte il y a quelques jours, de retour d'une partie de pêche avec les garçons.

Les épaules de Sadie s'affaissèrent.

— Robert et Edward aiment lui creuser un petit trou sur la plage pour qu'elle puisse jouer dedans.

Sadie se détourna ; c'était trop douloureux à entendre.

— Elle va être une ravissante petite fille, poursuivit Bunny. D'ailleurs, je vais bientôt les ramener à Pittsburgh pour la rentrée des classes.

Il se leva. Elle avait oublié combien il pouvait paraître grand. Il toussa dans son mouchoir et s'essuya les yeux.

— Il n'y en a plus pour très longtemps, ma chérie. Je reviendrai bientôt te chercher.

Il se baissa pour l'embrasser sur le sommet de la tête. Elle sentit l'odeur terreuse de sa transpiration à travers sa chemise.

15

LONG HARBOR

Mercredi 1er juillet 1998

Le sol carrelé, les néons et l'odeur d'antiseptique étaient les seuls signes que Lilly et Sarah se trouvaient à l'hôpital. Le service d'urgences de Westfield, rattaché à une poignée de villes côtières, s'occupait de quelques fractures et accidents domestiques. La journée devait être particulièrement calme, parce que la salle d'attente était déserte. Seuls les deux femmes et un homme avec une très vilaine toux patientaient. Lilly l'observait du coin de l'œil : elle aurait aimé qu'il mette la main devant la bouche. De son côté, Sarah remplissait un formulaire de renseignements. Quelques minutes plus tard, une femme en longue blouse blanche appela son nom. Lilly ne savait pas très bien si elle devait rester dans la salle d'attente ou accompagner Sarah.

— Viens, s'il te plaît ! lui lança cette dernière par-dessus son épaule.

Sarah se jucha sur un lit à roulettes derrière un rideau. Un jeune médecin l'examina pour vérifier qu'elle n'avait rien de cassé, ni aucune commotion cérébrale. Puis il lui prescrivit une échographie.

— On va venir vous chercher dans quelques minutes pour vous conduire en radiologie, l'informa-t-il avant de refermer le rideau derrière lui.

— Lilly, tu peux me passer mon sac, s'il te plaît ?

Sarah sortit son portable et composa le numéro de sa gynécologue, à New York. Pendant qu'elle lui parlait, Lilly se rendit à la réception pour passer, elle aussi, un coup de fil. À son retour, Sarah lui glissa à l'oreille :

— Elle dit que j'ai bien fait d'aller à l'hôpital.

Lilly lui serra la main.

— Sarah, je dois te dire quelque chose. J'ai appelé ta grand-mère.

— Oh, non ! Lilly…

— Je n'avais pas le choix. Je travaille pour elle depuis cinquante ans, et je ne lui ai jamais rien caché.

Sarah rangea son portable dans son sac à main avec un soupir.

— Elle était au club pour une partie de bridge. Je lui ai laissé un message.

Sarah ferma les yeux pendant qu'elles attendaient leur tour au service de radiologie. Lilly écarta les cheveux emmêlés de son front, avant d'essuyer la sève et la terre dans son cou. Allongée là, avec sa blouse d'hôpital, Sarah lui évoquait une petite fille.

***

— C'est votre première échographie ?

— Oui.

— Si j'arrive à le voir, voulez-vous connaître le sexe ?

— Non, rétorqua Sarah du tac au tac.

— Pourquoi ça ? s'étonna Lilly.

— Je veux juste m'assurer que tout va bien, rien de plus.

L'échographiste étala un gel froid sur le ventre de Sarah avant de faire glisser une sorte de baguette sur la partie sous son nombril.

— Vous voyez cette pulsation ? lui demanda-t-elle en indiquant l'image. Les battements du cœur sont forts et réguliers.

Lilly s'approcha de l'écran.

— Oh, tu as vu, Sarah ?

La jeune femme esquissa un sourire qui manquait de conviction.

— Il semblerait que vous en soyez à dix ou onze semaines.

— Ma chute a eu des conséquences ?

— Le médecin va analyser les images, puis il viendra vous voir.

Lilly évita de croiser le regard de Sarah : elle n'aimait pas ce qu'elle entendait. Encore de l'attente. Environ un quart d'heure plus tard, un médecin vint les trouver.

— Bien, Sarah, lui dit la femme, le cœur bat normalement, ce qui est une bonne chose. Le placenta, en revanche, semble s'être légèrement décollé, et ça, c'est un problème. Il faut que vous restiez alitée. Fuyez le soleil et buvez beaucoup d'eau. La vague de chaleur va vous déshydrater, et il n'y a rien de pire. Espérons juste qu'il n'y aura pas d'autres saignements.

— Alitée ? Mais pour combien de temps ?

— Peut-être un mois, peut-être le reste de votre grossesse. Nous ne pourrons savoir si votre placenta adhère à nouveau à la paroi de l'utérus qu'à votre prochaine échographie. Et revenez, surtout, si vous avez de nouveaux saignements.

— Ne vous inquiétez pas, docteur, intervint Lilly. Je vais veiller à ce qu'elle suive vos recommandations.

Elle aida Sarah à descendre de la table d'examen et lui tint la main tout le long du trajet jusqu'à la voiture.

***

De retour à Eden, Lilly installa Sarah sur une chaise longue en rotin, à l'ombre de la véranda.

— Je veux que tu boives cette eau et que tu essaies de faire la sieste. Si tu ne restes pas tranquille, je t'emmène dans ta chambre.

— Oh, pas ça, Lilly… Il fait trop chaud là-haut, protesta Sarah, la sueur perlant déjà sur son front.

— Je vais t'apporter d'autres glaçons, lui répondit-elle alors qu'elle aurait voulu en réalité lui dire qu'elle était prête à n'importe quoi pour elle. Il faut que tu suives les recommandations du médecin.

Son accent saccadé du Maine remontait à la surface. Elle agita un index menaçant qui fit sourire Sarah. C'était sa façon de masquer son inquiétude.

— Tout ira bien, pour vous deux, conclut Lilly en s'asseyant sur le bord de la chaise longue et en lui tapotant tendrement la cuisse.

— Je ne connais absolument rien à la question, mais un placenta décollé, ça a l'air grave, dit Sarah en tirant sur une de ses cuticules.

Lilly n'était pas plus rassurée, pourtant elle n'en laissa rien paraître.

— Vois le bon côté des choses. Je suis sûre que l'air marin et un peu de repos vont tout arranger. Je vais te descendre de la lecture, ajouta-t-elle en se levant. Et maintenant, j'ai des lits à faire.

***

À l'étage, Lilly ouvrit les deux portes du placard à linge. Becca lui avait déjà indiqué, le matin même, où chacun dormirait. Une chose était certaine : Thomas et Carol devaient occuper la plus grande et la plus agréable des chambres d'amis, rafraîchie par une brise délicieuse, avec une vue apaisante, et une salle de bains privative. Son édredon à œillets blanc et sa moquette en laine jaune pâle avaient été décolorés par des années de soleil estival. Alors qu'à Eden tout était usé jusqu'à la corde, on avait veillé à renouveler régulièrement les tissus d'ameublement de cette chambre pour les visiteurs « de marque », même si on n'en avait pas reçu depuis bien longtemps.

Lilly épousseta la pièce et mit des serviettes propres dans la salle de bains. Elle vaporisa un peu de parfum d'ambiance au lilas dans le placard. Au moment où elle se baissait pour dérouler le fil de l'aspirateur, Rachel ouvrit sa porte.

— Tu tombes à pic, observa Lilly.

— Pas maintenant, répondit Rachel.

Lilly lui jeta un regard implorant. Rachel fit volte-face avec irritation sur le seuil de sa chambre. Elle entreprit de retirer les taies d'oreillers, puis fit un paquet de ses draps qu'elle déposa dans le couloir. Elle dut élever la voix pour couvrir le bruit de l'aspirateur.

— Je les mettrai dans la chute de linge… Et je referai mon lit plus tard. Pas la peine de passer l'aspirateur chez moi. Je sortais juste pour aller trouver Sarah.

Lilly coupa l'aspirateur.

— Bonne idée ! Elle se repose dans la véranda. Elle a eu une petite frayeur, dit-elle en tendant à Rachel un chiffon et un spray nettoyant.

— Qu'est-ce qui s'est passé ?

— Elle est tombée d'une échelle ce matin. Je l'ai emmenée à l'hôpital.

— Lilly ! Pourquoi tu n'es pas venue me chercher ?

Rachel jeta le chiffon et le spray sur la moquette, avant de se diriger vers l'escalier en secouant la tête.

Lilly apporta des serviettes propres dans la chambre où Andrew et Camilla dormiraient. Elle voulut aérer et se battit avec les fenêtres à guillotine, puis avec les moustiquaires. Elle retira la poussière accumulée et les insectes morts avec son chiffon, convaincue que l'air frais à lui tout seul rendait la pièce plus habitable.

Il s'agissait de l'ancienne chambre de Thomas. Même si celui-ci n'était pas souvent venu à Eden depuis que Lilly avait pris ses fonctions, elle s'était fait une image très précise de lui. Depuis le temps qu'elle travaillait pour les Meister, elle avait l'impression de savoir sur cette famille des choses que celle-ci ignorait sur elle-même, à force d'épousseter et d'explorer tous les placards. Becca avait cessé d'en ouvrir certains des années auparavant.

La chambre de Thomas était adjacente à celle qu'occupaient ses parents à l'époque : Sadie le voulait tout près quand il était tombé malade. Juste avant le mariage de Rachel, près de trente ans plus tôt, Becca avait troqué le lit simple contre un lit « queen size » afin de recevoir des amis de passage.

Thomas qualifiait les manœuvres de sa petite sœur de « grande appropriation territoriale ». Il était toujours parti du principe qu'en tant que fils aîné, indépendamment du peu de temps qu'il passait sur place, il hériterait avec sa femme de l'ancienne chambre parentale. Mais lorsqu'ils étaient arrivés à Eden l'année suivant la mort de Sadie, pour quinze jours, ça n'avait pas été le cas. Lilly les avait entendus se disputer. « Tu ne manques pas de toupet, petite sœur ! » Becca lui avait rétorqué que sa « logique rétrograde était ridicule ». Elle passait des étés entiers à Eden avec sa famille et supervisait, seule, son entretien.

Par effet domino, Rachel avait récupéré l'ancienne chambre octogonale de Becca, avec ses hauts plafonds, ses immenses fenêtres et ses tentures à fleurs. La femme de Thomas, Carol, l'avait très mal pris. « Pourquoi devrait-on se serrer, tous les deux, alors que ta fille d'à peine dix ans a droit à une grande chambre avec vue ? »

Puis Becca avait installé le petit Andrew dans l'ancienne chambre d'Edward. Celui-ci avait confié à Lilly que sa sœur aurait pu, au moins, lui demander la permission avant de s'accaparer son modeste fief. À chaque prise de possession d'une nouvelle pièce par le clan de Becca, ses intentions devenaient plus limpides : sa descendance serait aux commandes d'Eden.

Si Lilly avait été déconcertée par l'attitude de Becca à cette époque, elle avait surtout été impressionnée par le calme de Ruth, qui s'était mise en retrait pour observer les manœuvres de sa belle-sœur, dont elle était si proche, alors même que ses jumeaux se retrouvaient à dormir dans le dortoir ouvert aux quatre vents, par beau ou mauvais temps. Ils en faisaient une source d'amusement. Bien des soirs, Rachel et Andrew avaient supplié leur mère de les laisser dormir avec leurs cousins Joseph et Benjamin. Lilly avait d'ailleurs souvent surpris les quatre cousins en train de jouer aux cartes sur le parquet peint avec une lampe de poche bien après l'heure où ils auraient dû être couchés. Même adolescents, à l'époque où Joseph et Benjamin ne séjournaient plus à Eden que deux semaines l'été, ils avaient insisté pour dormir dans le dortoir. Une nuit de pluie torentielle, Lilly était allée les chercher pour les installer dans une vraie chambre, mais Joseph lui avait confessé qu'ils se sentaient plus proches de leur père ici. Quel garçon attachant…

À présent, Lilly observait la chambre bleue en se demandant par quel bout prendre tout ce fatras. Si elle n'arrangeait pas ça, Camilla aurait du mal à avaler la situation. Aucune de ses critiques précédentes, formulées dans sa barbe, n'avait échappé à Lilly. Au début, elle s'était plainte d'être « reléguée » dans une des petites chambres au bout du couloir. « On doit endurer je ne sais combien d'heures de vol pour venir d'Angleterre et c'est là qu'elle nous installe. » La salle de bains était sa bête noire. « La plomberie est complètement vétuste. » Elle se plaignait de la trop faible luminosité qui ne lui permettait pas de se maquiller correctement. Elle se moquait de la baignoire en porcelaine avec ses pattes de lion et ses taches de rouille autour du robinet et de la bonde.

Quand Lilly abordait le sujet avec Becca, celle-ci feignait de n'avoir rien remarqué. « Oh vous savez, Camilla me rappelle Carol. Elle prend les choses trop à cœur. C'est tout de même eux qui ont insisté pour se serrer dans cette chambre au début de leur mariage. À la naissance de leurs enfants, j'ai pensé qu'ils préféreraient trois chambres côte à côte.

— Permettez-moi de vous donner mon point de vue sur la situation… J'ai tout le loisir d'observer les expressions des visiteurs pendant que vous les accueillez, particulièrement au moment où vous leur annoncez où ils passeront la nuit. Ce ne sont pas tellement les hommes ou les enfants qui réagissent, mais les femmes. Elles se sentent lésées de ne pas avoir de vue sur l'océan. Je crois que celle qui hérite de la chambre au bout du couloir, avec le robinet qui fuit et la baignoire ancienne, se sent littéralement insultée. »

Voilà pourquoi, cette fois, Lilly était décidée à arranger un peu les choses pour Camilla. Elle épousseta les étagères couvertes de lectures d'été écornées et des cadeaux que les enfants avaient gagnés en attrapant les petits anneaux en cuivre sur les manèges. Les chambres débordaient toujours des détritus estivaux. Et ça n'aidait pas que Lilly prête autant le flanc à la nostalgie.

Mais pas aujourd'hui. Elle jetterait tout dans un grand sac-poubelle. Elle rangea une douzaine de cintres dans le placard. Elle retira les vieux exemplaires de la revue *National Geographic* posés sur la commode, ainsi que les vieux pulls. Elle regarda sous les lits et vérifia que les tiroirs étaient vides. Il y avait un stylo et un bloc sur la table de chevet : les numéros de téléphone sur la première page semblaient avoir été notés de la main de Thomas – sans doute un souvenir de sa visite en septembre dernier. Dans le tiroir, elle trouva un épais livre de poche de Tom Clancy, l'auteur préféré de Thomas.

Avant de ranger l'ouvrage sur l'étagère, elle tira sur le bout de papier qui dépassait des pages cornées et jaunissantes. Elle déplia ce marque-page de fortune et vit qu'il s'agissait d'un mémo tapé à la machine. DE LA PART D'EDWARD MEISTER. Elle parcourut rapidement l'en-tête de la note. Elle était datée du mois d'août. Lilly lut la première ligne : « Concernant l'offre de rachat d'Eden ». Un picotement de surprise. Les frères de Becca conspiraient-ils dans son dos ? Devait-elle lui montrer ce document ?

Elle le fourra dans la poche de son tablier, puis alla chercher de jolies savonnettes dans le placard. Elle les sortit de leur emballage luxueux et les installa dans les salles de bains. Elle avait mal au dos, et ses jambes étaient fatiguées. Elle espérait que Camilla et Carol seraient satisfaites.

La dernière chambre dont Lilly s'occupa était la chambre rouge, la pouponnière d'Eden. Un lit de bébé se trouvait toujours dans un coin, alors même qu'il n'avait pas servi depuis plus de vingt ans. Lilly venait parfois se cacher dans cette pièce, se détendre sur le fauteuil à bascule. Lors de son premier été à Long Harbor, elle avait dormi là, sur un petit lit de camp à côté du couffin de Rachel. L'été suivant, Andrew, encore nourrisson, les avait rejointes. Elle fit courir ses doigts sur le tour de lit matelassé en pensant au bébé de Sarah.

Elle avait beaucoup à faire dans la cuisine, néanmoins la chaise à bascule l'apaisait toujours. *Dieu tout-puissant*, pria-t-elle, *fais que le placenta adhère de nouveau et laisse un peu cette pauvre enfant en paix.*

Elle se souvint alors de la note dans sa poche. Elle la sortit sur ses genoux et ferma les yeux. Si, après l'avoir lue, elle la jetait dans son grand sac-poubelle avec la pile de vieux magazines, personne n'en saurait jamais rien. Ça valait sans doute mieux que la transmettre à Becca. Elles n'avaient pas besoin d'un autre sujet d'inquiétude. Et puis Lilly ne voulait absolument pas que Becca puisse penser qu'elle fouinait.

16

PITTSBURGH
1929

Bunny chargea sa secrétaire de composer le numéro du Dr Hart. Elle le sonna quand celui-ci fut en ligne. Bunny aboya aussitôt dans le combiné : il exigeait que le médecin prescrive du phénobarbital à Thomas, malgré les mises en garde des spécialistes à cause de son jeune âge. Son foyer se délitait, et il ne supportait plus de vivre un enfer tous les soirs à cause de ces horribles convulsions.

Et puis il y avait Edward et Robert. Le directeur de l'école s'était manifesté. Apparemment, leurs maîtresses s'inquiétaient de leur attitude inhabituellement effacée. Il avait dû leur tirer les oreilles : « Il faut vous secouer, tous les deux, vous retrousser les manches et rapporter des bonnes notes à la maison. J'ai assez de soucis comme ça ! »

Il demeurait sévère avec les garçons, convaincu qu'en étant dur avec eux il les rendrait forts, capables de se débrouiller seuls dans la vie et déterminés à réussir. Intérieurement, toutefois, il était rongé par la culpabilité. Il ne parvenait pas à chasser de son esprit l'expression de leur déception. En août, de retour de sa visite à

Banford, il s'était garé près de la cuisine. Il n'avait pas klaxonné, pourtant les trois garçons s'étaient précipités à sa rencontre. Ils avaient entouré la voiture, perplexes, cherchant leur mère à côté de leur père.

Le Dr Hart protesta un peu puis accepta de lui faire l'ordonnance. Raccrochant le combiné, Bunny cocha un élément de sa liste. Ça lui donnait l'impression de contrôler la situation, et lui redonnait espoir. Il demanderait à sa secrétaire d'aller acheter les médicaments à l'heure du déjeuner. Il allait tout arranger.

Il passa au point suivant sur sa liste et récupéra le numéro de Banford dans le tiroir de son bureau qui fermait à clé. Il décrocha à nouveau et entendit une tonalité distante, crépitante.

— Clinique Banford, que puis-je pour vous ? lui répondit une réceptionniste.

— Je souhaite parler au Dr Graham.

— Qui dois-je lui annoncer ?

— Bunny Meister.

— Ne quittez pas.

Bunny fit rebondir un crayon sur le rebord du bureau pendant qu'il patientait. Il était temps de ramener sa femme à la maison. Elle lui manquait, et Dieu sait que les enfants avaient besoin de leur mère. Il s'adossa dans son fauteuil, posa ses chaussures sur son bureau et vérifia qu'elles étaient bien cirées. Il fit rebondir le crayon sur sa cuisse ; il patientait toujours. Parfois il se demandait s'il avait pris la bonne décision en faisant interner Sadie à Banford. Il ne pouvait nier qu'il était au désespoir, au printemps, et le Dr Hart s'était montré très convaincant. Kitty avait été la première à exprimer son inquiétude. « Elle passe la plupart de ses journées couchée, à sangloter, et elle ne s'habille même plus », avait-elle dit au médecin.

Bunny avait pris la défense de sa femme.

« C'est parce qu'elle veille presque toute la nuit, pour surveiller Thomas.

— Et le bébé ? s'était enquit le médecin. Comment fait-elle pour répondre à ses besoins tout en accordant autant d'attention à Thomas avec sa maladie ?

— Elle ne le fait pas, avait répondu Kitty. Alice s'en occupe depuis leur retour à la maison.

— C'est vrai, monsieur Meister ? »

Bunny avait bien dû le reconnaître.

« Elle a aussi eu des nourrices pour les garçons, quand ils étaient bébés, mais c'est vrai, oui, qu'elle s'implique moins cette fois.

— Il arrive que les jeunes mères connaissent un état de détresse psychique, vous savez. »

Bunny avait abattu sa main sur le bureau du Dr Hart comme si la mélancolie de son épouse devait être attribuée à un échec personnel.

« L'état psychique de mon épouse est parfaitement normal ! »

Le Dr Hart avait pourtant fini par le convaincre, après le départ de Kitty, autour d'un verre de scotch. Il lui avait expliqué qu'il était fréquent que des femmes fassent un bref séjour au sanatorium lorsqu'elles étaient à bout de nerfs.

Le grésillement au bout de la ligne s'intensifia et Bunny posa les pieds par terre, se redressant sur son fauteuil. La réceptionniste finit par reprendre la communication.

— Je suis navrée, monsieur Meister, le Dr Graham est actuellement en séance. Puis-je lui demander de vous rappeler ?

Bunny lui dicta son numéro de téléphone et lui expliqua le motif de son appel, en détachant bien chaque syllabe.

— J'aimerais avoir de ses nouvelles d'ici la fin de la journée. En début d'après-midi, idéalement.

Il passa la tête dans le bureau de l'un de ses collaborateurs et lui proposa de déjeuner au Pittsburgh Club. Autour d'une tranche de rosbif, le jeune homme le mit au courant de l'avancement des principaux travaux d'amélioration des voies. Le projet d'expansion de la P&LE était le seul sujet qui divertissait Bunny de ses ennuis. US Steel ambitionnait de transporter des quantités de plus en plus importantes. Les demandes d'acier et d'aluminium s'envolaient, le ministère de la Défense venant de commander plusieurs navires de guerre. Le jeune collègue de Bunny était une mine de prévisions optimistes. Ce dernier sourit : tout allait s'arranger, l'avenir s'annonçait prometteur.

Au moment de regarder la carte des desserts, Bunny repensa à Sadie, et au fait que le Dr Graham le rappellerait dans l'après-midi. Pouvait-il espérer la faire rentrer avant le week-end ? On n'était que mardi après tout. Si elle prenait un train le lendemain, ce serait possible. Les enfants seraient si heureux… Il entendait d'ici leurs cris de joie résonner dans toute la maison.

— Une part de tarte aux pommes avec de la crème fouettée, commanda-t-il au serveur de retour à leur table.

Sadie pourrait même peut-être préparer des tartes aux pommes dans leur cuisine d'ici la fin du mois.

Son jeune collaborateur continuait à dérouler le calendrier de leur expansion, mais Bunny ne lui prêtait plus aucune attention. Le visage de son épouse occupait toutes ses pensées, ses yeux verts, ses longues tresses rousses qui dévalaient sur son corps à l'époque où ils s'étaient mariés. Peut-être que ses cheveux avaient repoussé au cours de ces mois passés à Banford. Quelle merveilleuse surprise ce serait…

Bunny raclait le reste de crème fouettée dans son assiette avec sa cuillère quand un homme à la mine grave se précipita dans la salle à manger du club. Il était ébouriffé et débraillé. Bunny nota sa présence avec un soupçon de dégoût : il n'aimait pas ça, lorsque le maître d'hôtel devait raccompagner dehors une âme égarée. Pourtant l'homme ne partait pas. Il vint même se poster au centre de la salle à manger et balaya du regard toutes les tables, comme à la recherche de quelqu'un en particulier. Il leva soudain les bras et cria :

— La Bourse dévisse ! La Bourse dévisse !

Bunny ignorait si cet homme était fou ou non. Plusieurs membres du club se précipitèrent vers la sortie. Bunny se leva à son tour, incrédule, et mit son chapeau. Il refusait de céder à la panique, cependant, dès qu'ils furent dans la rue, son associé et lui, ils se mirent à courir pour rejoindre le cabinet. Les téléphones se déchaînaient. C'était vrai. En un jour, tous les actifs de la P&LE qui ne concernaient pas la voie de chemin de fer s'étaient effondrés et ne possédaient plus qu'une minuscule fraction de la valeur qu'ils avaient encore la veille.

Les associés de Bunny s'inquiétaient de la dévaluation de leurs investissements au regard de la dette qu'ils avaient contractée auprès de la banque. Les téléphones ne cessaient de sonner. La secrétaire de Bunny rentra précipitamment de sa pause déjeuner et déposa le sachet de la pharmacie sur son bureau. Il l'observa sans comprendre, ayant oublié l'ordonnance pour Thomas. Il retira sa cravate et déboutonna les premiers boutons de sa chemise trempée de sueur. Se servant un grand scotch avec la carafe qu'il conservait dans son bureau, il se reprocha d'avoir autant délégué aux plus novices. *Je me suis vraiment laissé distraire*. Le portefeuille personnel de Bunny avait aussi disparu en fumée.

Le Dr Graham le rappela comme convenu, mais il ne put le prendre au milieu du chaos.

Ses parents leur rendirent une visite impromptue en fin de journée. Ils arrivèrent à l'heure où les garçons rentraient de l'école et restèrent dîner. Ils prétendirent vouloir être là pour les enfants, en l'absence de Sadie, toutefois Bunny sentit leurs regards sur lui, sur sa chemise à demi sortie de son pantalon et ses cheveux ébouriffés. Son père devait connaître les conséquences d'un krach, savoir combien son fils était touché par la crise.

Sa mère berça Becca en lui chantant une vieille comptine allemande, pendant que son père lisait une histoire à Robert en jetant, de temps à autre, un coup d'œil à Bunny, par-dessus les pages du livre. Il dut se réfugier dans son bureau pour leur échapper. S'il pouvait faire le point sur l'état de sa situation, en privé, une solution lui apparaîtrait peut-être. À la lueur de sa seule lampe de bureau, une bouteille de scotch à portée de main, il remplit un carnet entier d'additions et de soustractions, essayant de voir comment il pourrait empêcher leur univers de s'écrouler de part en part.

Ses parents étaient encore là le lendemain, quand Bunny rentra du travail, tard dans la soirée. Les enfants étaient déjà couchés, et ils se trouvaient seuls dans le salon ; ils lisaient le journal, leurs lunettes perchées sur le bout du nez. Son père se leva dès son arrivée.

— Bernhard, je vais vendre la maison d'Oakland. Et j'ai liquidé mes actions Heinz après avoir pris ma retraite. J'ai mis l'argent sur un compte épargne. Tout est pour toi.

Bunny posa son attaché-case, fit deux pas et étreignit son père tout ratatiné, se baissant pour poser sa tête sur son épaule. Les larmes coulèrent. Il n'avait jamais envisagé la possibilité d'un tel retour en arrière. Une fois qu'il eut ouvert les vannes, il ne put plus s'arrêter de pleurer. L'absence de Sadie avait laissé un trou béant dans son existence. Il sanglota, l'imaginant seule à Banford, et il sanglota encore, à l'idée des horribles comprimés que Thomas avalait avant de se coucher.

Peu avant minuit, assis dans sa chambre, à côté du fauteuil vide de Sadie, il observait les braises rouges dans la cheminée. Le vent agitait les volets et un courant d'air humide s'infiltrait par la fenêtre. La générosité de ses parents ne résoudrait pas ses difficultés financières, mais cela l'aiderait à court terme. Il fit une liste du superflu. Il pouvait se séparer de tout sauf d'Eden. Il vendrait sa maison et celle de ses parents, parlerait à Kitty pour qu'elle les accueille tous à Lancaster Fells. Peut-être qu'il valait mieux épargner ces angoisses à Sadie.

Le lendemain matin, Bunny appela le Dr Graham de sa chambre.

— La situation est compliquée pour nous ici. Je dois mettre la maison en vente, et notre fils…

Malheureusement, ses crises ne sont pas encore parfaitement sous contrôle.

— Ah, monsieur Meister, vous en avez assez dit. Nous ne voulons pas, bien sûr, que madame Meister trouve une atmosphère tendue à son retour.

Bunny alla ouvrir les portes du placard de Sadie. Son parfum continuait à imprégner ses robes. Il fit un pas de plus et laissa la soie lui caresser la joue. Une sensation fraîche et féminine. Il respira l'odeur sucrée plusieurs fois de suite avant de s'éloigner. Il se tourna alors vers leur lit et s'affala, tout habillé, sur les draps défaits. Il martela le matelas de ses poings alors que les oreillers étouffaient ses sanglots.

17

ESSEX
Mercredi 1er juillet 1998

— Pourquoi les bébés veulent-ils toujours naître au milieu de la nuit ?

Lee bâilla avant d'approcher une tasse de café de ses lèvres. La future mère était allongée dans le bassin de naissance et son mari lui massait les épaules. Lee croisa leurs regards et ils échangèrent un sourire, nul besoin de mots pour faire passer le message : le moment était venu. Lee avait déjà vécu cet instant des centaines de fois, pourtant le frisson d'excitation était toujours là. Elle baissa les lumières dans le couloir et la salle de bains, puis alluma des bougies parfumées. Elle monta le volume du radiocassette, qui diffusait *Fire and Rain*, de James Taylor.

Lee s'agenouilla et s'appuya des deux coudes sur le rebord du bassin. Elle prit la main de la future mère dans l'eau chaude et regarda l'heure.

— Bon, souvenez-vous de respirer, vous y êtes presque. Ça ne va plus durer très longtemps maintenant.

— Tu t'en sors très bien, trésor, lui dit son mari.

— C'est une habituée.

Ils avaient déjà vécu cette expérience ensemble. C'était leur troisième enfant, parents et sage-femme œuvraient à l'unisson. Ils savaient tous trois à quoi s'attendre, l'ambiance était détendue. La mère était en bonne santé, il n'y avait jamais eu de complication lors de ses accouchements. Lee mesura sa dilatation.

— Parfait, dit-elle avec une assurance qui, elle le savait, aiderait tout le monde à se détendre.

Quel contraste avec ses premières expériences, vingt-cinq ans plus tôt, juste après l'obtention de son diplôme d'infirmière à l'université de Cincinnati. Elle avait trouvé sur-le-champ une place à la maternité, et dès le premier jour tout ce qui touchait à la naissance et aux bébés lui avait semblé magique. Mais ses collègues plus chevronnées se plaignaient constamment des mères et ne semblaient guère émues. Quant aux médecins, ils arrivaient souvent pour accoucher les femmes en tenue de golf sous leurs blouses et semblaient avoir été dérangés. Lee avait toujours pensé qu'ils auraient mieux fait de privilégier la nature au lieu de sortir les forceps ou d'imposer des césariennes prématurées aux mères. Les miracles dont elle était témoin lui faisaient oublier les néons et l'inox des salles d'accouchement. Elle avait, un jour, demandé à l'une des sages-femmes les plus expérimentées si la maternité avait envisagé de rendre ces pièces plus douillettes.

« Ce serait impossible à nettoyer. De temps en temps, la situation dégénère, Lee. Il y a du sang partout. »

La mère poussa un gémissement sous l'assaut des dernières contractions qui prenaient le contrôle de son corps. Elle s'agita dans le bassin et l'eau déborda d'un côté.

— Respire, lui dit son mari en lui frictionnant le dos.

— Il va bientôt falloir commencer à pousser, ajouta Lee.

Elle s'agenouilla à nouveau, glissant plusieurs serviettes moelleuses entre ses jambes et le carrelage. Elle plongea ses bras jusqu'aux aisselles. De l'eau lui éclaboussa la poitrine et elle éclata de rire.

— C'est parti.

La mère, qui ne pouvait plus parler tant elle faisait d'efforts, riva ses yeux sur le visage de Lee.

En attendant la contraction suivante, celle-ci récita une prière silencieuse. C'était toujours la même. *Mon Dieu, offrez à ce précieux petit être une vie heureuse.* Pour Lee, c'était aussi simple que cela. Quand ses nouveaux amis l'interrogeaient sur son métier, elle répondait qu'elle accueillait des bébés dans le monde.

Et cela s'expliquait par ses propres origines. Elle avait été obsédée par l'idée de réunir des informations sur les circonstances de sa propre naissance depuis que ses parents lui avaient appris, l'année de ses douze ans, qu'elle avait été adoptée. Ils lui avaient assuré qu'ils ne pourraient pas l'aimer davantage, mais ils tenaient à ce qu'elle connaisse la vérité.

« Alors qui sont mes vrais parents ? avait demandé Lee, nerveuse.

— Nous ne le savons pas, ma chérie. Nous pouvons juste te dire que ta mère était une jeune femme célibataire, et qu'elle a eu beaucoup de mal à se séparer de toi. Quand tu auras vingt et un ans, tu pourras demander l'accès à ton dossier, si tu le souhaites. »

Lee se sentait un devoir de fidélité envers la seule mère qu'elle avait connue, pourtant à compter de ce jour elle n'avait cessé de s'interroger sur cette jeune fille célibataire. À quoi ressemblait-elle ? Avait-elle éprouvé de la tristesse, de la colère ou du soulagement à la perspective de cette adoption ? Pensait-elle encore parfois au bébé qu'elle avait abandonné ?

Cette obsession pour sa mère naturelle avait reflué lorsqu'elle avait grandi et était entrée à l'université. Et elle avait refait surface lors des premiers pas de Lee à la maternité. Il y avait des nouveau-nés partout, des fleurs, des ballons et des cartes de félicitations. Certaines femmes ne recevaient pas de visites et ne demandaient pas à tenir leurs bébés. Dans ces moments-là, Lee s'efforçait de contrôler ses émotions en se concentrant sur sa respiration.

La courageuse parturiente avait le visage rouge et les yeux exorbités.

— Continuez à pousser… Oui, voilà… J'aperçois la tête du bébé.

La mère accompagna son ultime poussée d'un grognement retentissant. De ses mains expertes, Lee souleva le bébé visqueux au-dessus de la surface de l'eau. C'était un garçon. Elle l'aida à prendre sa première respiration. Le père suivit les instructions de Lee et vida l'eau du bassin avant d'aller chercher une serviette chaude et un peignoir en éponge pour son épouse. Lee déposa le petit garçon sur la poitrine de sa mère, puis coupa le cordon ombilical. Elle leva les yeux et vit qu'un rai de lumière se réfléchissait sur le rebord biseauté du miroir. Le soleil se levait. Les deux filles aînées du couple entrèrent dans la pièce sur la pointe des pieds, en tenant leur père par la main.

— Je vous présente votre petit frère, leur murmura-t-il.

Elles poussèrent des piaillements d'oisillons et s'agenouillèrent près de leur mère, émerveillées. Celle-ci versa quelques larmes. Lee aménagea un endroit pour nettoyer le bébé et le couvrir, mais avant de le prendre elle observa cette scène, la plus belle qui soit et qui se déroulait sur le carrelage d'une salle de bains banale.

Pour Lee, c'étaient ces cadres ordinaires et intimes qui symbolisaient la magie du métier de sage-femme. La plupart des Américaines ne se posaient pas la question d'accoucher ou non à l'hôpital. Le monde médical tournait en ridicule cette idée de donner naissance en dehors du cadre stérile de l'hôpital, sans anesthésie ou instruments médicaux.

Le temps que Lee nettoie et habille le bébé, puis attende l'arrivée du pédiatre, s'occupe de la mère et participe à la remise en ordre de la salle de bains, la matinée touchait à sa fin.

Elle venait de reprendre le volant quand son portable sonna. Elle jeta un coup d'œil à l'écran et découvrit le nom de BECCA MEISTER. Elle arrêta sa voiture et ouvrit le clapet de son téléphone d'un geste fluide.

— Allô !

Après une légère hésitation, Becca se mit à parler. Elle avait l'air épuisée. Sa voix était beaucoup plus guillerette en mai, lorsqu'elle lui avait laissé un message – « Lee, ma chérie, c'est Becca… Est-ce que je pourrais passer à Mystic dimanche et aller voir un film avec toi ? Et peut-être manger un bout après ? Ton anniversaire approche, et… disons que je pense beaucoup à toi. » Lee avait écouté ce message un nombre incalculable de fois et ne l'avait pas effacé. *C'est la voix de ma mère*, avait-elle songé. *De ma mère. Mère.* Avec son accent chantonnant et son énergie, c'était la voix d'une amie, quelqu'un qui avait envie de sauter dans sa voiture et de faire une heure de route simplement pour la voir, la regarder souffler ses bougies d'anniversaire. La voix de celle qui avait fait l'expérience de sa naissance. Lee n'avait pas encore de photo d'elles deux, mais elle avait ce message, et il avait bien plus de valeur que n'importe quel cliché.

Ce matin-là, Becca l'appelait pour l'inviter à un brunch dominical à Eden, avec la famille au complet. Le moment était arrivé. C'était Lee, après tout, qui avait mis en branle la succession d'événements ayant conduit à cette rencontre, et elle ne pouvait pas reculer maintenant. Comme les deux petite filles qui avaient découvert le bébé que Lee venait de mettre au monde, elle allait faire la connaissance de son frère et de sa sœur.

La première fois qu'elle avait contacté Becca, sa propre mère venait de mourir. Elle s'était attaquée au tri de vieux papiers, et sa mère avait laissé une enveloppe au libellé limpide, « Adoption de Lee », sur le sommet de la pile, sans doute pour encourager sa fille à rechercher ses parents biologiques. Lee avait calculé que, si sa mère biologique était adolescente à sa naissance, elle devait approcher de la soixantaine à présent et être, selon toute probabilité, toujours en vie et en bonne santé. Pourtant Lee avait hésité, dressé la liste des aspects positifs et négatifs que l'on pouvait, au bout du compte, résumer par ces deux alternatives. Optimiste : *Ma mère sera heureuse que je l'aie retrouvée et m'aimera.* Pessimiste : *Ma mère ne sera pas heureuse que je l'aie retrouvée et me tournera le dos... à nouveau.*

Après avoir rempli quelques formulaires administratifs et avoir fait authentifier sa signature, elle avait envoyé sa demande à Kansas City. Le dossier du foyer des Saules lui avait été adressé par la poste. Elle n'avait pas soupçonné que ce serait aussi simple. Rebecca Meister vivait à Westfield, dans l'État de Rhode Island. Soit à moins d'une heure de route de l'endroit où habitait Lee. Elle s'était alors persuadée que c'était le destin qui l'avait poussée à partir vers l'est et qu'il était écrit qu'elle contacterait un jour sa mère biologique.

Elle avait fini par composer le numéro, un samedi soir de septembre. Lee ne s'était pas attendue à ce que celui qu'on lui avait transmis, celui qui se trouvait dans le dossier des Saules depuis quarante ans, soit le bon. Les employés du service des adoptions à Kansas City l'avaient mise en garde : elle buterait sans doute sur des dizaines d'obstacles au cours de ses recherches. Mais c'était Rebecca Meister qui avait décroché. Il avait fallu une minute à Lee pour réussir à parler, tant son cœur tambourinait dans sa poitrine.

« Dieu du ciel ! C'est vraiment toi ? » Becca avait pleuré, puis repris l'échange, avant d'être submergée de nouveau par l'émotion. À un moment, elle avait même posé le téléphone pour attraper un mouchoir. En entendant Becca à l'autre bout du fil, Lee en avait eu un pincement au cœur. Sa curiosité initiale avait viré au désir viscéral. C'était la voix de sa mère biologique qui l'avait appâtée, qui l'avait poussée à franchir le pas suivant.

Quand Lee s'était retrouvée sur la plage avec Becca, perchée sur ce long morceau de bois flotté, elle ne s'était pas sentie, ainsi qu'elle l'avait redouté, déloyale envers sa propre mère. Elle n'avait pu s'empêcher de traquer des traits communs sur le visage de Becca. Et lorsque celle-ci lui avait montré une photo de Rachel, le cœur de Lee s'était proprement emballé. « Oh là là… j'ai une sœur ? Et on se ressemble tellement ! »

Elle ferait la connaissance de Rachel dimanche. Lee laissa libre cours à son imagination : elles partageraient un verre de vin toutes les deux, iraient au musée, et partiraient peut-être en voyage, même. Elle décida qu'à son retour chez elle elle fermerait tous les stores et dormirait. Elle voulait être reposée pour dimanche. Elle enclencha la boîte de vitesses et se remit en route, fredonnant sur l'air que diffusait la radio.

18

LONG HARBOR
1930

Par un après-midi nuageux de mai, Sadie attendait dans le vestibule, vêtue d'un long manteau et coiffée d'un chapeau. Ses valises étaient prêtes et elle fixait la porte avec insistance. Lorsque Bunny finit par la franchir, Sadie, bien qu'éblouie par la lumière, l'observa. Seules la voix et la grande taille de son mari étaient reconnaissables. Qu'était-il advenu de sa mâchoire si bien dessinée, de sa fossette au menton ? Il paraissait bouffi. Ses cheveux, jadis noir de jais, étaient poivre et sel, et ses tempes entièrement grises.

— Sadie, mon amour, dit-il en venant à sa rencontre.

Elle se leva et se plaça devant lui, les genoux tremblants.

— Bunny.

Il la prit par la taille et se pencha pour l'embrasser, mais, du coin de l'œil, elle aperçut l'infirmière et le professeur de peinture, qui étaient venus lui faire leurs adieux. Elle appuya des deux mains sur son large torse pour le repousser.

— Pas ici, Bunny, pas maintenant. Je voudrais dire au revoir à certaines personnes.

Elle lui indiqua ses valises dans le coin.

— Pourquoi tu ne te chargerais pas de les apporter à la voiture ?

Déçu, il rassembla les affaires de son épouse. Un aide-soignant le suivit à la voiture avec le carton à dessins de Sadie et ses nombreuses toiles. Elle le rejoignit sur le parking au moment où il se débattait pour faire tout tenir sur la banquette arrière.

— Fais attention, s'il te plaît.

— J'essaie, rétorqua-t-il, le front luisant de sueur.

Une fois qu'il eut mis le contact, il se tourna vers elle.

— Tu n'imagines pas à quel point tu m'as manqué, lui dit-il avec un regard tendre.

Elle sentit qu'il approchait son visage du sien, perçut son désir de l'embrasser.

— Vraiment ? lança-t-elle en se reculant et en croisant ses mains gantées sur ses genoux.

— Bien sûr, et les enfants sont fous de joie, ajouta-t-il en s'engageant sur la longue voie privée.

Sadie observa le profil de Bunny avec scepticisme, avant de faire glisser son regard dehors, par la vitre. Alors que le paysage défilait devant ses yeux, elle lui dit :

— Je t'ai peut-être manqué, mais ça ne sera jamais équivalent à ce que moi, j'ai manqué. Une année de ma vie, Bunny. Une année.

— Sadie, je…

Elle l'interrompit.

— Et qu'as-tu raconté aux enfants ? Où me croyaient-ils tout ce temps ?

— Je leur ai expliqué que tu n'étais pas en forme.

Elle soupira et secoua la tête. Et s'ils l'avaient oubliée ?

À l'approche d'Eden, le cœur de Sadie s'emballa et des larmes débordèrent de ses yeux. Certains jours, elle en était venue à douter qu'elle rentrerait chez elle. Bunny klaxonna solennellement pour signaler à tous leur retour. Alors, soudain, ils surgirent, comme une vision, en rang, épaule contre épaule, la guettant aux côtés d'Alice et de Monsieur P. Ils étaient tellement plus grands et plus minces que lorsqu'elle les avait quittés. Ils s'agitaient, leurs chemises étaient boutonnées jusqu'en haut, leurs cheveux mouillés bien peignés et séparés par une raie nette. Ils avaient sans doute reçu pour instruction de rester calmes, alors qu'elle ne désirait qu'une chose : qu'ils courent dans ses bras et qu'elle tombe à la renverse sous leurs assauts d'affection.

Elle s'était entraînée à respirer la tranquillité et le contrôle. Oui, Sadie s'était aguerrie et elle avait appris à jouer le rôle de la femme saine d'esprit pour le Dr Graham. Elle se levait tôt de peur qu'il ne lui colle l'étiquette *dépressive*. Elle ne parlait plus de la maladie de Thomas, de peur qu'il ne lui colle l'étiquette *obsessionnelle*. Elle feignait de souffrir de l'éloignement de Becca, de peur qu'il ne lui colle l'étiquette *inadaptée*. Elle avait fait tout cela pour convaincre le psychiatre qu'elle était suffisamment rétablie pour rejoindre sa famille, concept devenu de plus en plus flou au fil des semaines. Maintenant qu'elle s'apprêtait à retrouver son existence, à faire ce saut dans le vide, à vivre cet instant dont elle avait rêvé pendant toute une année, elle ne savait plus comment se conduire. Elle sentit les coins de sa bouche se soulever. Elle n'avait pas souri, pas éprouvé de joie depuis si longtemps. Et pourtant ce sentiment était bien là, à la vue de ses enfants. Une félicité pure qui la réduisit, étrangement, au silence, comme si elle redoutait les mots qui risquaient de franchir ses lèvres.

Bunny conduisit tout le monde à l'intérieur, et ils se déplacèrent progressivement vers le salon. Sadie versa, en silence, des larmes d'incrédulité et de bonheur. Des étreintes hésitantes furent échangées, puis des baisers, suivis d'éclats de rire timides, d'abord, et de plus en plus joviaux ensuite. Oh, ce que c'était bon de rire à nouveau. À la fin de l'après-midi, les garçons étaient accrochés à elle. La petite Becca disparut un instant avant de revenir en courant, nue. Elle ressemblait à un vrai petit ange avec ses boucles rousses qui rebondissaient sur sa tête. Elle avait des taches de son sur le visage et des lèvres boudeuses luisantes de salive. Elle poussait des cris de joie en courant autour des canapés et de la table basse.

— Arrête ça, Becca ! lui intima Robert, alors qu'Edward lui barrait le passage et la soulevait par les aisselles.

— Alice ! Becca est encore nue !

— Elle n'aime pas porter de vêtements, expliqua timidement Robert à l'attention de sa mère.

Sadie se surprit à regarder en pure spectatrice la scène qui se déroulait sous ses yeux : Alice récupéra Becca et l'emporta à l'étage.

Robert sortit un paquet de cartes et proposa une grande partie de Dame de pique.

— Ça m'a manqué de ne pas jouer avec toi, maman. Je crois que je suis beaucoup plus intelligent maintenant, ajouta-t-il en se balançant d'un pied sur l'autre.

Bunny souriait dans son siège inclinable pendant que Sadie jouait avec les garçons tout en caressant la joue de Becca.

— Qu'est-ce que tu as grandi !

Elle la souleva pour l'asseoir sur ses genoux pendant qu'Edward distribuait les cartes, mais Becca se libéra pour se mettre à faire des allées et venues, en courant, de la cuisine au salon. Sadie se pencha par-dessus la table et embrassa les visages lisses de ses fils.

— Vous m'avez tellement manqué, tous, murmura-t-elle.

Plus tard, à l'heure de l'apéritif, Alice ramena Becca dans le salon, fraîchement baignée, talquée et vêtue d'une chemise de nuit blanche.

— C'est l'heure de dire bonsoir, Becca, lui souffla Alice.

Edward l'attira sur le canapé pour la faire rebondir sur son genou en chantant :

— *Petite Becca fait bouh-bouh, son papa est dans un tchou-tchou !*

Ce numéro provoqua les rires de toute l'assemblée, et Becca réclama encore plus d'attention, naviguant entre les genoux d'Edward et ceux de Sadie. Cette dernière percevait la curiosité de la fillette, qui s'interrogeait sur cette nouvelle femme. Becca se dérobait à ses câlins. Sadie le savait, sa minceur ne faisait pas le poids face aux rondeurs confortables d'Alice.

— C'est l'heure d'aller au lit, trésor, lui lança justement celle-ci, du pied de l'escalier.

Becca descendit du canapé. Sadie la regarda s'éloigner puis, pour se donner une contenance, s'intéressa au bol de cacahuètes pendant que Bunny se levait pour leur préparer un second cocktail dans son shaker en aluminium.

Si c'était Becca qui avait le plus changé, physiquement, Sadie perçut une métamorphose patente dans la personnalité de Thomas. Il ne faisait pas le pitre et ne se montrait pas affectueux, mais la considérait d'un air accusateur, comme s'il s'était senti personnellement visé par son absence. Sadie leur montra ses tableaux et inventa une histoire d'école d'art, de grippe suivie d'un long rétablissement, ainsi que d'une terrible grève de train, tout en priant pour que l'association de ces contes confus parvienne à convaincre son aîné.

Après le dîner dans la véranda, en compagnie des moustiques et des hannetons, qui bourdonnaient autour de la lanterne, Bunny prit Sadie dans ses bras. Elle se raidit.

— S'il te plaît, lui dit-elle en le repoussant.

— Chérie, tu m'as manqué.

— Sans ton égo blessé, je ne serais jamais devenue une étrangère sous mon propre toit.

— Tu n'es pas une étrangère, et j'ai simplement suivi les conseils que l'on m'a donnés.

— Bunny, à qui appartenait cette décision en dernier lieu ? Tu aurais dû venir me chercher.

— Sadie, j'avais mes propres ennuis. Le P&LE a tout perdu. On a frôlé la banqueroute. Si Kitty ne nous avait pas accueillis à Lancaster Fells…

— Mais, Bunny, j'ai raté tellement de choses.

— Par chance, en mai, le gouvernement a passé des commandes importantes à US Steel pour la construction de navires de guerre. Le P&LE devrait enregistrer des recettes régulières pendant un temps. J'ai restructuré la dette bancaire. J'ai vendu…

Elle cessa de l'écouter. Il ne savait plus que faire cela, calculer l'actif et le passif.

Plus tard dans leur lit, une fois que Bunny se fut endormi, Sadie se leva sans bruit et s'engagea dans le long couloir à l'étage. Elle ouvrit la porte de la chambre de Thomas et resta postée sur le seuil de la pièce plusieurs minutes, avant d'aller voir Robert et Edward, puis enfin Becca, dans son petit lit à barreaux. Quand cette petite fille accepterait-elle que Sadie la prenne dans ses bras ? Elle se délecta de sa sérénité endormie et de son innocence, de sa peau qui luisait au clair de lune. Elle perdit toute notion du temps et se réveilla tard le lendemain matin, s'installant à la table du petit déjeuner environ une heure après qu'Alice avait mis dehors Robert et Edward, chaussés de leurs tennis d'un blanc immaculé.

Thomas avait renoncé au sport. Bunny avait expliqué à Sadie que son traitement interférait avec ses humeurs.

— Je veux rester à la maison, dit-il à Sadie ce matin-là, et lire avec toi.

Elle l'enlaça par les épaules, puis s'assit à côté de lui. Alice lui apporta une tasse de thé, pendant que Becca rampait après une balle. Sadie devait presque se pincer pour y croire : elle était enfin rentrée.

— Où sont Robert et Edward ?

— Vous avez dû oublier, lui dit Alice. Ils ont leur stage de tennis à huit heures.

— Mais oui, répondit Sadie en remuant son thé.

Il y avait tant de détails de leur emploi du temps dont elle n'était plus familière, de leurs activités, de leurs amis. Elle observa Alice, si adroite derrière la cuisinière : elle surveillait une marmite de soupe tout en préparant un poulet à rôtir, alors que Becca jouait à ses pieds. Alice nourrissait ses enfants et les habillait. Elle les connaissait par cœur et ils avaient pu compter sur elle, même si elle se montrait un peu laxiste en matière de discipline.

— Merci, Alice.

La bonne, qui s'était déplacée devant l'évier, se retourna.

— Vous disiez, madame ?

— Je voulais vous remercier de vous être occupée de mes enfants.

— C'est naturel, répondit-elle en hochant la tête.

— Ça représente beaucoup à mes yeux, insista Sadie en avalant une gorgée de thé. Maintenant que je suis rentrée, voyez-vous, j'aimerais restaurer un peu d'ordre.

— D'ordre ?

— Becca doit suivre un rythme plus régulier.

— Entendu, dit Alice en reportant son attention sur la cuisinière.

— Je veux qu'elle fasse la sieste après le déjeuner et soit couchée à dix-neuf heures. Elle a veillé très tard hier.

— Les circonstances étaient particulières, souligna Alice en remuant la soupe.

— Et, reprit Sadie en imprimant un peu plus d'autorité à ses intonations, je vous demande de veiller à ce qu'elle évite le soleil. Elle a le teint des Thompson et risque un vilain coup de soleil.

— Oui, madame, dit Alice d'une voix plus tendue.

Après leur cours de tennis, Edward et Robert restèrent dehors. Ils fabriquèrent des tremplins pour leurs bicyclettes, construisirent une cabane et imaginèrent des moyens d'accroître la vitesse de leur petit skiff. Il leur resta même suffisamment d'énergie pour concocter des farces et allumer des feux de bengale. Sadie secoua la tête en les voyant accrocher à leur cabane une corde au bout de laquelle se balancer. Elle se plaignit à Bunny qu'ils étaient déchaînés.

— Ils vont se tuer ! Quelqu'un doit les discipliner ! s'exclama-t-elle en allant trouver Bunny dans son bureau.

Il y passait tout son temps, penché sur des piles de documents.

— J'aurais sans doute dû rester à Pittsburgh pour l'été, il y a tant à faire…

Sadie le dévisagea, abattue.

— J'imagine qu'il y avait ce petit détail à régler, celui de mon retour à la maison. Et il s'agissait aussi de s'assurer que j'étais assez maternelle.

Elle grimaça en percevant le manque d'assurance dans sa propre voix.

— Oh, Sadie, je t'en prie ! Ne prends pas les choses de façon aussi épidermique.

En remarquant les cernes sombres sous les yeux de Bunny, elle se radoucit.

Elle s'interrogeait sur son retrait de l'effervescence mondaine de Long Harbor. Des invitations continuaient à arriver à Eden, mais dorénavant Bunny les ignorait. Les Butterfield ne s'étaient pas manifestés. Ce ne fut qu'en discutant avec Emily Notman que Sadie prit la mesure de la position dans laquelle ils se trouvaient.

« On peut déjeuner au club, cependant peut-être vaudrait-il mieux éviter les lieux publics, lui avait dit Emily au téléphone. Pourquoi tu ne viendrais pas plutôt à la maison ? »

Elles s'assirent à la table de la cuisine pour manger des rondelles de tomates, et Emily lui confirma que

Bunny et elle avaient été au cœur des commérages de la ville.

— Je lui ai demandé où tu étais partie, et j'étais déterminée à obtenir une réponse coûte que coûte. Il m'a expliqué que tu avais besoin de te refaire une santé. Que tu avais failli mourir en mettant Becca au monde. Que tu avais des « ennuis féminins ». Puis il est devenu tout rouge comme tous les hommes quand il s'agit de parler de nos organes génitaux. Il n'a jamais voulu me dire où je pouvais t'écrire…

Sadie conserva le silence un long moment avant de demander :

— Les gens parlaient-ils d'autre chose ?

— Eh bien, oui, du fait que Bunny ait été contraint de vendre la plupart de son patrimoine et d'entasser toute votre famille à Lancaster Fells.

— C'est la vérité. Y a-t-il eu des rumeurs au sujet de sa relation avec Maud Butterfield ?

— Oh, ma beauté, je ne crois pas que tu aies quoi que ce soit à craindre de ce côté. Vraiment, elle a passé tout son temps à Newport. Aucun risque.

— Tu me le dirais, autrement ?

— Bien sûr ! Je t'assure, Sadie, Bunny s'est bien tenu. J'étais si inquiète pour toi, reprit Emily avec un sourire affectueux.

Sadie serra la main de son amie. Elle ne lui avouerait jamais où elle avait séjourné tout ce temps, même si elle savait Emily assez intelligente pour le supposer.

— N'en parlons plus, dit-elle. Je suis rentrée maintenant, c'est tout ce qui compte.

19

LONG HARBOR
Mercredi 1er juillet 1998

Sarah fit glisser ses lunettes du sommet de son crâne sur son nez et passa une main sous son tee-shirt.

— Accroche-toi, petit, murmura-t-elle en se caressant le ventre.

Elle se délectait de l'odeur des lys orientaux et admirait la glycine mauve accrochée aux poutres au-dessus de sa tête.

Elle s'étendit sur sa chaise longue en osier et regarda le soleil scintiller sur l'océan. Ses paupières s'alourdirent alors que la chaleur la poussait vers le sommeil. Sa respiration s'approfondit et son bras tressaillit le long de son flanc. La terreur causée par la chute s'estompait ; elle aurait simplement souhaité que le médecin puisse lui assurer de façon définitive que tout irait bien. Au lieu de quoi, la femme avait prononcé les mots que Sarah avait toujours craints : « Il va falloir attendre. »

Elle s'autorisait à s'aventurer sur des territoires inconnus, à réfléchir à des prénoms. Pour un garçon, elle aimait Chase et Dylan, dont elle s'avisa alors qu'ils pouvaient aussi convenir pour une fille. Elle essaya plusieurs combinaisons de prénoms. Elle était sûre de vouloir en donner un second à son enfant. Elle n'en avait pas, pour sa part, et l'avait toujours regretté. Sa mère lui avait raconté que, lorsqu'elle avait enfin trouvé un prénom qui satisfaisait tout le monde, elle était trop épuisée pour en choisir un autre.

Alors qu'elle allait s'abandonner entièrement au sommeil, Sarah fut ramenée à l'état de conscience par la toux lointaine de sa mère, ainsi que par le frottement de ses chaussons sur le parquet. Elle ouvrit les yeux, imaginant que l'heure de leur discussion était enfin arrivée. Elle avala une longue gorgée d'eau pour tenter de chasser la torpeur de son esprit. Les bruits de pas se rapprochèrent avant de s'arrêter devant la porte moustiquaire.

— Enfin, te voilà, lâcha Rachel de ce ton exaspéré que Sarah connaissait par cœur.

— Bonjour, maman, répondit-elle en se redressant et en se dévissant le cou.

La chaise longue à côté de celle de Sarah grinça lorsque Rachel s'allongea dessus. C'était démoralisant de la voir constamment affublée de cette horrible robe de chambre avec ses cheveux gras attachés sur le sommet de son crâne. Rachel aussi avait été une mère célibataire, et Sarah ne pouvait s'empêcher de comparer leurs situations. Elle serait maîtresse de son destin, alors que sa mère, divorcée à trente-deux ans, n'avait jamais pu se débarrasser des cicatrices de son mariage précipité.

— C'est quoi cette histoire de chute ? Lilly l'a évoquée au milieu de sa folie ménagère.

— Oh, j'étais montée sur une échelle pour nettoyer les rhododendrons et je suis tombée. Tu connais Lilly… elle a voulu me conduire à l'hôpital par sécurité.

Sarah savait qu'elle aurait dû parler à sa mère des battements du cœur du bébé, et du placenta, mais la simple perspective d'un tel échange l'épuisait. Visiblement satisfaite par ces brèves explications, Rachel essuya la sueur de son front avec la manche de sa robe de chambre.

— Oh là là, il fait chaud pour juillet. Il faut croire que cette histoire de réchauffement climatique est vraie, au fond… Est-ce que tu sais, toi, pourquoi Lilly se déchaîne comme ça avec son aspirateur ?

Sarah avait l'habitude de cette propension maternelle à parler de la pluie et du beau temps avant d'en venir au fait. Elle irait dans son sens, espérant qu'en partageant les quelques informations dont elle disposait elle réussirait à arrondir un peu les angles.

— Parce qu'elle vient d'apprendre qu'en plus de la famille d'Andrew, tante Ruth, oncle Thomas et tante Carol viennent tous passer le week-end ici.

— C'est vrai ? Pourquoi je suis toujours la dernière au courant ? Alors, quand est-ce qu'ils débarquent, les Anglais ?

— Je crois que Jimmy va prendre la voiture jusqu'à Boston pour aller les attendre à l'arrivée de leur vol, demain après-midi.

— Ça nous laisse encore une journée de tranquillité, c'est toujours ça de pris.

— Et mamie veut organiser un cocktail samedi, avant le feu d'artifice. Pour fêter le retour d'oncle Andrew.

— Ah oui ? lança Rachel d'un ton curieux bien qu'un brin sarcastique.

Le ressentiment qu'elle nourrissait pour son frère refaisait facilement surface. Sarah l'avait écoutée un nombre incalculable de fois se plaindre qu'oncle Andrew était le préféré – même si elle avait du mal à imaginer sa grand-mère s'adonner au favoritisme.

— Elle veut inviter de vieilles fréquentations de ton frère.

Rachel leva les yeux au ciel. Sarah n'était guère surprise par sa réaction. Elle savait pertinemment ce que sa mère pensait des « fréquentations » d'Andrew. Il s'agissait des garçons populaires et sportifs, ceux qui buvaient de la bière sur la plage, qui prenaient des leçons de tennis et de golf. Andrew avait décroché tellement de trophées que Rachel ne parvenait toujours pas à le digérer. Il restait le champion de Long Harbor alors même que ses victoires dataient de l'époque où les balles de tennis étaient blanches et les raquettes en bois. Et le pire, à en croire Rachel, c'était la fierté qu'inspiraient ces trophées à leurs parents. Le fait d'avoir engendré un champion semblait accroître leur popularité à Long Harbor. Rachel avait raconté à Sarah qu'elle avait l'habitude, elle, de rester à la maison, pour fumer des cigarettes par la fenêtre de sa chambre, pendant que les autres assistaient à des banquets de remises de prix au club.

En dépit du dédain maternel, Sarah avait un faible pour son oncle Andrew et sa tante Camilla. C'étaient eux, lors de la première visite de cette dernière à Eden, qui avaient éloigné Sarah du drame qui se jouait alors, l'ultime et terrible dispute de ses parents. Ils l'avaient emmenée manger une glace, puis faire un tour sur le vieux voilier d'oncle Edward. Ils avaient jeté l'ancre près de l'un des bancs de sable créés par l'ouragan de 1938 et s'étaient baignés en sautant depuis la proue.

« Viens avec nous, Sarah », lui avait proposé Camilla au petit déjeuner. Sarah agrippait sa cuillère et jouait avec les dernières céréales qui flottaient à la surface du lait, espérant que la dispute de la veille n'était pas aussi grave qu'elle le craignait. Les cris de ses parents l'avaient réveillée. Elle avait écouté pour comprendre ce qui se passait, avant de se boucher les oreilles, désireuse de s'isoler de leur colère.

Sarah s'était toujours sentie responsable des querelles de ses parents. En CM2, elle avait étudié en classe la durée de gestation de différents mammifères. Une femelle éléphant portait son bébé pendant vingt-deux mois (la période la plus longue pour un mammifère). Leur institutrice leur avait indiqué que, en comparaison, la gestation humaine s'étendait sur neuf mois. C'était la première fois que Sarah appréhendait ces faits sous cet angle. Elle avait levé la main.

« Mais, mademoiselle Clark, ça dure toujours neuf mois pour les humains ? Ça ne peut pas être six, parfois ? »

Tara Brandon, la seule élève de la classe à porter un soutien-gorge, s'était moquée de Sarah. L'institutrice lui avait jeté un regard de rappel à l'ordre avant de répondre d'un ton factuel, sans mesurer le bouleversement que cette révélation produisait en Sarah :

« Non, la gestation s'étend toujours sur neuf mois dans le cas d'un être humain normal et en bonne santé. »

Mlle Clark avait poursuivi son cours, mais Sarah n'écoutait plus. Elle avait recompté sur ses doigts, à deux puis trois reprises, et il n'y avait bien que six mois entre la date de mariage de ses parents, au mois de mai, et sa naissance en novembre.

Sarah avait interrogé sa mère après l'école, cet après-midi-là, espérant recevoir une explication satisfaisante. Au lieu de quoi, Rachel s'était mise sur la défensive.

« Sarah, je ne t'en ai jamais parlé, parce que ça n'a aucune importance. Si cette grossesse a été dévastatrice pour quelqu'un, c'est bien pour moi. »

Elle avait posé violemment son verre de vin vide sur le plan de travail. C'était à ce moment-là que Sarah l'avait compris : elle était un « problème » et non la bénédiction dont sa grand-mère avait toujours parlé.

À présent, étendue sur sa chaise longue, avec un embryon qui poussait dans son ventre, Sarah tentait de comprendre ce que sa mère avait ressenti lorsqu'elle était tombée enceinte, sans être mariée, près de trente ans auparavant. Oui, bien sûr Sarah éprouvait de l'appréhension, mais c'était un tel miracle de pouvoir donner la vie… Et elle n'avait pas tourné si mal après tout… Pourquoi sa mère ne pouvait-elle pas se réjouir ?

Rachel s'éclaircit la voix et aborda enfin le sujet qui les préoccupait toutes les deux.

— Lorsque tu t'es garée devant la maison, nous étions en train de boire un café dans la cuisine, maman et moi. J'ai été totalement prise au dépourvu par ton annonce. « Devinez quoi ? Je suis enceinte ! » Pas la moindre trace de remords, pas la moindre amorce d'excuses.

— Des excuses ? Ce n'est pas comme si j'avais commis un crime, quand même ! Ça ne tombe pas au bon moment, je te l'accorde, mais je vais me débrouiller.

Les bras de Rachel tremblaient.

— J'ai juste trouvé que tu aurais pu me témoigner un peu de respect, ou au moins faire preuve de délicatesse pour ta grand-mère. Elle est d'une autre génération,

Sarah. Peut-être que dans ton monde ce genre de chose est monnaie courante, à Long Harbor ça continue de rester *verboten* !

Désarmée par la colère de sa mère, Sarah ravala ses larmes. Elle n'en revenait pas que leur discussion prenne ce tour. Pas de : « Sarah, des moments difficiles t'attendent, mais je serai là pour toi. » Pas de : « Comment te sens-tu ? » Pas même de : « Je suis passée par là, moi aussi, et regarde, je suis plutôt contente à l'arrivée. »

Et Rachel n'en avait pas terminé, de surcroît.

— Je crois que tu avais peur de m'appeler… Tu as toujours couru te réfugier dans les bras de ta grand-mère.

— Maman, je ne comprends pas pourquoi tu prends les choses de façon aussi personnelle. Je ne me doutais pas que tu te mettrais dans un état pareil. Je ne suis plus une gamine, je n'ai pas loin de trente ans, et c'est ma vie.

Sarah savait que sa mère attendait des excuses – leurs disputes suivaient presque toujours le même scénario –, mais elle se refusait à céder, cette fois.

— Maman, tu ne pourrais pas simplement accepter la situation telle qu'elle est, s'il te plaît ?

Pas de réponse. Une impasse. Alors qu'elle observait les yeux cernés de sa mère, un accès de pitié lui serra le cœur. Elle aurait pu fléchir, amorcer une conciliation, si le fracas des portes-fenêtres s'ouvrant dans leur dos ne les avait pas interrompues.

— Te voilà ! s'exclama Becca. Bonté divine ! Je me suis fait un sang d'encre. Mary m'a conduite à l'hôpital aussi vite que possible. Le temps que j'arrive à mettre la main sur une infirmière, je me suis entendu répondre que tu étais déjà repartie ! Que s'est-il passé ? Où est Lilly ?

Sarah imagina la minuscule Mary Bell, pied au plancher pour traverser la ville à au moins trente kilomètres heure. Malgré toutes ses émotions, Becca n'avait pas versé une goutte de sueur. Son pantalon conservait les plis impeccables du fer à repasser. Et son sac à main était assorti à ses chaussures.

— Je suis tombée d'une échelle pendant que je faisais du jardinage. Lilly m'a conduite aux urgences. Le médecin m'a prescrit de rester allongée pendant un temps. Une histoire de placenta…

Sarah avait débité les dernières phrases à toute allure, en fixant sa mère.

— Oh là là, dit Becca en se décomposant.

Rachel secoua la tête d'incrédulité, le regard perdu à l'horizon. Sarah chercha à voir s'il y avait un peu de compassion dans cette direction, mais elle fut surtout éblouie par le soleil qui se réfléchissait sur l'océan. Le scintillement avait pour effet d'estomper la ligne de démarcation entre le bleu foncé de l'eau et celui, plus clair, du ciel.

— Eh bien, on peut dire que tu es vernie, toi, finit par lâcher Rachel. Un médecin t'a vraiment dit de rester allongée ?

— Pour quelques semaines, répondit Sarah.

C'était l'histoire de sa vie : sa mère trouvait matière à sarcasme dans tout. Elle se tourna vers sa grand-mère, dont les traits exprimaient un mélange de confusion et de tristesse. Sarah lui offrit une lueur d'espoir.

— L'échographie a aussi montré que le bébé avait un cœur qui battait fort.

— Voilà une bonne nouvelle, en effet, dit Becca en serrant son sac à main contre elle. Est-ce que ta mutuelle te rembourse les visites aux urgences ?

Cette question n'avait même pas traversé l'esprit de Sarah. Cette prise de conscience, combinée à son manque de confiance en soi, lui procura le sentiment d'être encore moins préparée à ce qui l'attendait. Elle s'avachit sur sa chaise longue, entre sa mère et sa grand-mère, consciente que ni l'une ni l'autre ne pourrait lui être d'aucune aide.

20

LONG HARBOR
1931

Becca avait une telle différence d'âge avec ses grands frères qu'elle déambulait souvent seule dans la maison, jouant sous les tables, à l'intérieur des placards profonds ou derrière les canapés. L'été où Nana et Opa vinrent à Eden, elle eut enfin des compagnons de jeu.

L'agitation avait débuté dès le départ en train de la gare de Pittsburgh. La famille était au complet. Folle de joie d'embarquer dans le compartiment luxueux, Becca était peu à peu devenue somnolente, bercée par le roulis du train, alors que leur première journée de voyage touchait à sa fin. Assise à côté de sa mère dans le wagon-restaurant, elle piochait la nourriture dans la belle vaisselle posée devant elles. Elle n'avait plus faim et s'intéressa plutôt au velours rouge de la banquette, dont elle brossait les poils dans un sens puis l'autre, dessinant de petits tourbillons dans le tissu.

La conversation des adultes l'ennuyait, même si la tonalité de leurs échanges ne lui échappait pas. Elle se nourrissait surtout de la présence de ces trois générations qui voyageaient ensemble et des émotions mêlées qui se jouaient entre son père et ses grands-parents.

Elle observait du coin de l'œil ses frères, dans le compartiment de l'autre côté de l'allée, en pleine partie de cartes. Edward finit par se lasser et par éparpiller le jeu. Thomas lui cria qu'il ne jouerait plus jamais avec lui. Alice se précipita pour les réprimander. Elle leur dit qu'il était temps d'aller se coucher et les conduisit à l'extrémité de la voiture, où des employés des wagons-lits avait transformé les banquettes en couchettes avec des draps blancs amidonnés et des couvertures en laine chaudes.

De son petit lit, Becca continuait à entendre le ronronnement réconfortant des voix adultes.

— C'est incroyable, non ? demanda son père.

Nana lui répondit, avec son accent reconnaissable.

— Ah ça, Bernhard, je n'aurais jamais rien imaginé de tel. Quand ton papa et moi sommes venus d'Allemagne, nous avons voyagé comme des animaux. Tout ce luxe doit coûter une fortune.

— *Mutti*, ne t'inquiète pas pour ça. Les propriétaires de chemins de fer se rendent des services entre eux…

— Mais que font les gens toute la journée, là-bas ? Personne ne travaille ? Il n'y a que la plage et le sable ?

Le rire cristallin de la mère de Becca tinta.

— Vous oubliez le tennis et les cocktails !

— Maman, il y a plein de choses exquises à faire, reprit le père de Becca.

Nana poussa un lourd soupir.

— Anna, rétorqua Opa d'un ton bourru, tout le monde a dû faire des sacrifices. Nous vivons avec Bernhard et sa famille, maintenant. Si tu n'as pas de plus gros problème que passer l'été sur la côte, alors tu peux t'estimer heureuse !

Opa s'adressa ensuite à son fils :

— Oui, c'est merveilleux, Bernhard. Qui pourrait croire une chose pareille… On se réveillera à New York demain matin. La dernière fois que nous y sommes allés, ta mère et moi, nous venions d'arriver aux États-Unis, et nous avons fait escale sur Ellis Island.

Becca entendit alors la voix de sa mère, juste au-dessus de sa tête, alors qu'elle lui caressait ses boucles emmêlées.

— Bonne nuit, tout le monde. Et, Anna, ne vous faites pas de souci. Vous trouverez amplement de quoi vous occuper. Vous pourrez m'aider à décorer la chambre de Becca, avec des fanfreluches de petite fille. Et je suis certaine que Bunny aura besoin de votre aide dans le jardin.

***

À Long Harbor, Becca se réveillait beaucoup plus tôt que le reste de la famille. Elle savait, néanmoins, qu'elle trouverait Alice aux fourneaux, dans la cuisine au rez-de-chaussée. Elle mangeait son porridge de bonne heure, puis aimait jouer à la marchande dans l'office pendant qu'Alice débarrassait le petit déjeuner de ses frères. L'office était un long passage étroit qui séparait la cuisine de la salle à manger, et dont les murs étaient tapissés, du sol au plafond, de meubles remplis de porcelaine et de cristal. Elle sursautait en entendant sonner la petite cloche, fixée près du plafond. Elle s'imaginait que c'était l'alarme d'une caserne de pompiers : vite, il fallait mettre son équipement et embarquer à bord du camion !

Opa et Nana les accompagnaient maintenant sur la côte depuis quelques années. Un matin, Becca tenta de pousser l'immense porte battante qui séparait l'office de la cuisine.

— Alice, ça sonne ! s'écria-t-elle avec insistance, avant de se réfugier dans l'office pour éviter que la porte, en se refermant, ne la renverse.

— Oh, Becca, ma jolie, tu vas encore réussir à coincer tes petits doigts, dit Alice en retenant la porte. Viens ici avec moi pendant que je finis l'argenterie.

La cloche retentit à nouveau, et cette fois la bonne l'entendit.

— Oui, oui, dit-elle en regardant quelle petite lumière rouge s'était allumée sur le boîtier. Évidemment, j'aurais pu parier que c'était elle. La chambre d'amis numéro un… Ta grand-mère.

Becca suivit Alice à l'étage. Celle-ci frappa un coup léger avant d'ouvrir en grand la porte de la chambre.

— Bonjour, madame Meister. Comment allez-vous ?

— Comme tous les jours. Je vous ai appelée, Alice, parce que Samuel n'a pas monté le petit déjeuner aujourd'hui.

Becca s'accrochait au tablier d'Alice et se dressait sur la pointe des pieds pour voir sa grand-mère, perchée sur le lit haut. Celle-ci la considéra avec tendresse.

— Becca, va choisir un livre, je vais te le lire.

Nana ne se sentait pas bien, elle n'avait pas quitté sa chambre depuis son arrivée à Eden. La mère de Becca lui avait bien expliqué que lorsque sa Nana se reposait, elle n'était pas autorisée à frapper à la porte.

Alice suppliait Becca de rester tranquillement dans sa chambre à l'heure de la sieste.

— S'il te plaît, je viendrai te chercher quand ce sera terminé. Je ne veux pas que ta maman soit en colère contre moi.

Mais Becca s'ennuyait, craignait d'avoir été oubliée. Ça lui était déjà arrivé. Un après-midi, elle entrebâilla sa porte et regarda dans le couloir. Au bout de quelques minutes d'observation, elle décida de partir à la recherche d'Alice. Elle descendait l'escalier de service et se concentrait pour ne faire aucun bruit lorsque sa mère, qui arrivait de la direction opposée, faillit la bousculer.

— Becca ! Qu'est-ce que tu fais ici ?

— J'ai fini ma sieste, maman.

— Ah ça, je vois bien que tu n'es pas en train de dormir, lui rétorqua sa mère avant de regarder sa montre-bracelet.

— Pourquoi Nana reste toujours dans sa chambre ? Elle a pas vraiment l'air malade…

— Non, n'est-ce pas ? rétorqua sa mère d'un ton irrité. Nana est simplement plus heureuse dans sa chambre. Ne te fais pas de mouron pour ça.

Elle prit Becca par la main, remonta au premier et l'accompagna au bout du long couloir, dans la chambre des garçons. Robert, qui comptait des pièces par terre, se releva d'un bond dès qu'il vit sa mère.

— Ah, Robert ! Sois un ange, tu veux, emmène ta sœur jouer dehors. Alice doit être au marché, et je dois m'allonger. Essaie de veiller à ce qu'elle ne se salisse pas.

Il fourra sa fortune dans sa poche, puis prit Becca par la main et l'entraîna vers la pelouse.

— Raconte-moi l'histoire de la famille lapin, Robert.

Il lui sourit, lui récitant son conte préféré, celui des lapins qui vivaient dans leur jardin. Si les enfants étaient très silencieux, ils trouveraient peut-être le trou conduisant à l'immense maison souterraine de la famille. Il l'emmena ensuite devant la porte de la cuisine et la fit asseoir dans l'herbe. Au moment où il revenait avec une poignée de biscuits au gingembre, Edward approcha à bicyclette.

— Robert ! Je te cherchais ! Les poissons mordent comme des fous aujourd'hui. Sors les cannes à pêche.

Robert poussa Becca dans la cuisine et lui dit d'aller trouver Nana.

— Elle te racontera une histoire.

La fillette s'attarda d'abord dans le couloir désert, écoutant les mouettes qui criaient dehors en appréciant la caresse chaude des poils du tapis sous ses pieds nus. Elle se dirigea ensuite vers la chambre de sa grand-mère et poussa la porte. Elle approcha une chaise du lit et y grimpa. Calée contre des oreillers, Nana écrivait une lettre.

— Oh mais regardez qui est là ! Ma petite chérie !

Le visage de sa grand-mère s'éclaira aussitôt. Becca lui tendit un biscuit, et Nana chassa les miettes du couvre-lit.

— Tu es toute seule ? Ta maman n'est pas là ?

— Elle se repose.

Sa grand-mère poussa un petit « hum » puis écarta les mèches de cheveux qui tombaient sur le visage de Becca avant de lui raconter des histoires de l'époque où elle était petite fille en Allemagne.

— Avec ma sœur, qui portait le même prénom que toi, Rebecca, on entrait en douce dans le jardin des voisins pour cueillir des pommes…

Plus tard, sa grand-mère lui apprendrait à compter jusqu'à dix en allemand.

— *Ein, zwei, drei, vier...*

***

Dans le couloir devant la chambre de ses parents se trouvait un vieux secrétaire ; au fil des ans, Becca prit l'habitude de s'amuser à y cacher des images. Elle aimait ouvrir et refermer les petits tiroirs, glisser des messages dans les cases à courrier. Elle s'imaginait qu'elle tenait la réception d'un hôtel très fréquenté et recevait des télégrammes et des lettres pour les clients les plus importants. Elle utilisait un bloc-notes, un stylo, ainsi qu'un faux combiné téléphonique pour passer des appels. Un après-midi qu'elle répartissait des messages dans les différentes cases, elle entendit son père hausser le ton dans la chambre parentale, puis la réponse glaciale de sa mère.

— Eh bien vu la façon dont ta mère et Alice cèdent à tous ses caprices, sans parler de son papa poule, il faut bien que quelqu'un compense.

Becca ne distingua pas la suite de l'échange, jusqu'à ce que sa mère dise :

— J'en ai assez que tu prennes toutes les décisions importantes dans cette famille, sans me consulter.

Le père de Becca s'emporta de sa voix grave :

— Sadie, tu sais bien que les garçons jouent avec tes nerfs.

Becca assembla alors les pièces du puzzle. Son père venait de prendre des dispositions pour qu'Edward et Robert partent en pension à l'automne, dans le New

Hampshire, au moment où Thomas ferait son entrée à Yale. Même si les disputes de ses parents inquiétaient Becca, elle avait ressenti une bouffée de joie lorsque ses frères lui avaient confirmé la nouvelle. Elle aurait ses parents pour elle seule !

Cette année-là, fin août, Becca observa à distance sa mère qui remplissait des malles de vêtements. Elle lui avait proposé son aide, mais celle-ci lui avait répondu, les joues mouillées de larmes, qu'Alice et elle pouvaient s'en sortir seules. Depuis le début du mois, Sadie avait dressé la liste de tout ce dont ses garçons pourraient avoir besoin pendant trois trimestres scolaires. Elle avait constitué un stock de médicaments pour Thomas, et également prévu des chemises, des cravates, des vestes, des pantalons, des pardessus chauds, des écharpes, des bonnets et des gants. Elle avait réuni les équipements sportifs d'Edward et de Robert. Elle avait soigneusement plié leurs chaussettes et préparé plusieurs paires de chaussures.

— Je ne te quitte pas, moi, maman, avait murmuré Becca dans le couloir.

— Je n'en reviens pas que ce soit déjà terminé. Hier encore, ils avaient besoin de moi.

— J'ai besoin de toi, moi, maman, dit Becca avec un trémolo dans la voix.

Sa mère tourna la tête vers elle et ébaucha un sourire.

— Je sais, ma chérie, chuchota Sadie.

Becca s'éloigna pourtant, abattue, vers la cuisine. Alice parut lire dans ses pensées.

— Voyons, mon trésor, tu ne dois pas prendre autant à cœur la réaction de ta maman. Elle est très fatiguée et elle se fait du souci pour tes frères.

— Je sais.

Becca entendit son père insister sur l'inutilité d'informer le doyen de l'université de la maladie de Thomas.

— Ne te tourmente pas, Sadie, il s'en sortira très bien.

Cette dernière claqua la porte de son petit salon.

Dans le couloir, il y avait une photographie de Sadie en train de jouer dans les vagues avec Thomas. Elle avait de longs cheveux roux qui lui tombaient au milieu du dos. Becca avait du mal à reconnaître la femme représentée sur ce cliché. Au fil des ans, elle reconstitua la chronologie de la transformation maternelle. Robert lui raconta que, lorsqu'ils étaient petits, Thomas, Edward et lui, elle leur faisait des spectacles de marionnettes. Edward se souvenait d'avoir cuisiné des gâteaux et des biscuits avec elle, et elle les autorisait à prendre de longs bains moussants. Becca ne parvenait pas à associer cette image d'insouciance à sa mère. Elle interrogea Robert pour comprendre ce qui s'était passé.

— Elle est partie après ta naissance. À son retour, elle avait changé.

Becca se trouvait à côté de sa mère devant Eden le jour où son père partit avec Thomas. Puis, de nouveau, une semaine plus tard, quand il conduisit Edward et Robert dans le New Hampshire. Sadie se tenait très droite. Elle exerça une pression sur les épaules de chacun des frères de Becca avant de les embrasser, du bout des lèvres, sur la joue. Elle rentrait toujours d'un pas calme dans la maison après le départ de la voiture, mais Becca savait qu'elle pleurait en secret.

21

LONG HARBOR
Jeudi 2 juillet 1998

Becca entendit le klaxon de la Lincoln, qui jouait de façon approximative le vieil air populaire, *Take Me Out to the Ball Game*. Elle sourit ; son père et ses frères avaient initié cette tradition, rivalisant d'ingéniosité pour annoncer, avec les notes syncopées de leurs avertisseurs, la présence d'invités de marque dans leur voiture. Elle trouvait délicieux que Jimmy, son homme à tout faire depuis des années, ait repris ce rite à son compte – à moins qu'Andrew ne se soit penché vers le volant pour interpréter l'air lui-même.

Becca sentit monter l'excitation, posa son couteau et sa planche à découper dans l'évier. Essuyant ses mains sur son tablier, elle regarda avec satisfaction l'immense horloge sur le mur de la cuisine. Le chien, assis au-dessous, redressa la tête.

— Très bien, Hen. Nous sommes parfaitement dans les temps.

Son sac à main était posé sur la console, à côté du téléphone, à quelques pas de là. Elle passa un peigne dans ses cheveux, sortit son miroir de poche et appliqua quelques touches de rouge à lèvres. Au moment de franchir la porte de la cuisine, elle lança par-dessus son épaule :

— Lilly ? Vous pourriez monter prévenir Rachel qu'ils sont arrivés ?

Il était peu probable que sa fille, qui vivait les fenêtres ouvertes, n'ait pas entendu les coups de klaxon, mais elle avait toujours besoin d'encouragements pour descendre. À son époque, Bunny tenait à ce que toute sa progéniture vienne accueillir, en rang bien ordonné, les invités, et Becca s'accrochait à cette coutume même si leur nombre ne cessait de décroître. Évidemment, ça n'aidait pas que Sarah soit obligée de rester allongée.

Becca poussa la porte moustiquaire et plissa les yeux à cause de la luminosité. Il était là, son garçon, assis sur le siège passager de la Lincoln, vitre baissée, souriant. Il descendit et parcourut en courant les quelques mètres qui le séparaient de sa mère.

— Oh, Andrew, mon chéri ! Quel bonheur de t'avoir… oui, quel bonheur, dit-elle, l'accueillant à bras ouverts.

Becca embrassa son fils avant de s'écarter légèrement pour l'observer. Les rides au coin de ses yeux s'étaient multipliées, et elle dut presque retenir son souffle tant sa ressemblance avec Dan était frappante. Son teint clair, ses yeux d'un vert perçant et ses cheveux roux qui commençaient à se clairsemer ne lui rappelaient pas seulement son défunt mari, mais aussi, quelque part, ses frères. Un souvenir étrange et néanmoins charmant des hommes qui avaient marqué sa vie.

Andrew ne se déroba pas à son regard appuyé. Voyait-il aussi qu'elle avait plus de cheveux gris ? Eden ne changeait presque pas, après tout, et peut-être s'était-il attendu à ce que son intemporalité rejaillisse sur elle. La dernière fois qu'il s'était garé devant la maison, Dan devait être dans le potager pour cueillir des tomates, son chapeau à large bord sur la tête. À présent, il n'y avait plus que Becca ; et le jardin ne reposait plus que sur les piètres efforts de Sarah.

Becca embrassa sa belle-fille, Camilla, et ses petits-enfants, Walter et Sally. Cette dernière était grande et tout en jambes, à l'image de sa mère, avec de longs cheveux châtain clair. Walter n'était pas encore tout à fait sorti de l'enfance, il avait conservé des rondeurs sur le visage et son ventre était rebondi, exactement comme Andrew au même âge. Lilly sortit de la cuisine.

— Oh, Andrew ! Laisse-moi te regarder !

Elle déposa un baiser sonore sur sa joue.

— Lilly ! Est-ce que ma mère est sage ? la taquina-t-il. Tu sais, je ne suis revenu que pour une seule raison : vérifier que vous n'êtes pas trop déchaînées, maintenant qu'il n'y a plus d'homme pour vous surveiller.

Tout le monde éclata de rire. La jovialité d'Andrew lui avait toujours servi : il avait le bon mot au bon moment.

***

Becca les fit tous entrer dans la cuisine, et ils s'assirent autour de la table.

— Il fait chaud ici, en comparaison de Londres…, observa Camilla.

— Et la vague de chaleur devrait durer tout le week-end, confirma Becca.

Lilly leur servit du thé glacé, puis elle posa sur la table des assiettes de quartiers de pommes et de tranches de cheddar. Camilla hocha la tête d'un air approbateur en se voyant proposer un encas aussi sain. Walter et Sally se servirent.

— Rachel et Sarah ne sont pas encore là ? s'étonna leur mère.

— La pauvre Sarah n'est pas en forme. Quant à Rachel… je pense qu'elle est dans sa chambre, répondit Becca en cherchant une explication sur le visage de Lilly.

Celle-ci s'excusa d'un mouvement d'épaules. Camilla pinça les lèvres, ce qui rendit son long nez et ses traits anguleux encore plus sévères. Elle ne vieillissait pas bien, la peau de son cou et de son menton s'affaissait déjà.

Andrew interrogea Becca sur sa partie de bridge hebdomadaire, et ses diverses associations caritatives, afin de détourner l'attention générale du sujet délicat : la maison semblait vide. Son ton guilleret suggérait qu'il ne voulait pas s'aventurer sur le triste terrain du décès paternel.

— Alors, quoi de neuf par ici ? demanda-t-il pour relancer la conversation.

— Pas grand-chose à Long Harbor. Rien ne change ici, tu sais.

— Oh, il y a toujours des commérages, maman, dit-il en lui faisant un clin d'œil.

— Non, je t'assure, Andrew.

Becca s'étonna de son insistance.

— Aucun sujet à aborder alors ?

— Non…

La réponse de Becca contenait une intonation légèrement interrogative. Où voulait-il en venir ? Que savait-il ? La banalité de leurs échanges était ridicule, mais son fils venait juste d'arriver, il était trop tôt pour aborder les sujets qui expliquaient sa présence ici.

— Maman, oncle Thomas m'a appelé pour m'annoncer qu'ils venaient passer le week-end à Eden, avec Carol.

Ah, c'était donc ça ! Becca tenta de conserver un air détaché.

— Il t'a appelé ?

— Oui, répondit-il avec un mouvement de tête pour exprimer, avec subtilité, qu'il était au courant. Il voulait m'informer qu'il y avait des affaires à régler. Que nous devions réfléchir au moyen de sauver la maison. Maman, pourquoi tu ne m'as pas dit que la situation était aussi critique ?

Becca se redressa sur sa chaise.

— Je n'en voyais pas l'utilité, Andrew. Je m'occupe très bien de mes affaires toute seule.

— Pourtant ça me concerne. Et Rachel aussi.

— Andrew, s'il te plaît.

Est-ce que son financier de fils avec sa Rolex en or était réellement en train de l'interroger sur la taille de son futur héritage ? Quand elle pensait qu'il avait parlé à Thomas dans son dos, en plus… Becca s'efforça de conserver son calme. Ils venaient à peine d'arriver, après tout, et les enfants étaient présents. Elle se détourna d'Andrew pour s'adresser à Walter et Sally.

— Votre grand-tante Ruth sera aussi là ce week-end, leur annonça-t-elle, reprenant le contrôle de la discussion.

— C'est qui, ça, grand-tante Ruth ? demanda Walter.

Andrew lui répondit :

— C'était la femme de mon oncle Robert, Walter. Bon Dieu, je ne l'ai pas revue depuis des années. Elle n'était pas à l'enterrement de papa, si ?

— Non, elle n'a pas pu venir.

Sally écarta les cheveux qui lui tombaient dans les yeux et demanda :

— Mamie, tu as une connexion Internet ici ?

Camilla leva les yeux au ciel.

— Sally, tu pourras survivre sans Internet pendant un week-end, même prolongé.

La porte moustiquaire claqua, et Jimmy entra dans la cuisine d'un pas alourdi par les nombreux bagages. Andrew se leva pour lui apporter son aide.

— Tu avais prévu le coup depuis le début ! lança Sally à sa mère. Tu voulais me priver de contact avec mes amis !

Elle retira un morceau de peau de pomme coincé dans ses bagues métalliques.

— Oh, Sally… Tes amis seront toujours là à notre retour de vacances.

— Mais qu'est-ce que tu en sais, d'abord ?

Lilly prit Sally par les épaules.

— Suis-moi à l'étage, je vais te montrer où tu vas dormir.

Elles longèrent la fameuse galerie photos de Sadie dans l'escalier de service. Si la plupart des enfants adoraient ces vieux clichés, Sally ne leur accorda pas la moindre attention. Becca suivait de près, avec Camilla et Walter. Elle s'arrêta sur la dernière marche pour indiquer un portrait à son petit-fils.

— Voilà ton père tout bébé. Tu as déjà vu cette photo ?

— Oui, la dernière fois que je suis venu, mamie.

Walter ne témoignait pas davantage d'intérêt pour ces vieilleries que sa sœur. Becca inspira profondément. Il y avait longtemps qu'elle n'avait pas reçu des adolescents sous son toit.

Quand ils arrivèrent devant la porte de la chambre de Sarah, dans le couloir de service, Becca y passa la tête.

— Regarde qui est arrivé !

— Bonjour, Sally ! répondit Sarah en s'asseyant dans son lit. Oh, il y a aussi tante Camilla et Walter ! Bienvenue !

Tous trois se serrèrent sur le seuil de la pièce.

— On peut entrer te faire un baiser, ma belle ? lui demanda Camilla. Tu n'es pas contagieuse, si ?

— Bien sûr que non ! lança Sarah, un large sourire aux lèvres. Je suis juste enceinte !

Camilla s'arrêta net.

— J'ai fait une mauvaise chute, et on m'a prescrit de rester alitée, expliqua Sarah avant de hausser les épaules en levant les mains en l'air.

Après un silence gêné, Camilla et Sally lancèrent, en même temps :

— Waouh !

Walter ajouta :

— Félicitations !

Avec un sourire forcé, Camilla s'approcha du lit pour embrasser Sarah. Son expression aurait été plus adaptée à des condoléances. Becca remarqua que Camilla adressait un regard complice à sa fille, laquelle ne le lui rendit pas. Elle ne semblait pas vraiment déroutée par cette annonce.

— Alors, demanda-t-elle en montrant le ventre de sa cousine, c'est qui le père ? Vous allez vous marier ?

— Sally ! s'exclama Camilla.

— Ne t'inquiète pas, la rassura Sarah, ça ne me dérange pas d'en parler. C'est un type avec lequel je suis sortie assez longtemps. Aujourd'hui, nous… eh bien nous nous sommes séparés.

— Ah bon ? Mais ça craint !

Becca suivait l'échange de ses petites-filles. Elles avaient beau avoir près de quinze ans d'écart, elles appartenaient néanmoins bien à la même génération. Une génération qui semblait indifférente au qu'en-dira-t-on, alors que Becca, malgré la joie que lui procurait la perspective de cet heureux événement, en restait, elle en avait bien conscience, prisonnière.

— C'est plutôt cool que tu le gardes, poursuivit Sally. C'est vrai, la plupart des filles que je connais se font avorter dès qu'elles tombent enceintes.

Camilla se plaqua une main sur le front ; Sally semblait prendre un malin plaisir à mettre sa mère mal à l'aise.

— Je suis sûre que tu seras une super maman, ajouta-t-elle.

— Merci, lui répondit Sarah. Lilly m'a dit que vous alliez dormir dans le dortoir ? Je viendrai peut-être passer une nuit avec vous. Il fait une chaleur étouffante ici, et j'adore m'endormir au son des vagues.

— Mon prof de bio nous a appris que ça ressemblait à ce qu'un fœtus entendait dans l'utérus. C'est dû à la fois au sang qui coule dans les veines de sa mère, et à son pouls. Du coup, c'est un peu comme s'il était à la plage. Purée, je n'arrive pas à croire que je viens de me rappeler ça… Je ne sais pas d'où ça sort !

Becca était stupéfaite par les connaissances de Sally sur le sujet, et par sa vivacité. Elle n'avait plus rien de la fillette timide dont elle conservait le souvenir.

— Pourquoi on n'irait pas vous installer maintenant, et vous débarbouiller ? proposa Camilla en poussant ses enfants vers la porte.

Becca avait déjà tourné dans le couloir principal lorsqu'elle entendit Jimmy crier :

— Ici !

Puis la voix d'Andrew retentit :

— Zut ! Tu as failli l'avoir !

Becca pressa le pas. Rachel sortit de sa tanière.

— Que se passe-t-il ?

Andrew se trouvait dans la chambre bleue, armé d'une raquette de tennis, alors que Jimmy empoignait le manche d'un balai comme s'il s'agissait d'une batte de baseball.

— Fermez la porte ! hurla Andrew.

— Bonjour à toi aussi, frangin, lâcha Rachel.

— Bonjour, Rachel. Désolé, mais ce n'est pas le bon moment. Pourrais-tu fermer la porte s'il te plaît ? Bon sang, je n'ai pas fini d'en entendre parler si Camilla voit une chauve-souris dans notre chambre !

— Pour l'amour de Dieu, soupira Rachel, donnez-moi cette serviette. Je vais l'attraper, moi. Tu n'es pas là depuis cinq minutes, Andrew, qu'on a déjà droit à un numéro.

Il cessa d'agiter sa raquette. Jimmy, lui, se planta au milieu de la chambre avec son manche à balai. Rachel, la serviette dans une main, ne lâchait pas des yeux la chauve-souris, qui décrivait des cercles frénétiques en évitant les murs et les lampes. Elle plongea et ils se baissèrent tous avant qu'elle ne remonte vers le plafond. Elle exécuta une dizaine de tours étourdissants autour de la pièce puis se posa sur un rideau pour se reposer. Becca voyait son petit corps se gonfler et se dégonfler rapidement, elle pouvait presque l'entendre siffler alors qu'ils retenaient tous leur souffle. Rachel s'approcha sans bruit pour lui donner un grand coup de serviette qui la fit tomber sur le parquet. Elle se jeta sur son corps étourdi avec l'agilité d'un chat et le recouvrit de la serviette.

— Maintenant, Jimmy, ramasse-la et va la libérer dehors.

— Impressionnant, observa-t-il avant de s'exécuter et de disparaître dans le couloir, en tenant bien à deux mains la pauvre bête assommée.

Becca ne savait pas très bien quoi dire, face à ses enfants, devenus adultes, et qui pourtant venaient de mettre une chambre sens dessus dessous. Elle les observa un instant : un fils mal à l'aise, qui sortait de sa poche un mouchoir bien repassé pour essuyer la sueur sur son front ; une fille constamment en colère, les poings serrés.

Camilla, qui s'était attardée dans le dortoir pour installer les enfants, passa la tête dans la chambre.

— C'est là qu'on est censés dormir ?

Becca soupira.

— Ne t'inquiète pas. On va arranger ça.

Andrew et Camilla prendraient la grande chambre d'amis, et Thomas et Carol s'installeraient ici. Becca voyait d'ici leur réaction scandalisée.

22

LONG HARBOR
1938

Bunny se munit d'un coupe-papier argenté pour ouvrir le courrier du jour. Kitty leur avait envoyé une lettre dans une enveloppe crème. Il la lut en se mordillant la lèvre. Il y avait une alerte à la variole à Pittsburgh et la rentrée scolaire était repoussée de trois semaines. Kitty s'inquiétait d'avoir été exposée au virus, même si elle ne souffrait que de symptômes mineurs pour le moment. Ils ne devaient donc pas s'inquiéter mais repousser leur retour à Pittsburgh jusqu'à nouvel ordre.

Bunny ignorait s'il devait partager ou non cette lettre avec Sadie. Elle leur était adressée à tous les deux, toutefois les mauvaises nouvelles pouvaient la perturber. D'un autre côté, s'il arrivait quoi que ce soit à Kitty, Sadie ne le lui pardonnerait jamais.

— Je prendrai un train demain, tu peux t'occuper du billet ? conclut-elle alors qu'elle n'avait pas encore reposé la missive.

— Demain ? Sadie, es-tu sûre que ce soit sage ? lui demanda-t-il.

Elle ne cilla pas.

— Elle n'a personne d'autre que moi.

Bunny n'était pas convaincu que les changements aussi brusques soient bons pour son épouse, toutefois ça ne le dérangeait pas de rester seul à Long Harbor avec Becca. Monsieur P. et Alice s'occupaient toujours très bien d'eux, et il n'était pas contre l'idée de vivre un automne en Nouvelle-Angleterre – il en avait si souvent entendu vanter les mérites ! Il organiserait des parties de pêche et de golf, et la perspective de faire un peu de jardinage le réjouissait.

***

Peu après la rentrée universitaire à Yale, Robert décida de monter passer un week-end à Eden. Il n'avait jamais été un étudiant très assidu, et la perspective de s'offrir un dernier golf avec son père était trop tentante. Lorsque Bunny ouvrit les yeux, le samedi matin, et découvrit des nuages noirs, il craignit que leurs projets ne soient compromis. À la table du petit déjeuner, le visage de Becca s'illumina à cette nouvelle, et elle demanda si cela signifiait qu'ils allaient tous rester ensemble à la maison pour jouer. Monsieur P. annonça qu'il préparerait un bon ragoût réconfortant pour le dîner, et Alice déclara qu'elle profiterait de cette journée pour mettre la récolte de tomates du jardin en boîte.

— Papa, on n'a qu'à jouer aux cartes, avec Robert et toi ! Et si Alice veut bien aussi, on sera quatre !

Becca insistait.

— Ta mère veut que tu lises, lui répliqua Bunny en agitant son index.

Il ajouta ensuite, en imitant de son mieux une maîtresse d'école sévère :

— Ne t'imagine pas que tu vas pouvoir passer tes journées à t'amuser parce que la rentrée en CM1 a été repoussée !

— Mais Bobby est là ! protesta-t-elle en gloussant.

— Il va encore dormir un bon moment. Allez, va chercher tes livres là-haut et descends-les dans mon bureau. Tu pourras t'installer sur le canapé, pendant que je rattraperai un peu de travail en retard. Après, on fera des parties de gin rami.

Un immense sourire s'étira sur les lèvres de Becca, dévoilant le trou à l'endroit où l'une de ses dents de devant manquait. Elle quitta la cuisine en trombe.

Plongé dans la lecture de son journal, Bunny jetait des coups d'œil réguliers à Becca sur le canapé. Il n'entendit pas le vent se lever. Lorsqu'il se rendit dans le salon pour vérifier que tout allait bien, juste avant le déjeuner, il remarqua que les vagues dépassaient les dunes. Du sable et des graminées volaient en tous sens. Il courut au premier pour se rendre dans le dortoir, d'où il avait une meilleure vue.

— Doux Jésus, marmonna-t-il en voyant les nuages noirs se rapprocher.

Il appela en hurlant Robert, Alice et Monsieur P.

Robert se frottait les yeux pour en chasser les derniers vestiges de sommeil quand il ouvrit la porte de sa chambre. Il fut déboussolé par l'agitation de son père.

— Habille-toi, lui dit Bunny. J'ai l'impression qu'on va essuyer une grosse tempête.

Bunny se précipita au rez-de-chaussée, dans son bureau, où Becca lisait toujours, une couverture afghane sur les jambes. Il la prit dans ses bras et décrocha son téléphone ; il composa le numéro du country-club dans l'espoir d'obtenir des précisions sur la météo. Personne ne répondit. Il alluma la radio. En dépit de la transmission grésillante, il récolta des bribes d'informations : un énorme ouragan faisait route vers la côte. Le courant était coupé à Manhattan au nord de la Cinquante-Neuvième, le métro était inondé et des arbres avaient été déracinés dans Central Park. Le hurlement du vent qui s'engouffrait dans les volets d'Eden était tel que Bunny ne put bientôt plus écouter la radio. Il la coupa donc. La lampe sur son bureau clignotait, et dans le jardin deux de ses arbres préférés ployaient presque à quatre-vingt-dix degrés sous les assauts des bourrasques.

— Papa, j'ai peur, gémit Becca.

— Ne t'inquiète pas, trésor, tout ira bien, dit-il en feignant de rester calme.

Il décida de garer sa nouvelle Cadillac dans le garage pour la protéger des branches qui risquaient de tomber. Il installa sa fille à la table de la cuisine et plaça la couverture sur ses épaules. Au moment où il ouvrait la porte, une pluie torrentielle se déchaînait. Il courut jusqu'à la voiture, la démarra, puis fit le tour pour rejoindre le garage. Ouvrir ses immenses portes se révéla très difficile à cause du vent. Il les bloqua grâce à deux grosses pierres et mit la voiture à l'abri. Il était trempé et avait de l'eau à l'intérieur de ses chaussures.

Il rentra, non sans mal, et serra Becca contre lui.

— Très bien, princesse. Heureusement que nous sommes là pour protéger Eden contre la tempête.

Elle ouvrait de grands yeux ronds. Bunny monta au premier chercher des vêtements secs dans sa chambre. Au moment où il traversait le salon, les vagues dépassèrent les dunes et s'échouèrent à quinze mètres à peine de la maison.

— Regarde, papa ! hurla Becca.

Il la prit dans ses bras, fasciné par ce qu'il voyait, avant de la serrer très fort alors qu'un énorme coup de vent faisait voler en éclats une fenêtre de la salle à manger. Les cris de la fillette se mêlèrent au fracas du verre brisé.

Bunny paniquait, il était partagé entre ses craintes pour leurs vies et son désir de protéger sa propriété. Il se précipita vers la cuisine, Becca dans les bras, cherchant des paroles réconfortantes.

— Papa !

C'était Robert, qui s'était accroupi devant la Garland pour couper le gaz. Bunny se réfugia avec Becca derrière l'immense cuisinière, et il se blottit près de son fils. Il ne savait pas où ils devaient aller, ni ce qu'ils devaient faire dans ces circonstances.

— Alice ! Monsieur P. ! hurla-t-il à nouveau.

— Ils sont au marché, murmura Becca.

— Quoi ?

— Alice et Monsieur P. sont allés acheter la viande pour le ragoût.

— Ah, dit Bunny en songeant que ce matin, au petit déjeuner, il avait été tenté d'avouer à son cuisinier qu'il n'avait jamais aimé ça, le ragoût.

Pendant qu'il passait en revue les différentes options, l'immense fenêtre près de la table de la cuisine explosa. Le carrelage sur lequel ils étaient recroquevillés tous les trois était à présent couvert de verre, de sable et d'eau. Une vague les plaqua contre le mur. Bunny fut un instant aveuglé, ayant perdu ses lunettes. Il avait de l'eau salée plein la bouche et le nez. Près d'un mètre d'eau de mer était entré dans la cuisine. Lorsqu'il remit ses lunettes sur son nez, il constata que sa fille n'était plus avec lui.

— Becca ! hurla-t-il.

Elle était submergée, et de nouvelles vagues menaçaient. Pendant que Bunny se démenait pour se relever, il vit Robert bondir pour agripper Becca par le col. Il souleva sa sœur dans ses bras et la serra contre lui, tapant dans son dos jusqu'à ce qu'elle recrache l'eau qu'elle avait avalée. Elle enfouit son visage dans le cou de son frère. Elle se raccrochait à lui d'un seul bras, pressant contre sa poitrine son livre trempé.

Bunny se dressa devant ses enfants pour les protéger avec son large dos des débris qu'apportaient les rafales : entre le sable et les éclats de verre, il était trop dangereux de rester à l'intérieur. Après avoir enfilé non sans peine une paire de bottes de jardinage qui flottaient derrière la porte de la cuisine, Bunny récupéra trois vestes dégoulinantes et poussa ses enfants dehors. Ils atteignirent la route et se mirent à courir vers la ville. Robert portait Becca en travers de son épaule. Le vent et le sable qui leur fouettaient la figure les ralentissaient. Peut-être pourraient-ils se réfugier à l'Atlantic… Quand ils arrivèrent au sommet de la colline qui dominait le port et les hôtels, ils constatèrent que les bâtiments majestueux avaient eux aussi été touchés par l'ouragan.

— Il faut qu'on reste en hauteur, papa, lui dit Robert.

— Le golf ? suggéra Bunny.

— Trop dangereux avec les branches d'arbres.

À ce moment-là, ils virent approcher deux phares sur la route. Le conducteur s'arrêta et leur ouvrit la portière côté passager.

— Montez ! leur cria-t-il.

C'était le gendre de Mary Thaw, qui faisait une dernière tournée en ville pour récupérer les amis les plus âgés de celle-ci. Elle avait proposé d'accueillir ceux qui le souhaitaient dans sa maison, un immense manoir de pierre sur la plus haute éminence de Long Harbor.

Une fois arrivés chez les Thaw, Bunny et Robert trouvèrent quelqu'un à qui confier Becca avant d'aider les femmes âgées à se mettre à l'abri. Assis sur l'une des chaises de cuisine, dégoulinant d'eau, Bunny se sentait lâche d'avoir abandonné Eden. Il se rongeait les sangs pour Monsieur P. et Alice, mais aussi pour Edward, qui avait dû être touché par cet ouragan à New Haven.

L'une des filles Thaw offrit des vêtements secs à Becca.

— Je ne sais pas s'ils seront à ta taille, trésor, enfin au moins tu seras au chaud.

Elle proposa aussi des habits de rechange à Bunny et Robert.

— N'hésitez pas à monter vous changer à l'étage… Oh, mon ami, vous saignez ! Vous vous êtes blessé ?

— Ah bon ? s'étonna Bunny, qui n'avait pas remarqué ses mains ensanglantées. De simples égratignures, tout ira bien.

Il ausculta les bras et les jambes de sa fille. Par miracle, elle était intacte. Robert avait un bleu sur la joue et quelques plaies sur les jambes à cause des éclats de verre.

Le salon, de la taille d'une salle de bal, possédait d'immenses cheminées où rugissaient des flammes. Des personnes exsangues erraient dans la pièce. Des vêtements humides et des couvertures étaient étendus ici et là. Bunny constata que les matrones de Long Harbor, blotties dans un coin, étaient ébourriffées. La vieille Mme Notman, installée dans une bergère, était entourée de sa cour. Son fils aîné lui servait un thé. L'une de ses amies proposa de chercher des cartes pour initier une partie de bridge.

Les Thaw étaient natifs de Pittsburgh eux aussi, et leur demeure était la réplique d'une villa italienne perchée sur une colline. Elle donnait sur le port. Ironie du sort, les fondateurs de Long Harbor leur avaient reproché de s'être à ce point écartés des normes architecturales reconnues dans la région. Au bout du compte, sans ces murs en granit d'une trentaine de centimètres d'épaisseur, ils n'auraient pas eu de bunker pour survivre à l'ouragan.

De ce perchoir, Bunny, Robert, Becca et les autres purent assister aux destructions.

— Papa, papa, regarde ! s'écria soudain Becca.

C'était Fort Point, un isthme en forme de croissant qui fermait le port, sur lequel se trouvait une route à deux voies et certaines des demeures les plus remarquables de la communauté. Les toits disparaissaient dans l'océan. Les vieilles femmes poussèrent des cris d'horreur. Becca se cacha le visage contre le torse de son père alors que des bateaux se fracassaient contre les quais et que l'océan débordait de la digue, qui semblait à présent d'une taille risible.

Lorsque la dernière maison fut engloutie par l'eau, un silence incrédule envahit la pièce. Allié à l'équinoxe d'automne et à la pleine lune, l'ouragan avait provoqué un véritable raz-de-marée. Au milieu du mutisme général, M. Woodward prit la parole d'une petite voix douce :

— C'est bien pire que les ravages dont j'ai été témoin pendant la Grande Guerre.

Il déglutit avant d'ajouter :

— Savoir que Long Harbor était là, voilà ce qui m'a toujours permis de tenir.

Des larmes roulèrent sur ses joues. Bunny avait la gorge nouée.

À l'abattement succéda rapidement la panique. Mme Notman chercha désespérément à contacter sa famille, mais les téléphones étaient coupés, et il n'y avait aucun moyen d'envoyer un télégramme. Les lignes électriques étaient hors service, les arbres renversés, les routes impraticables. Les sœurs Thaw allumèrent des bougies à la tombée du jour, éclairant des visages blêmes. Cette nuit-là, Robert et Bunny se pelotonnèrent à côté de Becca et tentèrent de trouver le sommeil. Bunny frissonnait chaque fois qu'il repensait à l'état dans lequel il avait quitté Eden. Il veilla toute la nuit, au son des sanglots et conversations murmurées de ses voisins.

Peu avant l'aube, une voix couvrit le brouhaha.

— Vous allez bientôt être à court de nourriture. Quelqu'un devrait aller au country-club et vider le congélateur, sinon tout ce qu'il contient va se gâter.

Bunny se releva d'un bond, priant pour qu'il ne s'agisse pas d'un rêve. C'était bien la voix de Monsieur P. ! Il n'avait jamais été aussi heureux de revoir quelqu'un.

Becca se jeta dans les bras du cuisinier.

— Où est Alice ? lui demanda-t-elle.

Monsieur P. avait insisté pour qu'elle l'attende chez l'épicier de Westfield. Il avait dû abandonner la camionnette à quatre cents mètres de l'entrée du village, et avait traversé les décombres à pied.

Plus tard, dans l'après-midi, une fois le vent retombé, Bunny confia à son cuisinier qu'il ne supportait plus d'attendre : il devait aller constater en personne les dégâts subis par Eden. Après les manœuvres financières auxquelles il s'était livré pour conserver cette maison, la découvrir balayée par l'océan serait un coup du sort bien cruel.

— Robert, reste ici avec ta sœur.

— Je crois qu'il vaudrait mieux que je t'accompagne, papa.

Ils confièrent Becca aux bons soins des Thaw, avant de parcourir à pied le kilomètre et demi qui les séparait d'Eden. Ils atteignirent le bout du chemin. De là, déjà, le bruit des vagues déchaînées produisait un tumulte constant. Ils enjambèrent des branches, s'arrêtèrent devant ce qui restait du garage. Bunny jeta un coup d'œil entre les débris, espérant que la voiture pourrait encore leur servir. Lorsqu'il approcha de la pelouse principale, il fut soulagé de constater que la façade d'Eden était intacte. Au moment de pousser la porte de la cuisine, pourtant, il eut un mouvement de recul.

L'exposition privilégiée d'Eden, à proximité de l'océan, avait été la cause de sa chute. Les vagues avaient débordé les dunes pour la frapper, inlassablement. Même si ses solides fondations en pierre avaient résisté en grande partie au raz-de-marée, le sous-sol était rempli d'eau. L'essentiel des fenêtres, cassées, avaient laissé entrer la pluie et l'océan. La véranda avait été emportée et le dortoir au premier s'était effondré. Des algues recouvraient les meubles du salon et les parquets.

Dehors, le jardin de Bunny était presque méconnaissable. Il balaya la plage du regard, pour voir les maisons de ses voisins. Les rares à tenir encore debout pouvaient aussi se prévaloir de fondations solides en pierre, et elles étaient entourées de dunes plus hautes, qui les avaient protégées des vagues. Les dégâts à Long Harbor ne répondaient à aucune logique ; ils semblaient avoir été causés au hasard.

Bunny s'adossa à un mur, le corps tremblant. Il se prit la tête à deux mains et se laissa glisser sur le sol, s'asseyant au milieu du sable, du varech et des éclats de verre. Ce n'était pas seulement ses propres pertes qui lui causaient une émotion si vive, c'était la destruction généralisée de Long Harbor. Qu'allait-il advenir de cet endroit ?

Au bout de quelques minutes, il sentit que Monsieur P. lui tapotait l'épaule.

— Ce n'est pas joli à voir, monsieur Meister, mais elle est toujours debout.

— Oui… Oui, c'est vrai, dit Bunny en se relevant et en cherchant à retrouver une contenance.

— Vous allez pouvoir lui rendre son éclat.

Le cuisinier récupéra plusieurs morceaux de viande et de poisson dans l'immense congélateur de la cuisine. Les hommes explorèrent aussi l'office à la recherche de tout ce qui était récupérable. Bunny se rendit dans son bureau pour voir ce qu'il restait de ses papiers. Il y avait quelques centimètres d'eau sur le sol autour de sa table de travail.

— Allez, apportons cette nourriture chez les Thaw, ce n'est pas sûr de rester ici.

— D'accord, patron.

— Mais tu as raison, ajouta Bunny. Je vais la reconstruire. Je n'abandonnerai pas Eden.

— On le fera ensemble, lui promit Robert.

Plus tard ce soir-là, l'un des fondateurs de Long Harbor se présenta chez les Thaw. Ce représentant de la « civilisation » fut aussitôt encerclé.

— Quelle est l'étendue des dommages ? s'entendit-il demander.

— La nouvelle s'est-elle répandue ?

— Les secours sont-ils en route ?

Il leur certifia que les routes étaient en cours de nettoyage et que les secours arriveraient bientôt. Les gens baissèrent la voix pour évoquer le nombre de victimes, l'inquiétude qu'ils se faisaient pour ceux partis en mer, ou présents sur les quais lorsque la tempête avait éclaté, sans oublier ceux qui n'avaient pas pu quitter leurs maisons de Fort Point. Les jours de pleine lune étaient de bon augure pour la pêche, et certains hommes, que ce soit par métier ou par plaisir, s'étaient embarqués avant le lever du soleil… Ils ne reviendraient jamais.

À l'aube, le surlendemain de la catastrophe, assis près de l'immense fenêtre des Thaw par laquelle il avait été le témoin des ravages causés par l'ouragan, Bunny regarda le soleil orange se lever dans un ciel violet, dégagé. Pas un nuage en vue ; le vent était retombé. Une volée d'hirondelles plongeait puis remontait, tandis qu'un renard filait sur la pelouse des Thaw. Quand le soleil commença à chauffer, la condensation sur les vitres s'évapora peu à peu, et les rayons de lumière diffractés par les gouttes d'eau s'irisèrent.

***

New Haven ressemblait aussi à un champ de bataille. Robert apprit par son frère Edward que les cours étaient suspendus durant deux semaines, à Yale. Bunny voulait que son benjamin reprenne les études dès que possible, mais ce dernier refusait de quitter Long Harbor. Il adressa une requête à son doyen afin d'obtenir un congé pour prêter assistance à sa famille après cette tragédie. Bunny renvoya Becca et Alice à Pittsburgh au bout de trois semaines. Tous les hommes valides restèrent sur place. Bunny et Monsieur P. comptaient parmi les meneurs de cet effort de reconstruction. Ils passèrent en revue les troupes pour déterminer ceux qui avaient encore assez de force physique pour terminer le nettoyage. Robert était le plus jeune et le plus vigoureux. Il était évident qu'ils ne recevraient que très peu d'assistance extérieure, et nombre d'hommes présents étaient âgés.

L'équipe demeurée sur place continua à dormir dans le salon des Thaw, par terre, tout en travaillant pendant près de deux mois. Ils consolidèrent les constructions préservées avant l'arrivée du froid, bouchèrent les fenêtres avec des planches pour passer l'hiver.

Lorsque Bunny finit par regagner Pittsburgh, Becca lui remit un album avec des coupures de journaux consacrées à la tempête. Le Grand Ouragan de 1938 était la pire catastrophe naturelle qu'ait connue l'Amérique du Nord, aggravée par le fait que tout le monde avait été pris de court. Les habitants de la côte Atlantique n'avaient pas été prévenus, ou très peu de temps avant son arrivée, et en quelques heures six cent quatre-vingt-huit personnes trouvèrent la mort, quatre mille cinq cents furent blessées et plus de soixante-quinze mille bâtiments furent endommagés. La gorge de Bunny se noua quand il découvrit ce que Becca avait écrit au verso de la couverture.

« Mon papa, mon frère et moi, nous avons survécu à cet ouragan. Bobby a empêché l'océan de m'emporter. C'est mon héros. »

23

LONG HARBOR

Vendredi 3 juillet 1998

Rachel se força à se lever à une heure décente le vendredi matin, malgré sa participation active à la consommation de deux bouteilles de vin blanc la veille au soir. Ayant laissé sa fenêtre grande ouverte, elle fut réveillée par le soleil et les chants des oiseaux. Elle plissa les yeux tant la lumière était vive et espéra qu'elle n'avait pas raté le petit déjeuner. L'organisation de la journée se décidait toujours autour de la table de la cuisine, et en arrivant après tout le monde elle risquait d'avoir plusieurs trains de retard, pour ne pas dire de se retrouver complètement exclue. Elle voulait avoir voix au chapitre pour une fois. Ça ne la dérangeait pas vraiment d'être une suiveuse, mais ce week-end semblait revêtir une importance particulière pour sa mère. Puisque Thomas et Ruth allaient débarquer – et que Sarah était obligée de rester alitée –, elle devait se montrer plus sociable.

Elle descendit l'escalier à pas feutrés et trouva la famille d'Andrew attablée devant des assiettes qu'ils avaient déjà vidées. Ils discutaient de la logistique de la journée avec Becca. Rachel se servit une tasse de café en écoutant Andrew insister pour caser un peu de tennis dans un emploi du temps déjà bien rempli.

— Je déteste le tennis, observa Sally.

— Qui peut détester le tennis ? protesta Andrew. Walter viendra jouer avec moi, hein, Walt ?

Ce dernier décocha un regard à sa sœur, croisa les bras et répondit :

— D'accord.

— Super, alors Walt et moi on jouera au tennis pendant que vous, les filles, vous irez sur la plage.

— La plage ? lança Rachel de l'autre bout de la pièce. Voilà un programme qui me convient. Je vous accompagne.

— Je vous demande juste d'être de retour, et douchés, pour dix-huit heures, précisa Becca. Nous prendrons un verre, puis nous dînerons à dix-neuf heures.

— Rachel, tu peux être prête dans un quart d'heure ? s'enquit Camilla en repoussant la table des deux mains.

Rachel hocha la tête. Elle ne se souvenait pas de sa belle-sœur comme d'une amatrice de plage, surtout avec son teint laiteux. Elle était si anglaise, si pâle, si fragile… Elle ne pouvait même pas prendre le sentier à travers les dunes pieds nus sans se plaindre que le sable était trop chaud.

***

Lors de la première visite de Camilla à Eden, Rachel était déjà mariée avec Peter depuis sept ans. Sarah était absolument adorable. Elle tournait en rond autour de son oncle Andrew, réclamait à monter sur ses épaules pour affronter les vagues avec lui. Et lui en rajoutait dans le rôle de l'« oncle sympa » qui se délectait d'être l'objet de l'adoration de Sarah. L'aisance qu'il montrait avec la fillette avait fait forte impression sur Camilla – un peu dans le genre de ces types costauds qui empruntent des chiots pour séduire les filles au parc.

C'était l'été où ils avaient, Peter et elle, empêché tout le monde de dormir une nuit, tant leur dispute avait été violente. Sa mère l'avait grondée le lendemain, sur le même ton que si Rachel était encore une gamine.

« Tu ne te rends pas compte à quel point c'était désagréable. Tu as pensé à cette pauvre Sarah ? Et à ton frère, qui est venu de Londres avec sa nouvelle petite amie ?

— Mais enfin maman, avait-elle riposté, c'est justement parce que j'ai pensé à vous tous que je me retrouve dans ce pétrin. Tu as insisté pour qu'on se marie, tu refusais d'envisager une autre solution. Tu t'es obstinée dès le début ! Inutile de me regarder aujourd'hui comme si j'étais coupable parce que tout n'est pas rose. J'ai essayé. J'ai tout essayé. Peter ne m'aime pas. Que veux-tu que j'y fasse ? »

Dans la plupart des situations, les parents de Rachel se montraient plus qu'indulgents avec elle. Après tout, elle avait donné naissance à leur premier petit-enfant, et elle, elle n'était pas partie vivre en Angleterre. Ces éléments la préservaient en général des critiques de sa mère et la plaçaient un cran au-dessus de son frère, mais le divorce avait été la goutte de trop. De surcroît, Camilla et Andrew formaient un couple si séduisant, Miss Jambes-Longues et Mister Épaules-Larges. Avec leurs yeux pétillants, leur sourire aisé, leurs boucles décolorées par le soleil, lui en veste habillé et pantalon de toile crème, elle en robe de cocktail moulante et dos nu, ils avaient serré les mains des invités, le soir de leur fête de fiançailles, sur la véranda. Camilla était toujours impeccable. Même après avoir épousé Andrew et être entrée officiellement dans la famille, elle continuait à arriver dans la cuisine, le matin, douchée et habillée, ainsi qu'un ami de passage aurait pu le faire. C'était étrange.

***

Il fallut vingt minutes à Rachel pour redescendre dans la cuisine en maillot de bain et paréo. Camilla était en train d'enduire de crème solaire le corps de sa fille.

— Mais maman, ça suffit maintenant !

— Tu vas attraper des coups de soleil, Sally.

— Toi aussi.

— J'ai déjà mis de la crème.

Quand elle eut terminé avec le tube, Camilla le tendit à Rachel.

— Non, merci, je n'en utilise jamais.

Camilla la regarda avec dédain.

— Si tante Rachel n'en porte pas, je ne vois pas pourquoi…

— La crème solaire est obligatoire. Fin de la discussion.

Elles empruntèrent toutes les trois la porte de la cuisine et récupérèrent des chaises de plage dans le garage. Puis elles se dirigèrent vers les dunes, qu'elles franchirent péniblement. Une fois sur la plage, elles firent quelques pas sur la gauche avant de s'installer. Rachel sortit de son sac le roman qu'elle était en train de lire, avec une bouteille de Coca et un sachet de chips déjà à moitié entamé.

Elle le tendit à Camilla.

— Tu en veux ?

— Non, merci, lui répondit-elle d'un ton réprobateur, alors que Sally en prenait une poignée.

Après être restée assise et avoir observé les vagues pendant quelques minutes, Camilla se leva.

— Sally, allons faire quelques pas le long de l'eau, toi et moi.

— Non.

Jetant un coup d'œil à Rachel, Camilla ajouta :

— J'ai besoin d'un petit moment entre mère et fille.

Rachel sortit le nez de son livre pour lui adresser un hochement de tête en souriant.

— Lève-toi de cette chaise immédiatement, Sally.

— Maman…

— Immédiatement.

Rachel les regarda s'éloigner. Elles ne marchaient pas à la même cadence. Camilla voulait faire un peu d'exercice, alors que Sally semblait accablée. La première finit par ralentir et tenta de prendre la main de sa fille. Rachel se demanda pourquoi certaines personnes étaient incapables de se détendre sur la plage, de savourer un soda, grignoter des chips, ou pourquoi pas faire un petit somme. Le goût de la sieste était inscrit dans les gènes de Rachel, elle qui venait pourtant d'une famille de gens qui ne tenaient pas en place.

Elle ne s'était jamais promenée sur la plage avec Sarah – c'était le truc de sa mère. Elle, elle préférait l'emmener chez Katy, le glacier du village. Eden n'était pas son seul refuge à Long Harbor. Le simple souvenir de ces cornets de glace ravivait des images de l'été où elle venait d'avoir seize ans, à peu près le même âge que Sally. Son père l'avait réveillée en pleine sieste dans la véranda pour lui annoncer :

« Rachel, ta mère et moi, nous avons décidé que tu devais trouver un petit boulot. »

Elle s'était assise, se demandant si ses oreilles ne lui jouaient pas des tours.

« Est-ce qu'Andrew… »

Son père l'avait interrompue.

« Il ne s'agit pas de ton frère. Je te parle de ton rôle à toi dans cette société, je te demande de devenir responsable. »

Rachel avait observé l'expression de son père pour savoir s'il était vraiment sérieux ou s'il se contentait de transmettre un décret édicté par sa mère.

« D'accord, papa », avait-elle dit.

La riposte qu'il avait préparée était restée coincée dans sa gorge.

« Très bien », avait-il lâché, satisfait, avant de retourner dans son potager.

Rachel s'était rendue au village : il y avait des affiches « Recherche personnel » dans les vitrines de la pizzeria et du glacier. Elle aimait les pizzas, mais à l'idée de travailler chez le second elle avait instantanément souri : elle savait que sa mère n'y mettrait jamais les pieds. Ça avait toujours été son père qui les y avait emmenés, Andrew et elle, après le dîner. Elle se rappelait les protestations maternelles : « Dan, ne va pas faire la queue avec tous ces touristes. Nous avons de la glace au congélateur. »

Peut-être était-ce dû à l'écusson du lycée sur son sweat-shirt, ou à l'assurance avec laquelle elle avait tendu la main, par-dessus le comptoir, pour serrer celle du propriétaire… Quoi qu'il en soit Rachel en imposait plus que la moyenne des adolescents hippies à la recherche d'un boulot. Quand elle avait décliné son identité, le visage du patron s'était aussitôt éclairé.

« Waouh ! La fille de Becca Meister ?

— Vous connaissez ma mère ?

— Je l'ai connue il y a très longtemps… »

Il s'était présenté – « Monsieur Fabbrizzio, appelle-moi Sal » –, et lorsque Rachel lui avait expliqué qu'elle avait des horaires très flexibles et qu'elle resterait à Long Harbor jusqu'à la toute fin des vacances, début septembre, il l'avait embauchée sur-le-champ.

« Tiens, mets ça pour venir travailler, avec un pantalon en toile ou un bermuda », lui avait-il dit en lui remettant trois polos à col rouge avec le logo de la boutique brodé sur la poche poitrine gauche. « Attache-toi les cheveux, et porte des tennis. » Son regard s'était mis à pétiller quand il lui avait décrit la folie qui commencerait quelques semaines plus tard.

« Je manque d'y laisser ma peau chaque année, s'était-il esclaffé, mais ça paie les factures et ça permet même de s'offrir quelques extras. »

Ce soir-là, au dîner, Rachel avait rayonné en décrivant son futur travail. Elle avait déjà appris par cœur les vingt-quatre parfums. Son père lui avait donné une tape sur le genou. « C'est formidable ! » Sa mère, elle, s'était raidie en faisant la moue.

« M. Fabbrizzio a dit qu'il te connaissait, maman. Tu n'en as jamais parlé !

— Ma famille vient ici depuis des années et des années. Beaucoup de gens me connaissent, ça ne signifie pas que la réciproque est vraie. »

Andrew avait voulu savoir s'ils pourraient avoir des glaces gratuites, ses amis et lui.

« Bien sûr que non ! » avait fulminé Rachel.

***

Camilla faisait partie de ces mères exigeantes : elle avait inscrit Sally et Walter à toutes sortes d'activités extra-scolaires – tennis, violon, cours de français –, dès leurs six ou sept ans. Rachel n'avait jamais pris ce genre de décision pour Sarah. Elle aimait voir sa fille trouver par ses propres moyens des sources de divertissement, aussi inédites, par conséquent, pour l'une que pour l'autre. Un après-midi pluvieux, Sarah, qui était montée dans le grenier pour explorer des vieilleries, avait mis la main sur une grande boîte en carton contenant une robe de cocktail en taffetas bleu. Elle l'avait essayée dans la chambre de Rachel. Oh comme elles avaient ri face à l'expression éberluée de Becca, lorsque celle-ci avait vu Sarah danser devant le miroir en pied.

La promenade mère-fille avait dû se terminer de façon prématurée. Sally revint la première et s'affala sur sa chaise de plage, avant de remettre ses écouteurs. Le fait qu'elle se révèle une adolescente rebelle procurait un grand plaisir à Rachel. À l'époque où ils étaient, son frère et elle, d'adorables bambins, Camilla les avait habillés en blouse à smocks et robe tablier pour leur faire tirer le portrait. Sally avait un grand ruban blanc dans les cheveux. Les tirages noir et blanc hors de prix avaient été offerts aux grands-parents, dans des cadres ravissants, et ils trônaient sur les étagères d'Eden. Sally et Walter ne pouvaient plus être déguisés et exhibés de la sorte aujourd'hui.

— Pourquoi il n'y a pas plus de jeunes de mon âge sur la plage ? s'enquit Sally.

— Les adolescents traînent vers la digue, à Long Harbor.

— Et c'est où ?

Sally cherchait déjà autour d'elle. Rachel lui indiqua la direction.

— Tout là-bas, près de la jetée. Les vagues sont plus grosses.

Rachel se souvenait de ses amies, qui y passaient tout l'après-midi ; les filles feuilletaient des magazines pendant que les garçons faisaient du bodysurf, jusqu'à ce qu'ils aient atteint le quorum nécessaire. Certains apportaient des serviettes ou des chaises de plage, mais la plupart s'asseyaient directement sur la digue et planifiaient leurs soirées, décidaient de la prochaine fête. Rachel savourait, aujourd'hui encore, la présence de grains de sable dans ses draps : ceux-ci la renvoyaient aux noubas sur la plage, théâtre de flirts et de baisers innocents.

Rachel travaillait chez le glacier avec deux jeunes qui fréquentaient la digue. Elle se rappelait très bien son excitation lorsqu'elle avait appris que ses parents partaient pour un mariage : elle s'était aussitôt avisée qu'elle allait pouvoir organiser une fête à Eden. Elle avait acheté le silence d'Andrew en début de semaine. Il s'était d'abord montré réticent, jugeant les amis de Rachel « bizarres », et lui avait demandé comment elle comptait échapper à la vigilance de Lilly. Rachel l'avait convaincu avec vingt dollars et la promesse de s'acquitter de ses corvées ménagères jusqu'à la fin de l'été. Elle misait sur le fait que Lilly serait captivée par la télévision, dans sa chambre, dès vingt et une heures. Elle dirait à ses copains que la fête débuterait trente minutes plus tard.

Ce samedi-là, elle s'était rendue à la digue à vélo, après le travail. Elle avait attendu le bon moment pour lancer, l'air de rien :

« On pourrait faire une soirée chez moi ce soir. » Dans l'après-midi, puis à l'heure du dîner, la nouvelle s'était répandue : les parents de Rachel Fitzpatrick étaient absents et il y aurait une fête à Eden. Aux environs de vingt-trois heures, Lilly était descendue – sans bruit grâce à l'épaisse moquette qui tapissait les marches de l'escalier principal – et était entrée dans l'office pile au moment où Rachel se trouvait, à quatre pattes, en train de sortir des bouteilles d'alcool du placard. Un garçon était assis à côté d'elle et lisait les étiquettes. Elle s'apprêtait à verser le contenu d'une bouteille de scotch dans un pot à mayonnaise quand Lilly l'avait apostrophée : « Rachel ! »

Au retour de Dan et Becca, le dimanche soir, Lilly leur avait brossé le tableau de la situation : la bande de jeunes sur la pelouse, la consommation effrénée d'alcool. Pourtant Rachel, à sa grande surprise, n'avait écopé que d'une punition légère. Ses parents étaient peut-être impressionnés par cette tentative d'ouverture à la vie sociale…

Camilla les rejoignit, la peau luisante de gouttelettes d'eau.

— L'océan est délicieux… un peu froid mais très rafraîchissant.

— Mmh, répondit Rachel sans quitter son livre des yeux.

Camilla vérifia que Sally était accaparée par sa musique avant de rapprocher sa chaise de celle de Rachel.

— Alors, tu penses que Sarah va l'épouser ?

— Pardon ? s'étonna Rachel en tournant sa page.

— Je veux parler du père.

Rachel se hérissa aussitôt et rougit.

— Il y a peu de chances. Je crois que leur aventure est terminée.

— Dommage…

Rachel se concentra sur son livre. Elle n'avait aucune envie de discuter de la grossesse de Sarah.

— Et sinon, comment va ta mère ?

Rachel finit par regarder Camilla.

— Comment ça ?

— Je veux dire depuis la mort de ton père.

— Aussi bien que possible, j'imagine.

Rachel n'avait aucune envie, non plus, de discuter de sa mère, surtout pas avec Camilla.

— D'après Andrew, votre père a laissé les finances dans un état critique et elle va être obligée de vendre Eden.

Qu'est-ce qu'elle racontait, enfin ? Rachel se félicita de porter d'immenses lunettes de soleil.

— Vendre Eden ? Mais non, non. Maman ne vendrait jamais Eden. Elle possède cette maison avec ses frères,

Camilla. Son père lui a confié le soin de veiller dessus. Elle ne peut pas décider de vendre Eden toute seule.

— C'est justement pour cette raison que Thomas et Ruth viennent ce week-end, non ? Pour commencer à débroussailler la situation ?

— Je… je…

Rachel détestait être maintenue dans l'ignorance, et disposer de moins d'informations que sa belle-sœur était la pire des humiliations imaginables. Elle en fut réduite au silence.

— Qui sait ? insista Camilla en agitant le bras vers l'océan devant elles. C'est peut-être ton dernier été ici.

24

LONG HARBOR
1939

Franchir le seuil de la maison fut difficile. Becca était encore hantée par le souvenir des bris de verre, de son père dont elle avait été séparée par le vent et les vagues déchaînées, de sa quasi-noyade dans la cuisine. Elle tendit le bras vers sa mère pour obtenir un soutien, mais ne rencontra que le vide. Celle-ci avait fait marche arrière et s'était adossée au cadre brut de la nouvelle porte. Elle retenait ses larmes.

— Ton père a eu beau me préparer, je n'aurais jamais pu imaginer une chose pareille…

Oubliant ses propres émotions, Becca se tourna vers sa mère. Elle chercha un moyen de la réconforter.

— Papa dit que tes photos sont toujours accrochées dans l'escalier de service et qu'elles n'ont pas été abîmées.

Cette nouvelle attira un vague sourire sur les lèvres de Sadie ; elle adorait ces clichés. Au bout de quelques instants, Becca sentit ses épaules se détendre : elle vit sa mère se redresser et lisser sa jupe, même si c'était d'une main tremblante.

— Ne t'en fais pas… Papa a dit qu'il rendrait à Eden son visage d'autrefois en un rien de temps.

Becca continuait à scruter les traits de sa mère.

— Bon, de toute façon, il faudra bien en passer par là tôt ou tard, dit-elle en glissant la main dans ses cheveux aplatis par le voyage.

— Viens, allons faire le tour.

Elle prit sa fille par la main et s'approcha lentement de la baie vitrée du salon. C'était un jour de printemps clément, au ciel dégagé, avec des nuages cotonneux à l'horizon. L'océan était calme, les vagues venant simplement lécher la plage. Même si les arbres de Bunny, ceux qui auraient dû être couverts de fleurs à cette période de l'année, avaient été arrachés par l'ouragan, Becca fut reconnaissante de pouvoir jouir de ce paysage apaisé.

Sa mère tira doucement sur sa main pour l'entraîner, sans précipitation, vers la salle à manger. Tout ce qui était trop abîmé avait déjà été débarrassé : meubles, tissus d'ameublement, tapis.

— Quel gâchis ! soupira Sadie en secouant la tête.

Becca ne voulut pas lui dire que si elle avait entendu le rugissement du vent ce terrible après-midi, elle comprendrait combien c'était un miracle que la maison soit encore debout.

— Eh bien je suppose qu'il va simplement falloir repartir de zéro, conclut-elle en passant le doigt sur le papier peint taché d'eau.

— Nous n'avons pas besoin de grand-chose, maman. Des sacs de couchage feront très bien l'affaire, ce sera comme si on campait !

Sa mère la considéra avec un sourire sceptique.

— Je ne crois pas que nous serons forcés de recourir à de telles extrémités, mon trésor. Ton père m'a certifié que les matelas à l'étage étaient en bon état.

— Oh, je préfère éviter de monter.

— Eh bien peut-être que tu pourrais convaincre l'un de tes frères de camper en bas avec toi. Tu pourras te réinstaller à l'étage quand tu seras prête, lui dit Sadie en poussant la porte battante de l'office.

Elle se pétrifia aussitôt et étouffa un cri.

— Oh, non ! La porcelaine de ma grand-mère.

Elle se mit à explorer le contenu d'une boîte remplie d'éclats de vaisselle.

— J'aurais préféré que ton père jette ça, au lieu de me le laisser sous le nez…

— Certains ont tout perdu, maman, lui dit Becca pour tenter de détourner son attention. Ils n'ont même plus de murs pour les protéger du vent. De toute façon, papa a dit que l'assurance allait couvrir les dépenses.

L'estomac de Becca se souleva lorsqu'elles se rapprochèrent de la cuisine.

— Je sais, ma chérie, répondit Sadie en la prenant par les épaules. Nous avons beaucoup de chance. C'est juste que la transmission a son importance dans une famille. Aucune assurance au monde ne pourra se substituer à un héritage.

Becca hocha la tête en silence. Sa mère s'apprêtait à pousser la porte de la cuisine.

— Je crois que je vais aller à la plage ! lança-t-elle en dépassant à toute allure l'évier et la cuisinière, sans quitter des yeux la porte qui donnait sur le jardin.

Elle ne voulait pas prendre le risque de réveiller d'autres mauvais souvenirs associés à ce jour dramatique.

— D'accord, mais ne rentre pas trop tard ! Avec Alice, nous allons avoir besoin de ton aide pour défaire les valises et préparer le dîner ! lui cria Sadie alors que Becca filait à toute vitesse vers les dunes.

Plus tard cet après-midi-là, son père et ses frères rentrèrent après avoir travaillé sur la façade de la maison. Leur démarche était lente, raide, et ils n'étaient pas très bavards.

— Demain, il y aura encore autant à faire, soupira Edward en s'affalant sur une chaise de la cuisine.

— Oh, allez, les garçons ! Ce sont juste quelques travaux manuels, les secoua leur père en se servant un scotch sur le plan de travail.

Robert sortit des bières du réfrigérateur, et en lança une à chacun de ses deux frères.

— Les garçons, vous êtes dans le passage, leur dit leur mère en ouvrant la porte du four. Nous préparons des poulets et je dois vérifier qu'ils rôtissent bien.

Becca sourit en voyant ses parents et ses frères tous réunis dans la cuisine chaude, qui embaumait le poulet et le romarin.

— Robert ? demanda-t-elle à la fin du dîner, alors que son frère s'apprêtait à sortir de table, sans doute pour aller se coucher.

— Oui ? répondit-il en s'immobilisant, tenant son assiette, dans laquelle il n'avait pas laissé une miette.

— Tu veux bien camper dans le salon avec moi ?

— Camper ?

— J'ai peur de monter, et j'ai peur de rester toute seule au rez-de-chaussée, expliqua-t-elle alors que des larmes lui embuaient les yeux.

Il la considéra avec sympathie : elle n'avait pas besoin d'en dire plus, il avait affronté la tempête avec elle.

— Bien sûr, princesse.

Bunny leur donna à chacun une tape sur l'épaule en allant déposer son assiette dans l'évier.

Dans le bureau de leur père, après avoir joué aux cartes en famille sur une table de fortune, ils installèrent leurs sacs de couchage près de la cheminée. Un petit feu continuait à y brûler, et ses braises fumantes chassaient l'humidité glaciale du printemps. Becca sentait qu'elles projetaient une lueur sur son visage.

— C'est amusant, dit-elle.

— Peut-être, répondit Robert. Ce qui est sûr, c'est que mon dos, lui, n'est pas de cet avis.

Becca gigota jusqu'à trouver une position confortable. Au bout d'un moment, ses yeux s'accoutumèrent au noir.

— Bobby, tu te souviens quand tu m'emmenais sur les dunes chercher la maison des lapins ?

— Ha ha ha ! Tu n'oublies rien, toi !

— Tu crois qu'ils ont survécu à l'ouragan ?

Il ne répondit pas immédiatement, et Becca reprit :

— Parce que des tas de gens ont disparu, et les bateaux de pêche ne sont jamais rentrés au port. Je n'arrête pas de penser aux lapins, à l'eau qui a dû envahir leur terrier et noyer leur famille.

— Becca, je crois que les mamans lapins ont senti l'ouragan arriver et ont emporté leurs bébés très loin avant que les vagues n'inondent les dunes.

— Elles ont dû aller vraiment très loin alors.

— Pas forcément… Il leur suffisait de prendre de la hauteur. Les animaux ont un sixième sens pour ça. La nature est bien faite.

— Tu es sûr ?

— Sûr et certain.

— Et est-ce que nos lapins reviendront vivre à Eden ?

— Évidemment. Mais si tu veux t'en assurer, tu devrais peut-être leur déposer des carottes dans le jardin. Le potager de papa risque de ne pas être très attrayant cet été…

***

Le lendemain soir, au dîner, Bunny détailla l'ordre dans lequel les réparations allaient être effectuées. Les frères de Becca n'étaient pas très attentifs, ayant déjà entendu ce discours une centaine de fois. La fillette comprit alors que c'était à elle, spécifiquement, que son père s'adressait.

— Tout va bien maintenant, ma princesse. Tu n'as plus aucune raison de t'en faire.

Il expliqua que l'eau avait mis en péril certaines parties d'Eden, qui avaient été remplacées, notamment le dortoir du premier. À l'endroit où le parquet avait gonflé, où les plafonds avaient goutté, ils avaient creusé jusqu'à la racine du mal, pour s'assurer que la structure de la maison demeurait intacte.

Au lieu d'embaucher des ouvriers qui grouilleraient sur la propriété comme une colonie de fourmis, ainsi qu'ils l'avaient fait pour la construction d'Eden, à l'origine, Bunny et ses fils avaient effectué eux-mêmes l'essentiel des travaux. Monsieur P. avait aussi troqué son tablier contre un marteau cet été-là, et aidé Bunny à réunir une petite équipe. Ils avaient passé une commande de matériel à Pittsburgh, tant la demande locale était forte.

Même Thomas mit de côté son costume de businessman pour participer. Sadie hurlait dès qu'elle le voyait juché sur une échelle.

— Laisse Edward et Robert s'en charger ! Tu ne devrais pas monter là-dessus !

Elle s'en prit à Bunny, qu'elle jugeait inconscient.

— Bonté divine, je te croyais plus intelligent que cela ! Il faut que je te rappelle que Thomas suit un traitement ? À quoi penses-tu, enfin ?

Alice confectionna des housses de protection. Becca était en charge du nettoyage des murs et des plinthes avec du vinaige blanc et de l'eau de Javel pour éliminer les moisissures qui s'étaient étendues pendant l'hiver. Le soleil fut d'une grande aide : ils vécurent portes et fenêtres ouvertes pour permettre au plâtre humide des murs de sécher, avant de peindre les nouveaux encadrements. Quand Becca se fut acquittée de ses missions à l'intérieur, elle s'attaqua au jardin de son père.

Ils mettaient les oreillers à blanchir au soleil, et déposaient tout ce qu'ils ne pouvaient pas récupérer au bord de la route, en tas, pour que les familles dans une situation bien plus critique que la leur puissent se servir. Au lieu de consacrer ses après-midis à boire le thé avec ses amis, Sadie s'affairait dans la cuisine, préparait d'énormes fournées de nourriture pour tous les travailleurs. Elle portait le grand tablier blanc de Monsieur P. et maniait avec beaucoup d'agilité la poêle à frire. L'huile éclaboussait l'émail autour des brûleurs de la grande cuisinière. Becca s'émerveillait de ce spectacle, le rôle de sa mère en cuisine s'étant jusqu'à alors limité au choix des menus et à la composition du centre de table. Becca en avait toujours déduit qu'Alice et Monsieur P. étaient les seuls de la maisonnée à posséder de tels talents.

— Je ne savais pas, moi, que tu cuisinais.

— Ne sois pas bécasse, bien sûr que je cuisine, lui répondit sa mère en retenant un rire. Ces choses-là se font d'instinct !

Becca plongeait les morceaux de poulet dans la pâte avant de les confier à sa mère ; celle-ci courait dans tous les sens, retournait la viande et vérifiait que la chair était dorée à point. Becca se léchait les doigts en se délectant de la chaleur appétissante qui régnait dans cette pièce, vibrante de l'énergie maternelle.

Une fois que le repas était prêt, Becca sonnait une grande cloche d'école ; son père et ses frères affamés descendaient du toit pour venir s'asseoir autour des longues tables installées sur une portion de pelouse bien plate. Le bruit de leurs scies et de leurs marteaux se suspendaient une heure, tandis qu'ils plantaient leurs dents dans un bon repas.

Au coucher du soleil, les hommes s'essuyaient le front et rangeaient leurs outils pour la nuit. La peau de leurs nuques et de leurs dos brunissait à vue d'œil. Sadie massait les épaules de Bunny à la fin de la journée.

— Je ne suis plus aussi jeune qu'avant, moi, grommelait-il.

Trente-huit habitants du coin avaient perdu la vie dans l'ouragan – pour un total de quatre cent trente-trois victimes dans tout l'État du Rhode Island. Becca assista à l'ensemble des cérémonies commémoratives à la chapelle de Long Harbor avec sa famille, même si sa mère aurait préféré qu'elle reste à la maison. Becca éprouvait le besoin d'être présente. Elle était l'une des rares à avoir vécu la catastrophe, et il lui fallait tous ces sermons et tous ces hymnes, toutes ces larmes versées pour parvenir à se défaire des émotions qui la submergeaient. Chaque fois qu'elle se dirigeait vers la chapelle depuis la butte sur laquelle était érigée Eden, elle devait se confronter à la pointe de sable dénudée qui fermait le port et repenser à cet après-midi où les demeures de Fort Point avaient disparu dans l'océan.

Elle commença un journal.

Les cérémonies qui se succèdent sont tellement tristes... Elles se ressemblent par beaucoup d'aspects, mais chaque fois c'est une famille différente qui est assise au premier rang, en noir. Nous pleurons pour tout le monde, sans distinction. Et je me sens mal, parce que dès que nous sommes à la maison, je suis heureuse. Tout le monde est là, vraiment là – ils œuvrent à la reconstruction d'Eden au lieu de sortir le soir avec des amis. Papa et maman ne vont plus à des cocktails. Avec tous les enterrements, ça ne serait pas de bon goût. Nous faisons quelques parties de Dame de pique avant de nous écrouler dans nos lits. Avec Bobby, nous campons dans le bureau de papa. Les autres ne comprennent tout simplement pas à quel point c'était effrayant. Mais maman rit à nouveau. Et elle laisse papa la prendre dans ses bras.

***

Puis tout s'arrêta un après-midi que Becca rentrait en sautillant dans la cuisine, avec un panier de myrtilles sauvages.

— On peut préparer une tarte ? s'exclama-t-elle.

— Chut ! lui dit sa mère en lui indiquant la radio.

Son père et ses frères étaient assis tout autour, eux aussi, dans un silence religieux. Il y avait une guerre en Europe. À compter de ce jour, la radio resta allumée nuit et jour. Becca prit l'habitude de jouer au solitaire. Elle feignait de ne pas entendre la voix masculine qui sortait des haut-parleurs, mais guettait les regards inquiets de sa mère, auxquels son père répondait d'une caresse tendre sur l'épaule. Celle-ci quittait la pièce avant la fin de l'émission. Becca l'entendait faire les cent pas dans l'office, et ranger la vaisselle en l'entrechoquant.

Un jour, elle surprit une conversation téléphonique entre sa mère et Mme Notman.

— Tous nos garçons ont l'âge requis…

Puis un silence pendant que Mme Notman parlait.

— On leur demandera d'aller se battre…

Le ventre de Becca se serra. Sa mère se tapota les yeux avec un mouchoir.

— C'est exactement ce qui est arrivé à mes frères pendant la Grande Guerre.

25

LONG HARBOR

Vendredi 3 juillet 1998

Lilly faisait l'expérience de cet éternel regain d'énergie qu'elle éprouvait dès qu'il y avait du monde à Eden. Elle versa de l'eau dans la cafetière dès son entrée dans la cuisine, pendant que, dans son esprit, infusait l'itinéraire de ses courses. Elle rinça les assiettes du petit déjeuner plus rapidement que de coutume, puis coinça son portefeuille dans le pli de son coude. Elle se dépêcha de quitter la maison avant que Becca ne redescende de sa douche. Le fait de ne pas lui avoir parlé de la lettre pesait lourd sur sa conscience, et Lilly craignait que le tic nerveux qui agitait le coin de son œil ne la trahisse.

De plus, elle n'avait aucune envie d'avoir une nouvelle discussion avec elle sur le choix des fournisseurs. Lilly avait une préférence pour Dade, la vieille coopérative familiale dans le centre de Westfield, où la famille avait toujours eu un compte, mais les amies de bridge de Becca s'extasiaient sur le choix offert par l'hypermarché qui venait d'ouvrir sur la Route 1. « Apparemment, ce serait moins cher, aussi », avait ajouté Becca en se raclant la gorge et en rallongeant la liste de courses de quelques lignes.

Lilly serra la barre en plastique du chariot en entrant dans le rayon des fruits et légumes. Elle sortit ses loupes, cachées sous la lettre d'Edward. En tâtant les citrons verts, elle se remémora Becca et ses frères lors de son premier été à Eden. Elle les avait connus alors qu'ils étaient de jeunes adultes, encore les enfants de la famille, avait célébré avec eux des événements heureux, et pleuré des événements malheureux, elle les avait aidés à élever leurs enfants. Elle n'aurait jamais pu penser à cette époque que ce serait aux côtés de Becca qu'elle vieillirait. La vie était si imprévisible… Elle choisit des pamplemousses, des bananes, puis posa son portefeuille sur le siège du chariot.

— Bonjour, Ron, dit-elle à l'homme grisonnant qui tenait le comptoir de la boucherie.

Il avait autant d'ancienneté qu'elle. Au début, elle avait rougi à ses remarques charmeuses, avant de le voir faire des clins d'œil à d'autres clientes. Il garda le paquet de steaks une seconde de trop, la forçant à croiser son regard.

— Bon week-end ! lui lança-t-elle en poussant son chariot vers la fromagerie.

La cliente qui lui succédait était une amie de Becca, Mme Bancroft. Parfaitement coiffée, elle portait un pull en V pêche orné du blason du Paupanaug Club sur la poitrine. Elle réclama toute l'attention de Ron, l'enjoignant à importer enfin son *prosciutto* préféré de Manhattan, au moins pour l'été. Lilly gloussa en repensant au ton ampoulé de la femme pendant qu'elle cherchait, parmi les fromages raffinés, le brie dont Becca raffolait. Lilly avait déjà servi Evie Bancroft d'innombrables fois à Eden, mais se concentrer sur les courses leur évitait à toutes deux d'avoir à se saluer. Lilly détestait ça, quand les amies snobs de Becca faisaient mine de ne pas la reconnaître.

Mme Bancroft lui rappelait Sadie, si engluée dans son univers qu'elle en oubliait parfois la gentillesse élémentaire. Sadie se mettait dans tous ses états, les premières années, lorsqu'elle se préparait avec une grande fébrilité à recevoir Ruth, Becca et ses petits-enfants. Elle exigeait que Lilly vive dans la pouponnière, ce qui privait la jeune femme de toute intimité – Alice voulait les quartiers des domestiques pour elle seule. Il arrivait que Sadie snobe ce pauvre M. Meister aussi. Une seule chose lui importait : être grand-mère, et rapporter des friandises du village aux jumeaux de Ruth.

Lilly mit dans son chariot une grosse boîte d'œufs, plusieurs litres de lait, du jus d'orange, du beurre… La liste était encore longue. Elle avait quasiment oublié les quantités nécessaires pour nourrir une maisonnée entière. Alice se chargeait de presque toutes les courses au début, et de la cuisine. Lilly s'occupait des enfants. Les garçons étaient faciles, mais petite déjà Rachel était boudeuse. Lilly devait la convaincre d'abandonner l'ombre du parasol. « Viens jouer dans l'eau avec les garçons. » Les petites filles formaient des bandes sur la plage dès le plus jeune âge, riant ensemble avec leurs seaux et leurs pelles. Cela attristait Lilly que Rachel n'ait que peu d'amies.

Rachel avait toujours été une préoccupation pour elle, et cette histoire avec Sarah, cet été, compliquait encore les choses. Enceinte, sans mari, la jeune femme avait besoin d'une mère compréhensive. Et Rachel pouvait se montrer si entêtée… Heureusement qu'il y avait Becca.

Elle s'était révélée une grand-mère très patiente. Sarah et Becca étaient de la même étoffe : matinales, elles aimaient se promener sur la plage ensemble. Sarah donnait même un coup de main au jardin. « La serviabilité a sauté une génération, apparemment », aimait souligner Becca.

D'un autre côté, si Lilly était parfaitement honnête avec elle-même, on ne pouvait pas dire que Becca avait été une mère très affectueuse ou attentive avec sa propre fille. Et c'est pourquoi l'exaspération de Rachel ne faisait que se renforcer lorsque, assise sur le rebord de la fenêtre de sa chambre, elle regardait Sarah et sa mère ramasser des tomates ou couper des fleurs avec complicité. Lilly s'efforçait de la réconforter.

« Les relations mère-fille sont souvent compliquées, lui avait-elle dit un jour, en posant une théière sur son bureau. C'est d'ailleurs pour cette raison que je suis partie de chez moi à seize ans, et que je suis descendue du Maine avec des filles plus âgées pour trouver du travail. Le hasard a voulu que j'arrive à Long Harbor alors que Sadie venait de poser des annonces, elle cherchait quelqu'un pour seconder Alice.

— Lilly, je n'arrive pas à me sentir proche d'elle », avait répondu Rachel en griffonnant poème sur poème dans son journal intime qui courait sur plusieurs volumes.

Lilly comprenait son sentiment d'isolement au sein de cette famille. De son côté, elle n'avait jamais trouvé sa place parmi les autres employés de maison, si passionnés par les commérages. Ils avaient lâché quelques indiscrétions sur leurs employeurs dans l'espoir d'appâter Lilly, de la pousser à confier ce qui se tramait à

Eden. Se lier d'amitié avec eux serait revenu à trahir la famille Meister.

Par chance, Rachel avait fini par se trouver une bande d'amis, l'été où elle avait commencé à travailler dans la boutique de Sal Fabbrizzio, le glacier. Il avait engagé cinq jeunes, et deux d'entre eux deviendraient les meilleurs amis de Rachel à Long Harbor. Même les jours où elle ne travaillait pas, elle était attirée par l'atmosphère festive de Long Harbor : les touristes qui faisaient la queue pour le manège en mangeant de la barbe à papa et du pop-corn lui semblaient à mille lieues du Paupanaug Club, avec sa plage privée et ses courts de tennis.

Lilly s'attarda au rayon boulangerie, attirée par les différentes miches de pain de campagne, avec leurs graines de pavot et leur bonne odeur de levain. Abigail Waters, la cuisinière des Notman, arriva dans son dos et saisit deux baguettes, enveloppées d'un fourreau de papier blanc, dans un panier.

— Oh, Lilly ! C'est bien toi ?

Elle avait les yeux rouges et s'essuya le nez avec son mouchoir.

— Abigail ! Bonjour ! Tu fais des réserves pour le week-end ?

— Je vais te dire, j'en ai vraiment assez. Tu n'as jamais envie de passer les fêtes avec ta famille ?

Lilly hésita. Si les Notman étaient des amis proches du clan Meister, tout le monde savait qu'ils n'étaient pas commodes.

— Non, répondit-elle, même si ce n'était pas entièrement vrai.

Elle avait été sur le point de partir, un jour. Après tout, Rachel et Andrew étaient tous deux à la fac. Elle avait été jusqu'à écrire à sa sœur, veuve depuis peu, dans le New Hampshire, pour lui proposer un peu de compagnie. Elle s'apprêtait à annoncer la nouvelle à Becca et à Dan, à leur retour d'une visite à l'université de Cornell, lorsqu'ils lui apprirent qu'il allait y avoir un mariage.

« Un mariage ? Mais qui se marie ? avait demandé Lilly, éberluée.

— Rachel enfin ! Qui d'autre ? Elle va demander un congé sabbatique à Cornell pour épouser son petit ami. »

Lilly avait scruté leurs deux visages. Elle n'était pas au courant de l'existence de ce petit ami. Il lui avait fallu quelques minutes pour comprendre ce qui se passait. Elle avait alors perçu leur honte. Lilly n'avait pas mis de mots sur ce sentiment, elle s'était contentée d'organiser, avec entrain, le mariage, choisissant les fleurs, le menu, la tente qui serait dressée sur la pelouse.

« Il nous faut un grand barnum, histoire de marquer le coup pour notre Rachel, avait-elle suggéré.

— Ne soyez pas ridicule, Lilly, vous connaissez Rachel, lui avait rétorqué Becca. Elle est contre toutes les traditions ! »

Lilly avait beau connaître l'attachement de la famille Meister aux apparences, elle avait été choquée par la dureté de Becca.

En fin de compte, ils avaient célébré ce mariage dans l'intimité ; la cérémonie avait eu lieu sous la véranda, puis il y avait eu une petite réception dans le salon. Pas d'orchestre, un simple buffet de bon goût, avec du homard et de la salade César.

« Alors, à quoi il ressemble, ce Peter ? s'était enquise Lilly tandis qu'elle repassait des serviettes dans l'office.

— Sa famille possède une exploitation, en Californie. »

Becca avait prononcé ces mots sur le même ton que si elle avait annoncé qu'il était un extraterrestre.

Le jour où Lilly avait enfin fait la connaissance de Peter, elle l'avait tout de suite apprécié. Il était grand, avec un visage juvénile et des cheveux hirsutes. Il lui avait serré la main en entrant dans la cuisine. Il n'était pas ressorti aussitôt, comme la plupart des visiteurs. Il avait posé ses bagages et s'était approché de l'évier, avait accepté le thé glacé qu'elle lui offrait. Ils avaient admiré ensemble un nid de rouges-gorges juste devant la fenêtre, regardant les oiseaux qui apportaient les brindilles une par une.

Pendant la cérémonie, il avait attendu, hébété, près du pasteur, l'apparition de Rachel. Quand elle avait surgi, il était devenu aussi blanc qu'un linge. Sa mère avait dû se pencher vers lui pour lui rappeler de sourire. Cette journée avait donné du fil à retordre au photographe. Dan avait le visage fermé, et le père de Peter ne semblait pas plus heureux. Les seuls à sourire et rire étaient les invités, surtout les étudiants de Cornell qui avaient fumé de la marijuana et bu du vin sur la plage. Ils avaient apporté des disques et les avaient passés sur la platine de Dan dans le salon. Ils s'étaient amusés, avaient formé un cercle autour de Rachel et Peter pour danser autour d'eux. Certains étaient pieds nus et avaient des couronnes de fleurs sur la tête. Becca s'était plainte qu'ils avaient tous besoin d'une coupe de cheveux, mais sans leur présence la journée aurait été d'une tristesse sans nom.

Lilly avait réécrit à sa sœur pour l'informer qu'elle ne pouvait plus partir maintenant : Rachel était incapable de s'occuper seule d'un bébé.

***

Lilly signa la facture, puis demanda à la caisse que quelqu'un l'aide à porter les courses jusqu'à la voiture. Un garçon chargea les sacs un par un dans le coffre de la Lincoln pendant qu'elle cherchait quelques pièces dans son porte-monnaie. Elle vérifia ensuite la liste et constata qu'Andrew avait ajouté, de son écriture irrégulière : « Vodka, scotch, vin blanc. » Lilly grommela, elle détestait acheter de l'alcool.

— C'est pour accompagner quel genre de nourriture ? lui demanda le caviste.

— C'est pour un cocktail.

Pendant qu'il la conseillait, Lilly se souvint de la façon dont Bunny Meister aimait aligner les bouteilles de vin sur le buffet avant un grand dîner. À la mort d'Alice, Lilly devait avoir dix-huit ou dix-neuf ans. Elle avait commencé à prendre en charge le service dans la salle à manger. Bunny lui avait expliqué avec beaucoup de gentillesse comment déboucher une bouteille et comment servir le vin pour ne pas faire de tache sur les nappes de Sadie. Elle se souvenait encore du sourire fier qu'il lui avait adressé en la voyant se pencher par-dessus les convives pour remplir leurs verres en terminant par un léger mouvement du poignet.

***

Le caviste installa les caisses de vin sur la banquette arrière. Lilly n'avait plus qu'à passer au pressing. Même par cette chaleur, Becca s'enorgueillissait de rester impeccable, avec ses sempiternels twin-sets et perles. Elle était toujours superbement habillée lorsqu'ils recevaient, Dan et elle, à l'époque où une invitation à Eden représentait l'apogée d'une carrière mondaine. Becca répétait toujours à Lilly qu'elle n'aurait jamais réussi à être une aussi bonne hôtesse sans elle.

Becca avait ce genre de prévenance, elle avait même aidé Lilly à se débarrasser de son accent du Maine alors qu'elles faisaient l'argenterie et rangeaient l'office. Elle lui avait appris à prononcer « tomâte » et « sâlle de bains » de façon prétentieuse, elle lui avait montré comment préparer de petits sandwiches au concombre et à l'aneth pour ses parties de bridge. Chaque année, Long Harbor publiait son Bottin mondain, et Becca y cochait les noms de leurs invités avec un feutre, comme Sadie avant elle.

Elle donnait l'impression de chercher à rendre sa mère fière, de s'acquitter d'une dette envers Bunny et Sadie en dédiant sa vie à Eden – ou plutôt à Long Harbor. Ses frères n'avaient jamais montré le même dévouement qu'elle à la propriété familiale. Après la disparition de Bunny et de Sadie, l'épouse d'Edward avait tenté de semer le trouble. Ce jour-là, Lilly était dans le salon pour rassembler les verres vides à l'issue de la réception en l'honneur de Sadie, et Beth s'était tue en l'apercevant. Ce qui n'avait pas empêché Lilly de saisir l'essentiel : l'idée était de vendre Eden et de partager les bénéfices. Becca s'était opposée à cette idée avec virulence. À la connaissance de Lilly, le sujet n'était pas revenu sur la table… enfin, bien sûr, il y avait ce fichu courrier d'Edward.

***

Lilly regarda sa montre juste après s'être garée devant Eden. Les courses lui avaient pris toute la matinée et même un peu plus. Becca la guettait derrière la porte moustiquaire.

— Vous êtes partie si longtemps, il faut qu'on s'active ! Tenez, laissez-moi vous aider…

Remarquant le logo sur les sacs de courses, Becca se renfrogna.

— Oh, mais vous avez été chez Dade ? Vous avez dû dépenser une fortune…

Lilly perçut la nervosité dans la voix de Becca. Elle devrait encore attendre pour lui parler d'Edward et de son courrier.

26

PITTSBURGH
1941

Le nouveau poste de radio de Sadie était enfermé dans un meuble en bois ciré avec un treillis métallique en façade, et il occupait une place d'honneur dans le salon de Lancaster Fells. Elle tourna les boutons en cuivre luisant pour écouter les nouvelles après le dîner, comme tous les soirs de cet hiver 1941, avant de s'asseoir dans le salon avec Bunny, Thomas et Kitty.

— Becca, c'est l'heure d'aller te coucher, lui dit-elle.

L'adolescente embrassa tout le monde puis monta au premier. Sadie ne voulait pas qu'elle entende les informations : elle était trop jeune pour saisir la gravité de la guerre qui menaçait. Elle redoutait qu'une déclaration du président Roosevelt ne condamne ses fils à partir au combat. Cette perspective la pétrifiait ; le cauchemar de sa mère était destiné à se répéter. Elle soupçonnait Robert et Edward, avec ce sentiment de puissance et d'immortalité lié à la jeunesse, d'aborder ces nouvelles avec ce courage et ce sens du devoir dont ils avaient fait preuve après l'ouragan à Long Harbor.

— Nous ne devrions pas nous mêler des affaires européennes, fulmina Bunny. Notre pays ne s'est pas encore remis de la Grande Dépression, comment peut-il imaginer mobiliser des troupes ?

— Chut ! souffla Sadie, qui détestait quand son mari parlait pendant qu'elle écoutait la radio.

Le présentateur décrivit les progrès de l'Allemagne en Europe, après des victoires écrasantes en France et en Pologne. L'implication des États-Unis devenait inévitable.

— Le président Roosevelt s'est engagé officiellement à livrer des armes américaines aux forces alliées, observa Thomas. C'est presque une déclaration de guerre en soi.

Sadie était incapable de ne pas s'inquiéter pour ses fils. Edward était banquier chez J. P. Morgan. Il jouissait de son indépendance à Manhattan, où il partageait un appartement avec deux amis de l'université et où, à la sortie du travail, il faisait la tournée des endroits à la mode avec ses amis de Wall Street.

Robert, lui, était toujours à Yale et était tombé fou amoureux d'une certaine Ruth, qui étudiait dans une université voisine et qu'il avait rencontrée lors d'une soirée le premier week-end de l'année scolaire. Dès que la saison de football avait été terminée, il avait pris l'habitude de se rendre, presque tous les week-ends, à Northampton. Il logeait dans un meublé à la bordure du campus de Smith, où vivait Ruth. Il avait écrit à ses parents : « Elle est intelligente et studieuse, très drôle, tout en ayant un côté oiseau de nuit. Elle adore le cinéma. Elle a des cheveux bruns, des yeux noirs et un beau sourire. Elle m'a fait découvrir de nouveaux auteurs, de nouveaux plats et, hier soir, Carole Lombard dans *Mon homme Godfrey*. »

Bunny n'avait pas caché son désarroi de voir son fils passer autant de temps avec une fille au lieu de se dédier entièrement à ses études. Sadie attribua d'ailleurs à l'arrivée de la dernière lettre de Robert l'agitation de son mari, ce lundi de décembre à l'heure du déjeuner. Il la fit venir dans le salon et lui demanda de s'asseoir à côté de Kitty et de Thomas, avant de monter le volume de la radio. Le président Roosevelt s'exprimait avec gravité.

— Doux Jésus, soupira Sadie, oubliant que Becca se trouvait derrière elle.

Le président expliquait que le Japon avait lancé une attaque sur Pearl Harbor. Elle se tordait les mains, les yeux rivés sur la grille de la radio. Pour le président cette « date resterait tristement célèbre ». C'était le coup de grâce. Sadie se blottit contre Bunny alors que la voix grésillante de Roosevelt déclarait la guerre. Il y aurait des combats dans le Pacifique et plus seulement en Europe.

— J'irais m'engager dès demain matin, annonça Thomas.

— Ne sois pas ridicule. Tu ne peux pas faire ça, lui répliqua Sadie en se tamponnant les yeux avec un mouchoir.

— Et pourquoi ça ? riposta-t-il en lui jetant un regard noir.

— Ta mère a raison. Tu ne pourras pas être déclaré apte physiquement. Mais, Thomas, il y a beaucoup de choses que nous pouvons faire pour aider ici.

— C'est ce qu'on verra ! lança le jeune homme en disparaissant dans les escaliers d'un pas furieux.

Il rentra du bureau de recrutement militaire de Pittsburgh le lendemain après-midi, dépité. Sadie en déduisit que les médecins avaient confirmé les prévisions de Bunny – et qu'ils n'avaient pas livré leurs conclusions avec autant de diplomatie que ce dernier. Elle vit la maladie de son fils passer du statut du secret bien gardé à celui de handicap référencé. Elle vit ensuite le désespoir de Thomas s'approfondir lorsque ses frères cadets et ses amis purent s'engager. Le fait qu'un jeune homme de vingt-six ans apparemment en bonne santé reste à Pittsburgh ne manquerait pas de susciter des commérages.

Sadie avait jeté son dévolu sur l'unique week-end du printemps où ils pourraient tous se réunir à Eden entre les classes, expéditives, de Robert et Edward, et leur départ au combat. Les choses ne se déroulèrent pas exactement selon ses plans, Thomas ayant décidé de rester à Pittsburgh, et Robert ayant souhaité venir accompagné de sa petite amie.

Monsieur P. concocta un dîner de fruits de mer, servi sous la véranda, le samedi. La soirée était fraîche, et tout le monde était emmitouflé dans des pulls. Sadie observa les profils joyeux et les yeux scintillants de la tablée. Elle les regarda se régaler de homard, lécher le beurre sur leurs doigts, vider des bouteilles de bière, avant de se resservir d'épis de maïs et de chips. Ils continuaient à vivre comme s'ils n'avaient pas le moindre souci au monde.

Sadie s'attarda sur le sourire de Becca, à l'autre bout de la table, riant aux plaisanteries de son frère et posant sur Ruth un regard d'admiration béate. Soudain, sa gorge se serra. La pauvre Becca, qui riait de bon cœur comme n'importe quelle adolescente de treize ans, n'imaginait pas combien les nuages qui menaçaient à l'horizon étaient sombres.

— Aide-moi à débarrasser, s'il te plaît, lui demanda Sadie, éprouvant le besoin de lui serrer un peu la bride.

Sa fille lui obéit de bon cœur et emporta deux assiettes à la cuisine.

— Même si nous sommes tous réunis à Eden, lui dit Sadie pendant qu'elles rinçaient la vaisselle dans l'évier, je crois qu'un peu plus de gravité siérait mieux aux circonstances. Toute cette légèreté en temps de guerre est un manque de respect, de patriotisme.

— Pourquoi est-ce que tu ne t'en prends pas aux garçons ? Ce sont eux qui font des blagues, pas moi.

— Becca, est-ce que tu mesures un peu ce que tes frères s'apprêtent à affronter ? C'est à toi de faire preuve d'un peu plus de retenue.

***

Durant toute la guerre, Sadie fut un modèle de décence. Comme ses voisins, elle plongeait la maison dans le noir le soir, elle économisait l'essence de la voiture et réduisait leur consommation de viande, de sucre, de beurre et de café. Elle se vantait que Bunny cultivait déjà son potager bien avant la mode des jardins de la victoire.

Même s'ils se cognaient aux meubles et trouvaient le chemin de leur lit à la lueur d'une lampe de poche, Sadie était heureuse à Eden. La plupart des Américains n'osaient plus se rendre sur la côte est, de peur que les Allemands ne traversent l'Atlantique. Sadie n'en avait cure : elle se sentait plus proche de ses deux fils, postés à l'étranger.

Pendant toute la durée de la guerre, la vie mondaine de Long Harbor fut suspendue. Bunny et Sadie restaient chez eux, dînant avec Becca ou, parfois, les Notman, dont les fils étaient aussi partis au combat. Parfois elle accompagnait Bunny sur le port pour regarder les rares régates de voiliers que le club nautique continuait à organiser. Les membres les plus âgés affirmaient que garder leurs flottes de Herreshoff au mouillage tout l'été était « une vraie mascarade ». Néanmoins, les bateaux ne s'aventuraient jamais très loin du port, et l'on n'utilisait pas de pistolet pour donner le départ. Tous les tournois de tennis furent annulés, ainsi que ceux de golf et les feux d'artifice. Becca raconta avoir vu plusieurs élèves militaires s'entraîner à des opérations amphibies sur la plage. Elle avait aussi repéré, ponctuellement, des sous-marins juste au-delà du phare.

Dès qu'elle tombait sur leurs cannes à pêche ou leurs clubs de golf, Sadie pensait à Robert et à Edward. Il fut presque plus facile de regagner Lancaster Fells, à l'automne ; là-bas elle ne croisait pas les photographies de ses fils dans l'escalier.

À Pittsburgh, Sadie et Becca se portèrent volontaires pour préparer des bandages et organiser des collectes de sang sous la houlette de la Croix-Rouge. Elles prenaient un dîner frugal dans la cuisine, pendant que Bunny et Thomas travaillaient tard aux bureaux du P&LE. Les réquisitions d'acier et d'autres matériaux utiles à la défense augmentaient la fréquentation sur leur ligne. Si le chemin de fer en tirerait, à l'arrivée, de jolis profits, l'accroissement de ses capacités impliquait des investissements. Bunny veillait jusqu'à une heure avancée, travaillant à la lueur de sa seule lampe de bureau, relisant les clauses de demandes d'emprunt et vérifiant les garanties des contrats qui les liaient aux usines d'acier et au gouvernement américain.

Alors que le train de vie des Meister se réduisait, Alice retourna dans sa famille pour s'occuper de ses parents vieillissants. Sadie ne chercha pas à la remplacer. Pour la première fois de sa vie, elle n'avait pas d'employé de maison et s'autorisa à revoir son niveau d'exigence à la baisse, aussi bien en matière de poussière que de vaisselle. Bunny passait le rare temps libre dont il disposait dans son jardin, pourtant et Lancaster Fells et Eden souffrirent de sa négligence.

Un après-midi d'été, Sadie trouva une Becca mélancolique, qui s'attardait dans l'escalier de service d'Eden, un panier de linge dans les mains. Elle s'était arrêtée devant la galerie de photographies en noir et blanc et indiqua un cliché qui représentait Sadie brandissant au-dessus de sa tête le trophée du championnat de tennis féminin de Paupanaug.

— Quand je te vois, là, j'ai l'impression que ce n'est pas la réalité.

— Cette photographie a été prise il y a une éternité, bien avant ta naissance.

— Je ne t'ai jamais vue faire du sport.

C'était celle qu'elle était avant le début des crises de Thomas, avant son séjour à Banford, avant la crise de 1929, avant l'ouragan et avant la guerre qui lui avait pris deux de ses enfants pour les conduire sur un autre continent. C'était dans une autre vie.

— Ça ne m'étonne pas, répondit-elle.

***

Un matin, Sadie entendit le bruit d'une lettre que l'on glissait à travers la fente dans la porte. Elle posa son ouvrage et se précipita dans l'entrée. La réception de courriers provenant d'Edward ou de Robert et qui l'informaient de l'évolution de la situation constituait désormais les temps forts de son existence. Elle déchirait les coins avec un soin particulier et dépliait précautionneusement la feuille de papier très fin. Elle relisait les lettres de ses fils un si grand nombre de fois qu'elle finissait presque par les connaître par cœur. Elle regrettait seulement qu'elles soient aussi brèves. L'armée n'autorisait qu'une seule page, pour que le courrier des soldats n'occupe pas trop de place dans la soute des avions.

Ce soir-là, Sadie coupa la radio et se planta au milieu du salon pour lire à voix haute, devant Bunny, Becca, Thomas et Kitty, la lettre qu'elle tenait à la main. Edward n'en dévoilait jamais beaucoup. Il mentionnait des faits, des dates et des coordonnées géographiques. Il se plaignait de la nourriture et du temps, et, surtout, il réconfortait ses parents : ils n'avaient aucune inquiétude à se faire. Il se disait impatient de rentrer pour faire une « nouba » d'enfer à Eden dès que possible. « Je vous écrirai quand il sera temps de mettre de la bière au frais ! »

En revanche, trois semaines s'étaient écoulées sans nouvelles de Robert. Sadie commençait à casser des assiettes par maladresse, elle faisait souvent les cent pas. Elle se rendait à la chapelle tous les jours pour allumer un cierge.

— Dieu, priait-elle, protégez-les. Vous pouvez me prendre, moi, mais par pitié laissez-leur la vie sauve.

Un soir où, après une émission radiodiffusée particulièrement alarmiste, elle se déshabillait, Bunny la surprit en entrant sans bruit dans la chambre.

— Chérie, j'ai téléphoné au Dr Hart. Il m'a prescrit quelque chose pour calmer tes nerfs. Si ça peut t'apaiser, ça nous aidera tous à nous détendre, en particulier Becca.

Il lui tendit un petit sachet en papier.

Sadie sentit la colère monter de son ventre. À la simple évocation du nom du Dr Hart elle serra les dents. Elle détestait que Bunny agisse dans son dos. Elle ferma les poings, ses ongles se plantèrent dans la paume de ses mains.

Elle aurait voulu passer sa rage sur son mari, toutefois elle se prêta à son petit jeu, sans lui pardonner cependant de la suivre dans la salle de bains pour s'assurer qu'elle avalait bien les comprimés. Au réveil, le lendemain matin, elle était apathique et désorientée. Ces sensations lui rappelèrent ses premiers jours à Banford. Elle jeta le contenu de la fiole dans les toilettes, préférant l'épreuve de la souffrance dans toute son intensité à cette sensation d'anesthésie.

***

Par un frais après-midi à Long Harbor, trois ans après le départ de ses fils, Sadie reçut deux télégrammes. Elle était pleine d'espoir depuis que la victoire avait été déclarée. Elle fondit en larmes lorsqu'elle découvrit les mots l'informant que ses deux fils rentreraient dans les mois à venir. Elle courut à la chapelle, ses joues rouges trempées, pour réciter une prière de remerciement. De retour à Eden, elle trouva Bunny dans le jardin et lui montra les télégrammes, chiffonnés tant elle les avait serrés dans ses poings.

Ils s'étreignirent puis rentrèrent dans la cuisine. Sadie ne prit pas la peine de s'essuyer les joues ou d'arranger sa coiffure. Elle pleurait et souriait à Bunny en même temps. Quand Becca les rejoignit et apprit la nouvelle, ils se laissèrent tous trois griser par le soulagement et l'euphorie, virevoltant et sautant, avant que Sadie et Becca ne s'écroulent dans les bras de Bunny.

27

LONG HARBOR
Vendredi 3 juillet 1998

Sarah n'aurait jamais soupçonné qu'elle pourrait un jour se lasser de sa chambre à Eden, toutefois, le repos prescrit par le médecin avait cette conséquence. Elle avait toujours aimé les proportions douillettes de la pièce, à peine plus large que le lit simple collé contre le mur. Mais c'était avant d'avoir un corps adulte qui souffrait de la vague de chaleur, avant de se voir prescrire du repos jusqu'à nouvel ordre.

Elle s'était installée dans cette minuscule chambre l'année de ses douze ans, venant s'y réfugier l'après-midi pour lire. Un jour pluvieux, elle avait découvert les quartiers des employés, et elle avait pris l'habitude de regagner cet étroit couloir au parquet en pin pour se cacher dans une chambre vide dès qu'elle aspirait à la solitude. Elle riait sous cape en entendant ses grands-parents l'appeler et la chercher partout. Sa mère, elle, savait toujours où la trouver. « Je faisais pareil quand j'avais ton âge. Si tu veux disparaître dans cette famille, il suffit d'aller chez les domestiques. »

Sarah avait fini par transformer les longs après-midis de lecture en nuits, et avait pris l'habitude de dormir dans ce nouvel endroit, jusqu'à ce que la chambre devienne officiellement la sienne. « C'est un peu comme si tu avais une squatteuse », avait plaisanté son grand-père un matin que Lilly demandait, au petit déjeuner, si cette installation était permanente.

Dans les étagères encastrées au-dessus de la tête du lit, elle avait rangé ses livres préférés, notamment *Le Petit Monde de Charlotte*. Le couvre-lit en coton doux était assorti aux rideaux blancs, également brodés d'un fin fil rose pâle répondant à la couleur des murs. De l'autre côté du couloir, la chambre de Lilly était menthe, comme si les domestiques étaient naturellement attirées par les tons pastel des parfums de glaces. Lilly laissait la porte ouverte, la nuit, pour permettre à l'air de circuler, et Sarah aimait apercevoir sa silhouette voûtée lorsqu'elle se rendait aux toilettes dans le noir. Elle aimait aussi être réveillée par sa grand-mère, qui s'affairait dans la cuisine juste en dessous avant de sortir pour sa marche quotidienne.

Sarah s'extirpa de son lit : elle avait besoin de faire un tour aux toilettes. Elle se sentait raide, son horloge interne était déréglée. Elle somnolait la plupart de la journée et était éveillée la nuit, agitée, pensant au week-end qui approchait. En regagnant sa chambre, elle aperçut la pleine lune « des fraises » par sa fenêtre. Elle était suspendue au-dessus de la surface de l'eau comme un visage, presque jaune, et si grosse qu'elle remplissait tout le carreau. Le journal de la veille annonçait que cette lune, qui suivait de près le solstice d'été, paraîtrait plus importante à l'œil nu et provoquerait de grandes marées. Les eaux monteraient et accroîtraient la pression ; cette tension sous-jacente avait le pouvoir de tout imprégner. *Exactement ce qu'il nous fallait,* songea Sarah.

Elle repensa aussi à l'introduction de l'horoscope lu dans un magazine, il y était question de la lune estivale, cause de sentiments de vulnérabilité et d'émotions à fleur de peau. Était-ce pour cette raison qu'elle se trouvait au bord des larmes à longueur de journée ? Que sa mère se montrait aussi intransigeante avec elle ? Et que sa grand-mère les faisait tous attendre pour sa révélation monumentale ?

Sarah récupéra son carnet et son stylo sur sa table de chevet, ainsi que sa calculatrice. Loyer, nourriture, vêtements, baby-sitting… Elle calcula ce qu'il lui fallait gagner, et c'était bien plus que ce que lui offrirait l'université. Ce serait quasiment impossible sans l'aide financière de sa grand-mère. Et comment allait-elle pouvoir terminer sa thèse ? Les offres de postes avaient été publiées par la fac, et elle aurait déjà dû se mettre sur les rangs. Elle réussirait sans doute à se dégager du temps pour la recherche, néanmoins elle ne voyait pas comment elle pourrait assumer les responsabilités attendues d'une doctorante dispensant des heures de cours. Pourrait-elle obtenir un délai ? Peut-être avait-elle intérêt à appeler son directeur de thèse pour en discuter avec lui ? Ha ha ha ! Certainement pas quand ce directeur était Alistair…

Oh, Alistair… Elle lui avait écrit une lettre, ainsi que sa grand-mère le lui avait suggéré, pour lui demander s'il serait prêt à monter de New York afin qu'ils puissent discuter ensemble de la situation. Elle l'avait confiée à Lilly hier. Penser à lui ne la mettait plus en colère. Il lui manquait, même. Elle ne serait pas surprise qu'il ne réponde pas, mais sa grand-mère avait raison : ça valait le coup de tenter le tout pour le tout. Elle posa une main sur sa poitrine et laissa le carnet et la calculatrice tomber par terre.

Elle rejeta le drap dans lequel elle était entortillée pour regarder son réveil. D'ici quelques heures, Lilly ferait du bruit dans la cuisine. Becca sortirait Hennessy, et la famille d'Andrew prendrait le petit déjeuner. Peut-être iraient-ils à la plage ensuite. Sarah était sans doute en état de se joindre à eux... Elle pourrait rester tranquillement assise sur une chaise de plage. Elle n'oserait pas se mettre en maillot de bain. Elle n'avait que des deux-pièces, et même si son ventre était encore relativement plat, ses seins avaient tellement grossi qu'ils débordaient de tous les soutiens-gorge qu'elle possédait. Ou alors elle cacherait son maillot sous un paréo. *Dieu du ciel, je suis en train de me transformer en ma mère...*

Tout le monde dans sa famille aimait la plage, pourtant à cet instant Sarah rêvait d'une piscine, d'une eau paisible et cristalline, dans laquelle elle pourrait patauger sereinement, au lieu de redouter les vagues qui risqueraient de la renverser. Elle imagina la vapeur qui se dégagerait de son corps quand elle se plongerait dans le liquide turquoise. Son grand-père se retournerait dans sa tombe s'il savait cela, lui qui détestait les piscines. Il avait fait une de ces scènes le jour où l'une de ses amies du club de tennis l'avait invitée à une fête... autour d'une piscine.

« Qui peut bien avoir envie d'en construire une alors que l'océan Atlantique est à quelques pas ?

— Beaucoup de gens trouvent ça plus propre, l'eau est plus chaude et il n'y a ni algues ni méduses.

— Oh, balivernes ! Ne sois pas bête, Sarah, ne deviens pas une de ces créatures précieuses qui ne savent pas apprécier la nature. Tu es issue d'une lignée de gens robustes qui ne se baignent que dans l'océan. »

***

Sarah ferma les yeux et se concentra sur sa respiration, inspirant par le nez et étirant ses expirations. Un, deux, trois – elle comptait pendant ses inspirations pour chasser tout le reste de son esprit. Puis une longue expiration pour évacuer ses inquiétudes. Ça pourrait être amusant de passer une journée sur la plage. Elle avait quasiment été obligée de rester couchée depuis son arrivée à Eden. Elle n'aurait qu'à traverser la pelouse et prendre le sentier menant aux dunes. Elle emporterait un livre, partagerait un pique-nique avec les autres, et elle rentrerait si elle avait trop chaud. Elle irait bien, du moment qu'elle réussirait à dormir quelques heures.

Elle observa la lune. Laissant courir des doigts alanguis sur son ventre, elle finit par être emportée par le sommeil.

28

LONG HARBOR
Juillet 1945

Juste avant dix-huit heures, la voiture de Bunny s'engagea sur le chemin. Le rugissement du moteur fut suivi de coups de klaxon ainsi que d'un concert de cris et de braillements. Becca dévala l'escalier et franchit la porte d'un bond. Deux hommes, qui semblaient bien plus vieux que ses frères, sortirent du véhicule en courbant la tête. Était-ce vraiment Robert et Edward ?

Sadie s'écria :

— Mais qui sont ces deux magnifiques hommes ?

Ils embrassèrent leur mère à tour de rôle, puis soulevèrent Becca de terre pour la faire tourner dans les airs.

— Ce que tu as grandi ! s'exclama Robert.

— Becca, tu n'es plus une petite fille. Tu es devenue une femme pendant notre absence ! ajouta Edward.

Elle rougit. Elle avait seize ans à présent. Elle avait conscience d'avoir le visage et le corps d'une femme. Quant à ses cheveux roux ondulés, hérités de leur mère, elle ne les tressait plus.

La morosité de Sadie parut s'évaporer en présence de son cadet et de son benjamin. Ils apportaient à son existence un ingrédient magique que sa fille n'avait pas en sa possession. Le soir de leur retour, leur mère ne cessa de les toucher, comme pour se convaincre qu'ils étaient bien réels.

— Dieu merci, répétait-elle en boucle.

Sa reconnaissance et son exaltation patriotique atteignirent leur paroxysme en août, lorsqu'elle décida d'organiser une réception pour célébrer la victoire.

— Ce ne sera pas seulement pour nos garçons, mais pour la ville entière, pour le pays entier !

Becca n'avait jamais vu sa mère mettre autant d'énergie dans quoi que ce soit. Sa fête promettait d'être au cœur de toutes les discussions en ville. Sadie expliqua à sa fille qu'elle comptait éclairer l'ensemble de la propriété.

— Les terres tout autour, en plus de la véranda et de l'intérieur. Tout va étinceler de mille feux. Ce sera un contraste frappant avec le black-out qu'on nous a imposé à cause des raids aériens.

Elle fit dresser une immense tente sur la pelouse devant la maison, avec des rangées de lanternes en papier colorées suspendues à sa structure. Bunny commanda une fontaine d'où coulerait du champagne, un parquet pour la piste de danse et une estrade pour l'orchestre Billy Dugin, qui viendrait de New York.

En ville, Becca recevait à la fois de bons et de mauvais échos de ces préparatifs. Les garçons Meister étaient rentrés sains et saufs, et les affaires de Bunny, grâce à son implication dans l'industrie de l'acier, avaient profité de la guerre, ce qui brossait les penchants patriotiques de beaucoup dans le mauvais sens du poil. Même si les amis des Meister attendaient cette fête avec impatience, Becca savait que d'autres critiquaient tout bas le mauvais goût de cette débauche d'effets.

Les premiers jours suivant le retour des garçons se déroulèrent sur un territoire émotionnel inconnu. Sadie pouvait rire avec Edward et Robert avant de fondre brusquement en larmes à cause des vêtements mangés par les mites qu'ils avaient oubliés dans les placards. Quant à Becca, elle ne parvenait pas à étancher sa curiosité.

— À quoi ressemble la France ? demanda-t-elle un soir à table.

Edward se contenta de secouer la tête en silence et avala une gorgée de bière.

— Cesse de les accabler avec tes questions ! la reprit sa mère. Personne ne veut savoir de quelles horreurs ils ont été témoins…

La petite amie de Robert, Ruth, débarqua au beau milieu des préparatifs. À compter de cette arrivée, le jeune homme eut un sourire vissé aux lèvres. Becca appréciait la facilité avec laquelle la nouvelle venue mettait la main à la pâte. Ensemble, elles firent des dizaines de trajets de la cuisine à la pelouse pour dresser les tables sous la tente.

— Une fille capable de traverser l'allée de gravier pieds nus, ça ne court pas les rues, plaisanta Bunny. Il faut la garder, Robert !

Le matin de la fête, la cuisine était sens dessus dessous, Monsieur P. ayant embauché toute une équipe en renfort. Le traiteur qui leur louait la tente apporta du linge de table, des couverts et des verres en cristal. Alice, qui était revenue à la fin de la guerre, cochait les éléments sur sa liste, orientant les livreurs pour que tout soit au bon endroit. Monsieur P. et elle souriaient fièrement en voyant Eden retrouver son panache d'autrefois.

— Comment a-t-on pu se passer de toi, Alice ? s'émerveillait Sadie tout haut, alors qu'elle faisait la navette entre la tente et la cuisine.

— On a eu beaucoup de mal ! confirma Becca. On s'asseyait dans la cuisine autour d'une petite bougie et on se forçait un peu pour avaler la cuisine de maman !

Au milieu de toute cette activité, ce matin-là, une boîte arriva par colis postal. Elle provenait du grand magasin de luxe Bonwitt Teller, à New York.

— Becca ! l'appela sa mère. Ta robe est arrivée. Montons au premier pour que tu l'essaies.

— Ma robe ?

C'était la première fois que sa mère lui faisait une surprise de ce genre.

— J'avais fini par renoncer à la voir arriver à temps !

Des quantités faramineuses de nourriture et de champagne étaient livrées à Eden, et maintenant ceci ? Becca n'avait connu que le côté spartiate de ses parents. Quand sa mère avait-elle bien eu le temps de réfléchir à une robe pour elle ?

Sous le papier de soie, elle découvrit une superbe robe en taffetas bleu ciel à jupe longue et ample.

— Oh, maman, je n'aurais jamais pu imaginer…

Sadie l'aida à la revêtir, puis elles se postèrent ensemble devant le miroir pour admirer la coupe parfaite du vêtement. Les fines bretelles et le corsage serré avantageaient la silhouette de Becca, mettant en valeur son cou et ses épaules.

— Tu es magnifique.

— Je ne sais pas quoi dire, maman.

— Trésor, avec tout ce qui s'est passé, j'ai conscience de t'avoir négligée. J'étais en train de suspendre tes corsages dans ta penderie, quand je me suis rendu compte que tu n'avais pas de tenue adaptée pour la fête.

Becca s'était faite à l'idée de porter sa plus belle tenue du dimanche. À présent, elle avait l'impression d'être Cendrillon. Elle allait enfin découvrir le Eden de fête qu'elle n'avait vu qu'en photographie.

Les voitures défilèrent devant la maison tout l'après-midi, tandis qu'Edward faisait de nombreux allers-retours à la gare. Les klaxons retentissaient à l'approche des véhicules, et c'étaient des « bienvenue » spontanés et joyeux qui leur répondaient, suivis à leur tour par des bruits de pas et de valises dans les escaliers. Tante Kitty fit même le voyage de Pittsburgh, et elle s'exclama :

— J'attendais une bonne raison pour venir, et vous savez combien j'aime les fêtes !

À chaque arrivée, Sadie devenait émotive. Elle interrompait sa tâche en cours pour étreindre ses invités et leur dire :

— Merci, merci de vous joindre à nous !

Lorsqu'elle leur montrait où ils allaient passer la nuit et leur remettait des serviettes propres, elle s'excusait pour le manque de place – la maison était pleine ! Becca observait la réaction de ses frères. Edward décochait de grandes tapes dans le dos des gens, mais Robert, lui, après avoir fièrement présenté Ruth à ses amis, semblait s'enfermer dans une tristesse muette, sans doute parce qu'il pensait à ceux qui n'était pas rentrés de France.

Thomas, lui, bombait le torse. Becca percevait le ressentiment que lui inspirait tout ce cirque. Bunny s'employait à flatter l'égo de son aîné.

— Robert et Edward sont peut-être accueillis comme des héros, mais c'est nous qui avons transporté le minerai qui, une fois transformé en acier, a permis la construction des tanks qui ont été au combat. Nous avons joué un rôle dans la victoire, nous aussi !

De toute la soirée, Thomas ne quitta pas son père d'une semelle. Vêtus de vestes de smoking blanches, immaculées, et de nœuds papillon, ils se tenaient sous la véranda, observant la tente les bras croisés, se balançant d'avant en arrière sur leurs pieds. Le contraste entre la silhouette corpulente de Thomas et celle des soldats de retour du front, d'une minceur terrible, qui portaient des vestes plus modestes, vestiges de leurs années d'université, était frappant. Edward et Robert faisaient tous deux signe à leur grand frère :

— Viens ! Descends boire une bière avec nous !

Thomas demeurait sur son perchoir, dégustant un scotch avec leur père et Charles Butterfield.

Une fois que l'orchestre Dugin se mit à jouer du swing, l'affluence sembla encore s'accroître. Les cuivres étincelants hurlaient comme s'ils avaient retenu leurs notes pendant des années. Sur la surface paisible de l'océan, le long de la côte, la musique se diffusait pareille à une invitation dans la nuit, et Eden ouvrit grand ses portes pour tous ceux qui voulaient se joindre aux festivités.

Becca se trouvait, les yeux grands ouverts, au bord de la piste de danse quand un homme séduisant, en uniforme, l'agrippa par le poignet et se mit à la faire tournoyer. La musique résonnait dans son crâne et pulsait dans tout son corps. Il ne lui fallut que quelques minutes pour apprendre les pas.

À l'occasion d'une pause entre deux morceaux, il se présenta.

— Sal, dit-il.

— Becca, répondit-elle en souriant.

— Cette robe te va à merveille, tu sais ?

— Merci, murmura-t-elle, sentant le rouge lui monter aux joues.

Elle était enfin là, au milieu du gratin de Long Harbor, qui avait ressorti ses belles robes et ses smokings. Elle croisa les Notman, qui eurent du mal à la reconnaître. Elle souriait tellement qu'elle en avait mal aux joues. Elle rit de l'expression ahurie de ses camarades de tennis, qui se tenaient en retrait et n'en revenaient pas de la voir si à l'aise sur des talons hauts, faisant froufrouter sa jupe en taffetas.

Veillant à ne surtout pas dévisager Sal, elle lui jetait des coups d'œil à la dérobée. Avec ses cheveux bruns, ses yeux sombres et son bronzage, il était tel qu'elle imaginait son père au même âge.

— Tu viens de rentrer du front ? lui demanda-t-elle.

Sal lui expliqua qu'il s'était battu en Afrique du Nord, qu'il avait grandi à Westfield et que ses parents possédaient certains des bâtiments en centre-ville, à Long Harbor.

— Tu vois où se trouve le glacier ?

— Bien sûr !

— C'est une des boutiques qui appartiennent à ma famille.

— Il va rouvrir ? s'enquit-elle alors qu'il lui tendait une flûte de champagne.

— Maintenant que je suis rentré, oui !

Edward, qui passait par là, remarqua le verre dans la main de Becca.

— Tiens-toi bien, dis donc ! C'est avec ma petite sœur que tu danses !

Elle sourit, gênée, mais Sal salua Edward avant de poser une main sur son cœur. Quand il se retourna vers elle, il semblait doublement heureux, comme si le fait de danser avec la petite sœur de ses hôtes si illustres lui donnait à lui de l'importance. Ils continuèrent à swinguer un moment puis s'interrompirent le temps de manger un peu. Becca parcourut le buffet, préparant avec gourmandise une assiette de petits fours à la crevette et de beignets de crabe. Sal la rejoignit avec de nouvelles flûtes de champagne.

Grisée par les deux premières, elle approcha délicatement celle-ci de ses lèvres, comme elle avait vu les actrices le faire dans les films, bien décidée à lui cacher qu'elle n'avait que seize ans. Le champagne, au goût légèrement sucré, pétillait. Si seulement il avait aussi pu étancher sa soif…

L'orchestre reprenait déjà du service après une brève pause, et Sal entraîna Becca par le bras, insistant pour qu'ils dansent à nouveau, l'éloignant de ce qui aurait dû être leur dîner.

— Oh, Becca, tu n'imagines pas à quel point je rêvais de danser à nouveau ! lui cria-t-il par-dessus la musique.

Ils ne quittèrent la piste que le temps de vider une autre flûte.

Sal lui expliqua que Long Harbor lui avait manqué, même si la station balnéaire qu'il lui décrivait n'était pas celle qu'elle connaissait, avec son terrain de golf et son club de la plage. Il était originaire de la région.

Sa famille vivait grâce aux estivants comme les Meister. Ce qui lui avait manqué, c'était de se lever à l'aube et de pêcher autour de Block Island. C'était le soleil qui donnait à son dos une belle teinte bronze, c'était les plongeons dans l'océan après le travail et c'était la bière fraîche qu'il partageait avec ses amis dans l'un des bars de la plage municipale.

À chaque gorgée de champagne, Becca avait un peu plus l'impression d'être transportée d'un monde de tristesse et de nuages sombres à un rêve insouciant. Pendant la soirée, Sal plongea ses yeux dans les siens et elle crut bien qu'il allait pleurer, tandis qu'il lui énumérait toutes les choses dont il était reconnaissant : être rentré, être en vie, être jeune et, pour la première fois de son existence, être traité avec respect et admiration où qu'il aille. Ce soir il était le roi du monde.

— Et je ne parle même pas du fait que je danse avec la plus jolie fille de la soirée… Qu'est-ce qu'un gars pourrait demander de plus ?

Ils continuèrent à danser bien après minuit – Becca s'accrochait aux épaules de Sal pour ne pas perdre l'équilibre. Du coin de l'œil, elle vit sa mère disparaître dans la maison avec tante Kitty, puis son père et Thomas se retirer dans le salon avec les invités les plus âgés. Becca sentait qu'un film brillant de transpiration recouvrait sa peau et ses cheveux, qui s'échappaient pour cette raison du chignon que Ruth lui avait fait, sur le sommet du crâne. Sal se pencha vers elle pour lui glisser à l'oreille :

— On pourrait aller dans un endroit plus tranquille pour discuter ?

Elle avala une autre gorgée de champagne pour éviter de répondre immédiatement. Elle ne savait pas quoi dire, mais la dernière chose qu'elle souhaitait c'était de voir cette soirée se terminer. La piste de danse était encore bondée, Robert et Edward étaient au centre de la foule. Elle savait que personne ne remarquerait leur départ, à Sal et elle. Ils sortirent discrètement de la tente et suivirent le chemin qui menait aux dunes. Elle retira ses talons hauts à l'extrémité du chemin. Sal lui glissa alors un bras autour des épaules et ils se dirigèrent vers les vagues, sur le sable compact, avant de tourner à gauche, pour s'éloigner un peu plus d'Eden.

— Ce sable…, dit Sal.

— Qu'est-ce qu'il a ? demanda-t-elle en gloussant.

— Il provient de l'érosion du plancher océanique. Il est aussi vieux que le monde… Tu y avais déjà pensé ?

Dans un soudain accès de juvénilité, Becca fonça vers l'océan, esquivant les vagues qui venaient s'échouer sur le rivage. Sal la pourchassa et l'enlaça par la taille. Il la souleva de terre et la porta jusqu'au sable plus fluide, à la lisière des graminées. Elle tenta de contrôler son hoquet, ce qui ne servit qu'à la faire rire encore plus fort. Lorsqu'il l'allongea sur le dos, la tête de Becca se mit à tourner.

Sal avait alors levé la tête vers le ciel, elle s'en souvenait, et l'avait invitée à « regarder la lune » avant de se pencher vers elle pour l'embrasser. Elle se rappelait ce baiser, et peut-être celui qui avait suivi, mais elle avait eu beau chercher un nombre incalculable de fois à se remémorer ce qui s'était produit ensuite, elle se heurtait à un trou béant.

29

LONG HARBOR

Vendredi 3 juillet 1998

Ruth descendit du train à Kingston après avoir roulé six heures vers le nord, depuis Washington. Elle gonfla ses poumons d'air frais. Ce n'était plus comme dans le passé, quand il suffisait d'entrouvrir les fenêtre pour sentir la brise marine dès que le train remontait en serpentant le long de la côte. Elle se rappelait la fois où Robert l'avait tenue par la taille, d'un geste aussi fier que protecteur, alors qu'un mélange de nervosité et d'excitation lui nouait le ventre : il allait lui présenter ses parents. Elle avait l'impression que c'était hier, alors que ça remontait à plus de cinquante ans. Même si elle arrivait seule, même si ce serait Becca qui viendrait la chercher, cet endroit continuait à éveiller en elle la même joie fébrile.

Elle inspira de nouveau profondément cet air qu'elle associait à l'été. Il avait un goût de sel, était moins humide qu'à Washington, et il soulevait les cheveux fins sur son front transpirant. Le soleil qui se réverbérait sur le béton chauffait les semelles de ses chaussures tandis qu'elle cherchait Becca parmi la foule sur le quai. Elle se dressait sur la pointe des pieds pour fouiller du regard le flot de voyageurs lorsqu'elle tomba nez-à-nez avec son beau-frère.

— Thomas ?

Il la considéra avec une expression de surprise.

— Mon Dieu, Ruth ! Je n'étais pas au courant !

Il attrapa sa femme par le coude pour éviter qu'elle ne s'éloigne sur le quai.

— Attends, Carol. Regarde, c'est Ruth !

— Nous allons sans doute tous au même endroit, dit celle-ci en souriant. Je suis sûre que Becca doit être dans le coin.

— Tu étais à bord de notre train ? lui demanda Carol.

— Oui, depuis Washington.

— Ah, nous ne sommes montés qu'à New York, bien sûr. C'est drôle, je ne t'ai pas vue dans le wagon de la première classe.

Ruth masqua sa gêne derrière un petit éclat de rire. Elle s'était préparée à toutes sortes d'échanges maladroits avec les membres de sa belle-famille, mais elle ne s'était pas attendue à devoir y faire face aussi tôt. Elle adorait les Meister, et ils lui manquaient tant que Ruth en avait parfois de la peine, cependant ils pouvaient se montrer pénibles, surtout en groupe, et à la vue de Thomas et de son épouse, plus arrogants que jamais, elle s'en souvint soudain.

— Ouh-ouh !

Ruth fut soulagée de voir Becca se dépêcher de traverser le parking, agitant un bras en l'air.

— La voici, dit-elle à Thomas et Carol en pointant le doigt.

Ils tournèrent à peine la tête, suivant la direction qu'elle leur indiquait. Becca avait dû voir Ruth en premier, car elle se jeta dans ses bras. Elles faisaient la même taille et avaient la même corpulence. Cela rappela à Ruth combien elles avaient été proches, presque de vraies sœurs, qui échangeaient même leurs vêtements, avant de s'éloigner…

— Oh, Ruth, merci. Merci mille fois d'être venue, lui dit Becca en s'écartant et en serrant ses deux mains dans les siennes.

Il était évident qu'elle n'avait pas encore remarqué la présence de Thomas, et Ruth perçut l'impatience de son beau-frère.

— Ma sœur, lança-t-il, tu es venue nous accueillir en personne. Quel honneur !

Becca libéra Ruth.

— Oh, mais je ne vous avais pas vus ! Thomas, Carol, vous avez l'air en pleine forme !

Ils se firent la bise, puis Becca les conduisit à la voiture. Les bagages de Carol ralentissaient Thomas, tandis que Ruth avait passé la bandoulière de son petit sac en toile sur son épaule. Arrivée à la vieille Lincoln, Becca se débattit avec le coffre.

— Tu vas comment ? lui demanda Ruth, profitant que les autres ne pouvaient pas les entendre.

Becca prit une grande inspiration et lui adressa un large sourire forcé ; Ruth repensa à Sadie, qui insistait sur l'importance de « faire toujours bonne figure ».

Le trajet jusqu'à Eden fut occupé par l'échange de banalités sur la vague de chaleur, jusqu'à ce que Ruth et Thomas, assis côte à côte sur la banquette arrière, prennent poliment des nouvelles des trente dernières années. Ruth laissait Becca se concentrer sur la route : elle l'aurait pour elle toute seule une fois à la maison.

Et puis en canalisant l'attention de Thomas, elle rendait sans doute service à Becca. Certaines choses ne changeraient jamais.

— Et Joseph et Benjamin ? s'enquit Thomas.

— Les jumeaux sont en pleine forme. Joseph et sa famille vivent à New York. Il s'est marié il y a huit ans. J'étais persuadée qu'il resterait un célibataire endurci, mais il a rencontré une fille merveilleuse à Singapour. Elle s'appelle Constance. Becca est venue au mariage.

— Ah, oui, c'est vrai qu'il a épousé une Asiatique.

Ruth fut choquée par sa remarque.

— Constance est coréenne en effet. Et il y a Benjamin, il vit à San Francisco depuis des années.

— Tous les deux ont réussi, alors.

Ruth ignorait si c'était une affirmation ou une question dans la bouche de Thomas.

— Tout à fait, je te remercie, confirma-t-elle.

Même si, elle le savait, son beau-frère ne mesurait le succès qu'à l'aune des finances, elle était fière des hommes doux et gentils que ses fils étaient devenus.

— Enfin bon, ils ont eu droit à un joli coup de pouce au départ.

Ruth le considéra d'un air interrogateur : elle n'était pas sûre de saisir l'allusion.

— Je pense à leur héritage… Mon père les a bien aidés à s'installer dans la vie. Et j'ai l'impression qu'ils ont su investir intelligemment leur argent.

— Ah… oui, en effet, bafouilla Ruth, surprise par la désobligeance de ces insinuations.

Thomas se pencha alors vers elle pour ajouter à voix basse, en montrant discrètement le siège conducteur :

— Pas comme d'autres personnes de cette famille.

Ruth ouvrit des yeux ronds devant tant d'indélicatesse, puis reporta son attention sur le paysage qui défilait derrière la vitre. Elle ne s'était pas préparée à ça…

Lorsqu'ils s'engagèrent sur le chemin de la maison, Ruth repéra Lilly, qui les attendait déjà devant la porte de la cuisine. *Elle a toujours eu l'ouïe fine*, songea Ruth, alors que son cœur fondait à la seule vue de celle-ci. Ses cheveux se clairsemaient et blanchissaient, mais elle avait conservé ses taches de rousseur et son sourire permanent. Lilly agita la main avant de se baisser pour voir à l'intérieur de la voiture.

Ruth était si impatiente qu'elle ouvrit sa fenêtre.

— Lilly ! C'est moi, vous vous rendez compte ?

— Oh, Ruth ! Vous n'avez pas l'air d'avoir plus de vingt-cinq ans, répliqua Lilly en trottinant à côté de la voiture jusqu'à ce que celle-ci s'immobilise.

— Vous pouvez parler ! C'est vous qui ressemblez à une jouvencelle !

Après avoir vidé le coffre, Thomas et Carol s'excusèrent : ils souhaitaient monter faire un somme.

— Tu nous as installés où ? demanda-t-il à sa sœur.

— Eh bien… Ne sois pas fâché, Thomas, vous êtes dans la chambre bleue. Il y a eu un petit malentendu avec Andrew et Camilla, à leur arrivée.

Becca attendit une réaction et fut particulièrement soulagée qu'il n'y en ait pas.

— Mais laissez vos valises dans la cuisine pour le moment. Je demanderai à Andrew de s'en occuper.

Ruth écouta Thomas gravir l'escalier de service d'un pas alourdi par les ans, suivi de Carol, qui portait les deux verres d'eau que Lilly leur avait servis. Celle-ci mit de l'eau à bouillir pour le thé avant de prendre place avec Ruth et Becca autour de la table.

— C'est comme au bon vieux temps ! Je n'en reviens pas que vous soyez parmi nous, Ruth !

Lilly inclinait légèrement la tête, curieuse de connaître la raison de la présence de la belle-sœur de Becca à Eden.

— Quel dommage que vous ne soyez pas venue avant, ajouta-t-elle, dans l'espoir d'obtenir une réponse à ses interrogations.

Pourquoi ce week-end ? Pourquoi maintenant ? Ce n'était pas à Ruth de vendre la mèche, même à Lilly, de lui expliquer pourquoi elle s'était à nouveau rapprochée de Becca après toutes ces années d'éloignement.

— Becca m'a si souvent invitée... J'ai fini par me dire : « Ruth, ça suffit de passer ton 4 Juillet toute seule dans la moiteur de Washington. Fais tes valises et file à Eden ! »

Assise dans cette cuisine, elle regrettait sincèrement de ne pas être revenue plus tôt, d'avoir laissé le lien si fort qui l'unissait à Becca s'effilocher pour ne plus consister qu'en échanges de coups de fil polis et de cartes de bonne année. Leur relation s'était distendue à la mort de Sadie, lorsque Becca et Dan avaient repris le contrôle d'Eden. Ruth n'avait pas apprécié d'être exclue de la gestion de la maisonnée. Avec le recul, elle se disait que Becca avait peut-être été blessée par la proximité de Ruth et de Sadie. Elle l'avait lu sur les traits de la jeune femme le jour où sa mère avait accroché une photo de Ruth et elle, bras dessus bras dessous, sur la plage. Ça avait toujours été l'un des clichés préférés de Sadie, et elle en avait fait un tirage plus grand que les autres. Oui, la relation de Becca et de Sadie avait toujours été complexe, et Ruth avait fini par se dire qu'elle en avait, bien malgré elle, fait les frais à une époque.

Quand Joseph et Constance avaient annoncé leur mariage et que Ruth avait posté ses invitations, elle s'était réjouie à la perspective de revoir la famille élargie. Becca lui avait répondu qu'elle serait présente, seule, et lui avait demandé si elles pourraient passer le lendemain de la noce toutes les deux. « Il est grand temps qu'on ait un moment en tête à tête, toi et moi », avait-elle écrit.

Ruth était épuisée après le mariage ; Becca l'avait invitée à déjeuner et lui avait proposé, ensuite, de bien se couvrir en vue d'une longue promenade sur le Mall. Et c'était à cette occasion qu'elle lui avait raconté toute l'histoire, ce qui s'était produit le soir de la fête de Robert et d'Edward, puis ses conséquences, jusqu'au coup de fil de Lee. Ruth avait mesuré combien le simple fait de prononcer ces paroles était libérateur pour Becca. Elle l'avait prise dans ses bras et, pour la première fois, des larmes avaient coulé, sur leurs deux visages, des larmes versées sur toutes ces années passées.

« C'est Sadie qui avait tout prévu ? avait-elle demandé à Becca en lui tendant un mouchoir.

— Elle a toujours été très douée pour l'organisation, souviens-toi.

— Oh Becca, j'adorais ta mère, mais ce que tu me racontes explique tellement de choses… »

Ruth lui avait fait la promesse d'être présente le jour où Becca en parlerait au reste de la famille, « peu importait quand ». C'était elle qui avait convaincu Becca de la nécessité de le faire, elle qui l'avait appelée tous les deux mois pour entretenir cette idée. « Je n'imagine pas te laisser traverser cette épreuve seule. »

— Vous voulez une autre tasse de thé ? lui proposa Lilly.

Ruth se leva et s'approcha de l'évier, d'où elle pouvait admirer le jardin. Elle se dévissa le cou et tourna la tête à droite puis à gauche, pour avoir un panorama complet.

— Non merci. Ce dont j'ai vraiment envie, c'est d'aller voir les vagues.

30

LONG HARBOR
1945

Si l'été 1945 avait démarré en fanfare, il se concluait comme n'importe quel autre, par le rituel annuel de grand nettoyage : faire du tri dans l'office, recouvrir les meubles en tissu de draps et purger les tuyaux pour l'hiver. Becca secondait sa mère, montant des affaires au grenier ou descendant chercher des cartons au sous-sol.

Le bonheur de Sadie, qui avait eu toute sa famille réunie à Eden cet été-là, s'était quelque peu terni, à présent que les frères de Becca étaient repartis, en quête d'un travail – enfin, dans le cas précis de Robert, c'était surtout l'amour qui l'entraînait loin de Long Harbor. Après la grande fête pour leur retour, août avait paru se dissoudre dans l'air brumeux. À présent, avec ce mélange de tristesse et d'appréhension qui caractérisait toujours la fin des vacances, les Meister préparaient leur retour à Pittsburgh.

Dans le bureau de son père, Becca fut tirée en sursaut du sommeil par sa mère, qui la secouait.

— Réveille-toi, Becca, lui dit Sadie d'une voix où pointait l'irritation. Il y a encore beaucoup à faire.

— Désolée, j'ai dû m'assoupir pendant que je rassemblais les journaux et les magazines.

— Qu'est-ce qui t'arrive ? Tout va bien ?

Becca s'étira.

— Je suis juste épuisée. Ça te dérange que je fasse une petite sieste ?

Elle ne se réveilla pas pour le dîner. Le lendemain matin, elle fut prise de nausées. Sa mère la rejoignit pendant qu'elle vomissait dans son lavabo et lui tint ses cheveux.

— Ma pauvre chérie… Tu as été malade toute la nuit ?

— Oh, ça dure depuis quelques jours maintenant.

Sadie inclina la tête en fronçant les sourcils, pourtant elle attendit plus tard, ce jour-là, pour avoir une conversation avec sa fille. Elle entra dans la chambre de Becca, ses clés de voiture à la main, et son portefeuille coincé dans le pli du bras.

— Allons-y, lui dit-elle. Il est temps de t'emmener chez le médecin.

Becca ne cacha pas sa surprise.

— Chez le médecin ? Pour un petit virus ?

Une fois dans la voiture, Sadie tourna vers la voie rapide, plutôt que vers le cabinet du médecin local.

— Becca, je t'ai pris rendez-vous avec un certain docteur North, à New Haven.

— Tu veux dire qu'on va aller tout là-bas ? Mais pourquoi ?

— Nous ne pouvons pas prendre le risque de susciter des commérages à Long Harbor.

Sadie jeta un coup d'œil dans le rétroviseur avant de se garer brusquement sur le bas-côté de la route. Elle se tourna alors vers Becca, assise à côté d'elle. Sadie la dévisagea longuement puis ferma les yeux pour pousser un profond soupir.

— Maman, qu'est-ce qui se passe ? Tu me fais peur.

— Becca, as-tu la moindre idée de la raison pour laquelle tu vomis depuis plusieurs jours ? De la raison pour laquelle ta poitrine est gonflée ? De la raison pour laquelle tu es fatiguée et tu t'assoupis en plein après-midi ? Tous ces signes semblent indiquer que tu attends un enfant.

Becca écarquilla les yeux tout en retenant son souffle bruyamment.

— S'il te plaît, Becca, ne reste pas assise là comme ça, avec cet air ahuri. On ne tombe pas enceinte par magie. Quelles imprudences as-tu commises, et avec qui ?

Becca se mit à sangloter. Depuis le soir de la fête, des images de Sal défilaient dans son esprit. Pendant plusieurs jours elle avait espéré avoir de ses nouvelles, mais il semblait l'éviter. Elle avait fini par trouver le courage de demander à Edward s'il avait croisé son ami en ville. Son frère les avait vus danser ensemble, il comprendrait où elle voulait en venir. « Je crois que son vieux le fait trimer sur le quai, le week-end, et que la semaine il est mécanicien dans le garage de Long Harbor. Il doit bosser comme un fou. »

Le samedi suivant, elle était passée devant les bateaux des Fabbrizzio ; des mouettes tournoyaient en piaillant au-dessus des carcasses de poissons. Elle avait aperçu Sal, qui amarrait un bateau de pêche chargé de touristes. Elle l'avait observé un moment, abritant ses yeux du soleil éblouissant. Il avait regardé dans sa direction avant de se détourner rapidement pour continuer à aider les passagers à débarquer. Même à distance elle avait perçu son malaise. Depuis, elle avait évité de descendre en ville, ne s'aventurant que sur la plage, avec ses amis. Quand Robert et Ruth n'avaient pu la convaincre de venir avec eux chez le glacier, qui venait de rouvrir ses portes, Robert l'avait démasquée. « Qu'est-ce qu'il y a, Becca ? Tu as peur de tomber sur ton petit amoureux ? »

Assise à côté de sa mère à l'avant de la berline familiale, elle eut du mal à agencer les différentes pièces du puzzle. Elle repensa à la piste de danse, à la quantité de champagne et à ses gloussements lorsqu'elle avait couru avec lui sur la plage. À partir de ce moment-là, ses souvenirs devenaient flous. Ils étaient allongés et s'étaient embrassés… Il avait ouvert la fermeture à glissière de sa robe… Elle se rappelait qu'elle s'était inquiétée d'abîmer le taffetas dans le sable… Pourtant, dès que Sal lui avait caressé la poitrine, elle avait oublié tout le reste. Cette sensation l'avait électrisée. Elle se souvenait du frisson dans son ventre et le long de ses jambes. Sa tête tournait, elle avait senti un goût de bile dans sa gorge.

Ensuite, bien plus tard, elle avait rouvert les yeux, découvrant Sal et, derrière, un ciel mauve annonciateur d'aube. Une douleur inimaginable lui martelait la tête.

« Becca, lui avait-il dit, je dois te raccompagner. Il est tard. Enfin, au contraire il est tôt. Le jour va se lever. »

Il lui avait secoué le bras un peu plus fort pour la réveiller. Il l'avait aidée à se lever, puis avait remonté la fermeture à glissière de sa robe et avait ajusté la jupe sur ses hanches. Il lui avait pris la main et, ensemble, ils avaient marché jusqu'à la maison. Elle avait alors senti que l'intérieur de ses cuisses était mouillé, et elle s'était rendu compte que sa culotte avait disparu, mais elle était trop gênée pour interroger Sal. Ils avaient cheminé en silence.

Dès qu'ils avaient atteint la propriété, elle avait ramassé ses chaussures et lâché sa main. Quand il s'était baissé pour l'embrasser, elle s'était écartée en murmurant : « Non… ma mère est matinale. »

Elle avait regagné la cuisine d'un pas traînant, avait lentement ouvert la porte moustiquaire avant de la refermer derrière elle. Elle avait emprunté l'escalier, longé les chambres de service, occupées par des amis de ses frères. Par chance, les portes étaient toutes fermées, et le bruit de ronflements alcoolisés résonnait dans le couloir.

Une fois dans sa chambre, elle avait retiré sa robe pleine de sable sur le parquet et l'avait poussée dans son armoire avec son pied. Elle avait enfilé sa chemise de nuit, fermé ses rideaux et s'était glissée sous les draps. Le sable dans ses cheveux avait saupoudré l'oreiller.

— Je vais te poser la question une dernière fois, lui dit Sadie. Quelles imprudences as-tu commises et avec qui ?

Becca finit par retrouver l'usage de sa langue.

— La nuit de la fête, j'ai dansé avec un garçon de Long Harbor… J'ai bu du champagne, beaucoup trop. J'étais vraiment étourdie. Je l'ai accompagné sur la plage, et je ne me souviens plus de ce qui est arrivé ensuite.

***

Le Dr North arborait une moue désapprobatrice tandis qu'il examinait Becca sur la table en acier glacial. Elle frissonnait, vêtue d'une simple blouse d'hôpital qui s'attachait à l'avant. Une infirmière entra dans la pièce et prit le bras de Becca d'une main. De l'autre elle tenait une seringue, dont elle se servit pour lui prélever du sang.

Le lendemain matin, l'infirmière téléphona à Eden : ils avaient obtenu le résultat des tests en urgence, et ceux-ci étaient positifs.

— Eh bien, Becca, conclut Sadie, j'en déduis qu'il ne subsiste plus aucun doute sur ce qui s'est passé cette nuit-là.

Les yeux déçus de sa mère la transperçaient.

Becca se réfugia dans ses bras pour pleurer. Elle sentait monter l'angoisse de Sadie, pourtant elle resta ainsi, contre sa poitrine, terrifiée de ce qui l'attendait. Sa mère lui frottait le dos en rythme et lui parlait tout bas.

— Oh, Becca, je suis aussi coupable que toi. Cette robe, qui épousait si bien ta taille… Ta silhouette s'est transformée pendant qu'on avait le dos tourné, ton père et moi. Je t'ai autorisée à porter du maquillage, j'ai laissé Ruth relever tes cheveux. Ça me rendait heureuse de te voir rire devant ma coiffeuse. Même ton père a fait remarquer combien tu étais séduisante. J'aurais dû te conseiller plus de sobriété.

Elle la serra dans ses bras pendant plusieurs minutes. Puis elle ouvrit la fenêtre de la cuisine pour faire entrer un peu d'air. Le regard désemparé de Becca lui donnait la migraine. Elles s'assirent autour de la table de la cuisine sans un mot, puis Sadie se mit à analyser, tout haut, la situation.

— Robert et Edward sont rentrés sains et saufs. Ce doit être le prix à payer en contrepartie… Si Bunny l'apprend, il sera dévasté, notre famille entière sera détruite. Ton père ira trouver le responsable et le tuera. Remarque, Long Harbor aurait enfin un vrai sujet de commérage… Becca, il y a des endroits pour les jeunes filles enceintes. J'ai entendu parler de foyers réputés dans le Midwest. Je vais te trouver le meilleur, et tu partiras… Dès la rentrée, on pourra dire que tu es inscrite dans une pension pour les jeunes filles de bonne famille. Je raconterai à ton père que tu réclames à y aller depuis qu'Eleanor t'en a parlé, et que je trouve l'idée merveilleuse. Je lui dirai que les parents d'Eleanor m'ont chanté les louanges de l'établissement, et que j'ai reçu toute la documentation nécessaire. Il est tellement accaparé par l'installation d'Edward et de Robert à New York, il sera plus que ravi de me laisser gérer tous les détails pratiques.

— Mais… je dois partir aussi vite, maman ?

— Je sais que ça fait peur, toutefois le calendrier scolaire nous fournit une excuse en or. Dans l'immédiat, ma priorité est de protéger ta réputation. Écoute-moi, Becca… Ça va sans doute te sembler très injuste, cependant la vie est ainsi faite. Les rapports charnels valorisent la virilité des jeunes hommes. En revanche, les jeunes femmes, les filles, surtout si elles tombent enceintes, sont rejetées par leur famille et leurs amis. Tu ne serais jamais autorisée à retourner au lycée. Ton père et tes frères ne te regarderaient plus de la même façon. Cette imprudence serait une tache indélébile sur ta réputation et ton nom. Étant donné la situation de ton père, cela lui serait très préjudiciable à Pittsburgh, sans parler du scandale à Long Harbor.

— Mais papa ne…

Sadie l'interrompit.

— Becca, ne te fais pas d'illusions. Ton père n'est pas l'homme parfait que tu te figures. Partir et abandonner cet enfant est la seule solution. Tu oublieras en un rien de temps ce qui s'est passé.

Becca rougit tandis que sa mère pianotait sur la table avec ses ongles.

— Tu resteras là-bas en convalescence après la naissance du bébé, en avril. Je viendrai te chercher en mai, pour la remise de ton « diplôme » et je te ramènerai à Pittsburgh. Tu seras de retour à Eden pour le week-end du Memorial Day, à la fin mai.

Becca se tourna vers la fenêtre, une main pressée sur son front. Le ton de sa mère avait gagné en assurance à mesure que son plan prenait forme, mais tout ce qu'elle voulait, elle, c'était remonter le temps, rembobiner le film de cet été au tout début : cette fois, elle resterait dans la cuisine pour aider Alice pendant la fête.

31

LONG HARBOR
Vendredi 3 juillet 1998

Sarah entra dans la salle à manger. C'était agréable d'être douchée et de quitter sa chambre, de prendre part à la vie en collectivité. Sa grand-mère tira la chaise à l'extrémité de la table.

— Thomas, tu veux t'asseoir ici ? lui proposa-t-elle, se montrant inhabituellement prévenante avec son frère.

— Mais pourquoi pas, je te remercie, dit-il en invitant tante Carol à prendre place à sa droite.

— Sarah, pourquoi tu ne te mettrais pas à gauche de Thomas, en face de Carol ? lui proposa Becca.

— Avec plaisir, répondit-elle en se dirigeant vers la place en question.

Becca se plaça à l'autre extrémité de la table, oncle Andrew lui avançant sa chaise avec une élégance de gentleman. Les autres se répartirent les places restantes. Ils étaient dix, un nombre suffisant, enfin, pour justifier l'utilisation de la salle à manger. Sarah adorait la cacophonie que produisaient leurs voix mêlées : c'était à cela qu'Eden était censé ressembler. Lorsqu'ils eurent fini d'évoquer, tour à tour, ce qu'il y avait de nouveau dans leurs existences, ce fut le temps des souvenirs.

Mamie, oncle Thomas et tante Ruth enchaînèrent les anecdotes.

— Tu veux dire que tout le dortoir a été arraché ? s'étonna Walter.

— Oui, et toutes les fenêtres du rez-de-chaussée ont volé en éclats. La maison entière s'est remplie de pluie et d'eau de mer.

— Il y avait quelqu'un à la maison ? demanda Sally.

— Oui ! J'étais à Eden avec mon père et Robert. S'il n'avait pas été aussi rapide, d'ailleurs, je me serais sans doute noyée.

— Après coup, nous avons passé des semaines entières sur des échelles, papa et moi, pour réparer les dégâts, intervint Thomas.

— Et moi, j'aidais maman dans la cuisine toute la journée, nous préparions à manger pour les travailleurs, ajouta Becca.

Tout le monde était fasciné par l'histoire de l'ouragan – tout le monde sauf, à en juger par les apparences, tante Carol, qui fixait une auréole au plafond. Sarah l'interrogea sur son activité de bénévolat à Pittsburgh pour tenter de la distraire.

Soudain, Becca frappa son verre en cristal avec une cuillère à café pour obtenir l'attention générale.

— Je suis si heureuse que nous puissions être réunis, ce soir… J'ai beaucoup de chance. Nous n'avons pas été tous ensemble depuis la mort de Dan. Vous recevoir tous ici, en plein été, c'est vraiment merveilleux. Mes parents, vous le savez, ont construit Eden pour leur famille, et cette maison n'est vraiment vivante que lorsqu'elle est pleine. J'ai même demandé à Ruth de convier Joseph, Benjamin et leurs familles respectives à nous rendre visite la semaine prochaine.

— C'est très généreux de ta part, souligna tante Ruth, et je pense que Joseph, Constance et les filles seront enchantés de venir.

Sarah remarqua que sa mère haussait les sourcils de surprise. Après que tout le monde eut manifesté son plaisir à la perspective de revoir Joseph et de faire la connaissance de son épouse, la tablée redevint silencieuse et tous les regards se tournèrent vers Becca. Elle parut réfléchir à quelque chose d'important, puis se leva brutalement et annonça que le dessert et le café seraient servis dans le salon. Tante Ruth, qui avait aidé Lilly à préparer une tarte aux myrtilles, se rendit dans la cuisine pour l'aider à servir le dessert. Becca chargea Sally et Walter de débarrasser la table.

Sarah la quitta en dernier et rejoignit les adultes dans le salon. Sa mère, oncle Thomas, tante Carol, oncle Andrew, tante Camilla s'étirèrent tous en bâillant : ils avaient déjà trop mangé.

— Bon sang ce qu'il fait chaud, soupira Rachel. Andrew, tu pourrais ouvrir s'il te plaît ?

Pendant que son neveu se débattait avec une fenêtre qui semblait collée par la peinture, Thomas erra dans l'immense pièce, posant un regard critique sur les poutres apparentes et les lames du parquet. Il donna des petits coups sur le manteau de la cheminée. Rachel s'abandonna sur les coussins en velours, ne se rendant pas du tout compte que son oncle se livrait à un examen des lieux, avant d'essuyer des gouttes de transpiration sur son front, avec une serviette en papier.

Sarah commença à se ronger les ongles en pensant à ce que sa grand-mère allait leur annoncer. La veille, alors qu'elle se retournait dans son lit, elle était parvenue à la conclusion qu'elle souffrait d'un cancer en phase terminale. Que deviendrait-elle sans Becca ? Rien qu'à l'idée de la perdre, ses yeux s'embuaient de larmes.

Tante Camilla s'assit à côté d'elle sur le canapé.

— J'imagine que les négociations vont débuter, dit-elle d'un air entendu.

— Comment ça ?

— Ah, ma chère Sarah, soupira-t-elle en lui tapotant le genou. Tu sais bien… La division de cette maison. Il est évident, rien qu'à l'état dans lequel se trouvent les chambres, que Becca a cessé d'entretenir Eden depuis longtemps.

— Tu penses que c'est de ça que mamie veut nous parler ?

— De quoi d'autre pourrait-il s'agir ?

***

Assise à l'autre extrémité de la pièce, Rachel observait son frère. Son irritation suintait par tous ses pores, et il considérait d'un air sévère ses enfants qui ne cachaient guère leur ennui.

— Vous vous êtes bien amusés au tennis, aujourd'hui ? demanda-t-elle à Walter et Sally, par pure provocation : elle les avait entendus se disputer avec leur père, à leur descente de voiture, au retour.

Walter haussa les épaules, et Sally leva les yeux au ciel.

— Ils ne se sont intéressés ni au tennis ni à notre balade sur le port pour admirer les bateaux, expliqua Andrew.

— Quel dommage ! ironisa Rachel.

Andrew lui adressa un sourire narquois, auquel elle répondit par un sourire taquin. Peu importait l'âge qu'ils avaient, il suffisait qu'ils se retrouvent ensemble pour redevenir des gosses, se provoquant comme seuls savent le faire les frères et sœurs. Ça avait toujours été si facile d'exaspérer Andrew… Et il était évident qu'il était déçu qu'on ait perdu l'habitude, à Eden, de s'habiller pour le dîner. Il avait toujours vénéré les portraits qui glorifiaient la droiture familiale : l'austère Bunny Meister, aux cheveux argentés, entouré de ses garçons si brillants et tirés à quatre épingles, de sa fille réservée, formée dans le pensionnat le plus réputé du pays, et de son épouse sereine, imperturbable. Andrew était bien obligé d'admettre que leur héritage bourgeois s'était dissous, qu'ils n'appartenaient plus qu'à ce bourbier que constituait la classe moyenne qui regorgeait de filles-mères et de divorcées en surcharge pondérale.

Sarah interrompit la joute de sa mère et de son oncle en proposant une partie de Scrabble. Sally leva une fois de plus les yeux au ciel.

— Mais ça va durer des heures !

Andrew fut aussitôt partant, comme pour montrer l'exemple à ses enfants : il fallait savoir interagir avec les autres, en toute amabilité.

— J'en suis ! s'écria-t-il.

— Moi aussi, ajouta aussitôt Rachel, évidemment dans la surenchère.

Après tout, c'était elle la lectrice, la spécialiste des mots, et elle serait toujours la meilleure dans ce domaine. Le reste de la journée n'avait que trop été occupé par des exploits sportifs et autres exercices physiques qui l'avaient laissée sur la touche.

— Super. Tante Camilla, tu veux bien te joindre à nous ? lui proposa Sarah.

Rachel regarda sa fille enceinte, à quatre pattes, chercher les jeux de société dans le buffet. Il y avait un backgammon et un Monopoly, ainsi que plusieurs échiquiers et pièces, trois jeux de cartes incomplets tenus par des élastiques secs. Lorsque Sarah mit la main sur le vieux plateau de Scrabble, Rachel l'aida à l'installer sur la table de bridge.

— Chacun pioche sept lettres.

Sarah destinait cette précision à Camilla, tant les règles de ce jeu étaient inscrites dans l'ADN de Rachel et d'Andrew. Ils se servirent à tour de rôle et placèrent avec concentration leurs lettres sur leurs chevalets. Ils tirèrent chacun une lettre supplémentaire, et Rachel se félicita d'avoir eu la main heureuse : son « K » lui permettait d'ouvrir la partie. Elle réfléchit au premier mot qu'elle allait poser, n'ayant que vaguement conscience que sa mère les avait rejoints dans le salon, accompagnée de Ruth qui portait une pile d'assiettes, et de Lilly, chargée du plateau avec la tarte et la glace.

***

Lilly se déchargea du lourd plateau sur la vaste table basse devant le canapé et commença à distribuer les assiettes. Elle tendit à Thomas et à Carol des serviettes et des fourchettes, ainsi que les deux dernières parts de tarte, tandis qu'ils prenaient place sur la causeuse près de la cheminée. Elle s'essuya les mains sur son tablier et s'apprêtait à regagner la cuisine quand Becca la retint.

— Lilly, restez s'il vous plaît. Vous êtes un membre à part entière de cette famille. Je veux que vous entendiez ce que j'ai à dire, vous aussi.

À cette annonce, tous échangèrent des regards interloqués. Lilly s'assit lentement sur le canapé, à côté de Camilla, fermant plus ou moins le grand cercle qu'ils avaient formé dans l'immense pièce.

Becca et Ruth s'étaient placées côte à côte dans les fauteuils pivotants, près de la fenêtre. Dans l'esprit de Lilly, ces deux sièges resteraient à jamais associés à Sadie et Bunny : ils avaient eu leur faveur, surtout à la fin, leur permettant de tourner lentement d'un côté à l'autre pour trouver la bonne lumière, les rayons du soleil qui filtraient par l'immense baie vitrée éclairant les pages de leurs livres.

Lilly inclina la tête vers Thomas, qui se raclait la gorge.

— N'allons pas plus vite que la musique, ma sœur. Nous devrions d'abord discuter de la situation en tête à tête.

— Oh, Thomas, mais non. Ce n'est pas de ça que je veux parler maintenant.

Il hocha la tête.

— Très bien, dans ce cas.

Lilly fut surprise de voir les yeux de Becca s'embuer de larmes. Ruth lui tendit un mouchoir. Walter leva les yeux vers le plafond et étira ses membres potelés, la chaleur était étouffante dans cette pièce. Sally était assise sur une chaise, à côté de sa mère. Toutes deux avaient la jambe droite croisée sur la jambe gauche. L'assemblée attendait en silence que Becca reprenne la parole, à l'exception de Rachel, qui déplaçait ses lettres sur son chevalet. Elle redressa brusquement la tête.

— On ne joue pas alors ? Je m'apprêtais à faire un Scrabble, avec un mot qui commence par un « Z » en plus !

Andrew secoua la tête.

— Si ça ne t'embête pas, Rachel, je crois qu'il est important que nous ayons cette discussion tous ensemble. Je n'ai pas souvenir que nous ayons abordé un sujet aussi important en famille auparavant. Je sais avec certitude que dans ma jeunesse il y avait beaucoup de choses dont on ne parlait pas.

Lilly ne parvenait pas à anticiper la suite. Ruth, elle, semblait dans la confidence. Elle encouragea Becca d'un signe de tête et lui souffla tout bas :

— Tu en es capable.

— Je ne sais pas très bien par où commencer… J'espère que vous serez tous susceptibles de faire preuve d'ouverture d'esprit. Voyez-vous, l'année de mes seize ans, lorsque mes frères sont rentrés de la guerre, Edward et Bobby, euh…, bafouilla-t-elle. Eh bien, mes parents ont organisé une grande fête ici, à Eden. Je n'avais jamais assisté à rien de tel, j'ai eu l'impression que la célébration durait plusieurs jours. C'était une période très heureuse et exaltante pour tout le monde. Thomas était là, Ruth aussi… vous pouvez leur demander.

— J'étais présente, confirma cette dernière.

Becca avait capté l'attention générale à présent. Même Walter et Sally semblaient intéressés, sans doute séduits par la vision de leur grand-mère, jeune, à une fête de ce genre. Lilly leur avait déjà montré les photos de leurs grands-oncles, Edward et Robert, dans l'escalier de service. Ils étaient si beaux, posant dans leurs uniformes kaki en se tenant par les épaules.

— J'avais toujours été une jeune fille réservée. Ma mère, vous savez, a été très soucieuse pendant la guerre. Et avant, elle s'était beaucoup rongé les sangs à cause de la maladie de Thomas.

Il secoua de nouveau la tête et demanda :

— Mais quel rapport avec…

— S'il te plaît, Thomas, j'aimerais que tu me laisses terminer.

Il hocha la tête, dubitatif, et Carol le considéra d'un air préoccupé.

— Thomas était épileptique, vous le savez. À cette époque, tout le monde ne comprenait pas forcément cette maladie, et d'ailleurs on ne lui donnait pas toujours ce nom.

— Mais enfin, Becca ! s'emporta Carol. Quel rapport cela a-t-il avec ton histoire ?

— J'essaie juste de brosser un rapide tableau du contexte de l'époque.

Carol croisa les bras sur sa poitrine.

— Or pendant la guerre, eh bien, ma mère était vraiment exténuée, et mon père travaillait constamment. C'était difficile. À l'armistice, quand mes frères sont rentrés… Ruth s'en souvient, elle aussi. Robert et elle s'aimaient tant… Brusquement, ma mère était heureuse : tous ses enfants étaient réunis autour d'elle, et il y avait un mariage à l'horizon. Pour être sincère, de toute mon existence, je ne l'avais jamais vue aussi radieuse.

Elle m'a même fait la surprise de m'offrir une superbe robe pour l'occasion, une vraie folie. Je me souviens encore de la façon dont la jupe tournait autour de mes jambes… La fête était magique. Il y avait une grande tente, et un orchestre qui jouait pour nous. Des lanternes avaient été suspendues à l'intérieur et dans le jardin. Les gens étaient partout. Papa avait même loué une immense fontaine qu'il avait installée au centre de la tente ; du champagne en a coulé toute la nuit. Je crois que c'est à cause d'elle que mes ennuis ont débuté. Je buvais de l'alcool pour la toute première fois. Je ne vous apprends pas que le champagne est très plaisant avec son côté sucré, j'avais soif à force de danser, et puis il faisait chaud, bref j'ai bu bien plus que de raison.

Évitant les regards de son auditoire, Becca se concentra sur l'expression encourageante de Ruth. Lilly commençait à entrevoir la direction que prenait cette histoire. Elle se souvint de cet après-midi, quelques semaines après la mort de Dan, où elle avait croisé une femme dans la cuisine, une certaine Lee. Becca la lui avait présentée, et Lilly avait été frappée par la ressemblance entre Rachel et Lee. Lilly s'était alors interrogée, mais elle avait aussitôt balayé ses soupçons en songeant : *Impossible*. Cette pauvre Rachel, qui continuait à jouer avec ses lettres sur son chevalet, n'avait pas la moindre idée de la révélation qui s'apprêtait à la frapper de plein fouet. Une fois encore, Becca ne cherchait pas à la ménager… Mais l'avait-elle jamais fait ?

Becca baissa les yeux et prit une profonde inspiration.

— Le jeune homme avec lequel je dansais avait bu, lui aussi. Il était très tard, et nous nous sentions… Je me sentais si libre. Pour la première fois, et je n'exagère pas, le ciel au-dessus de nos têtes était enfin dégagé de toute inquiétude. Et personne ne s'était jamais intéressé à moi avant. Je n'avais aucune expérience de la vie, je ne savais pas comment me conduire dans une situation pareille... Nous sommes allés nous promener sur les dunes, nous nous sommes assis dans le sable, côte à côte, et nous nous sommes laissés emporter par nos émotions.

Becca s'interrompit comme pour rassembler ses esprits.

***

Sarah observa Sally, qui s'était penchée en avant, bouche ouverte. Elle aurait préféré que sa cousine dissimule un peu mieux sa surprise, digne d'une mauvaise émission de télé. Sarah entortilla une longue mèche de ses cheveux et posa une main sur son ventre. Elle sentit quelque chose sous ses côtes, une palpitation discrète, une sensation qu'elle n'avait encore jamais éprouvée.

— Je viens de sentir le bébé bouger !

Elle plaqua aussitôt sa main sur sa bouche, se rendant compte qu'elle avait interrompu la confession de sa grand-mère.

— Pardon, mamie.

Becca lui sourit, et Sarah remarqua les larmes qui lui mouillaient les joues.

— C'est là où ton histoire rejoint la mienne, ma chérie. À la fin de l'été, il est devenu évident, en tout cas pour ma mère, que j'étais enceinte.

Rachel laissa échapper un cri. Becca se tourna à nouveau vers Ruth, et reprit, avec un débit plus rapide :

— Vous savez, je suppose, combien ce genre d'histoire pouvait être la cause d'un scandale, à mon époque. Ma mère a insisté pour que personne ne soit au courant, pas même mon père ou mes frères. Elle s'est débrouillée pour que j'aille dans un foyer à Kansas City. Tout le monde me croyait en pension. Je suis même rentrée avec un faux diplôme.

Ruth lui tendit un mouchoir.

— Je suis restée là-bas jusqu'au printemps suivant. J'ai eu une magnifique petite fille. Maman est venue me chercher pour me ramener à Eden. Je crois que Robert et Ruth se sont mariés trois semaines plus tard, environ, et l'attention de tout le monde a été accaparée par les préparatifs. J'ai gardé ce secret pendant plus de cinquante ans.

— Tu veux dire que tu n'en as jamais parlé à papa ? lui demanda Rachel.

— Non, lui répondit sa mère en la regardant droit dans les yeux. Je ne lui en ai jamais parlé.

Après un silence, Becca reprit :

— J'ai été tentée de le faire bien des fois, cependant j'avais un grand sentiment de honte, et bien sûr ma mère avait insisté pour que je tire un trait sur cette histoire. Puis vous êtes nés, Andrew et toi, et j'ai pensé que je pouvais tourner la page, faire comme si vous étiez mes seuls enfants. Plus le temps passait, plus ça devenait difficile d'en parler à votre père.

— Mais quand je suis tombée enceinte de Sarah, tu ne m'as pas laissé le choix, tu as insisté pour…

— Pour que tu gardes ta fille, Rachel. Je ne voulais pas que tu connaisses le même…

— Tu as refusé d'entendre parler d'une autre option…

— Rachel, s'il te plaît, arrête de te faire passer pour une victime. Regarde Sarah, ta magnifique fille, assise à côté de toi. Tu imagines un instant ce qu'elle peut ressentir en t'entendant ?

La peau de Sarah s'échauffa, elle sentit qu'elle rougissait. Sally et Camilla la dévisageaient.

— Oncle Andrew, pourrais-tu essayer encore une fois d'ouvrir cette fenêtre ? lui demanda-t-elle.

— Mon Dieu…, lâcha Thomas.

Carol était pétrifiée à côté de lui. Elle agrippait la jambe de son mari et ouvrait de grands yeux, ce qui accentuait les rides de son front.

Becca poursuivit :

— Et donc, puisque nous sommes tous réunis ce week-end, j'ai invité Lee à se joindre à nous au brunch de dimanche, ici, à Eden. Elle est très impatiente de faire votre connaissance.

Sarah se leva pour aller prendre sa grand-mère dans ses bras.

— Oh, mamie ! Je suis désolée, je suis vraiment désolée pour toi.

— Tu comprends maintenant pourquoi je tiens à ce que tu veilles au mieux sur ton bébé ?

Sarah hocha la tête, les yeux humides et la gorge nouée. Elle prit plusieurs assiettes avec des parts de tarte intactes et de la glace fondue pour les apporter dans la cuisine, avant de sortir respirer devant la maison.

***

Lilly s'approcha de Becca pour l'étreindre à son tour. Camilla se tenait prête à l'imiter, mais Lilly percevait la suffisance qui émanait d'elle : cette famille ne possédait pas, au fond, la rigueur morale que son mari lui avait toujours vantée.

— Waouh, quelle histoire ! s'exclama Sally. C'est un peu comme si… comme si tu avais été violée !

— Doux Jésus, non, Sally ! Je n'ai jamais envisagé les choses ainsi, je ne me suis jamais considérée comme la victime d'un crime.

— Eh bien aujourd'hui ce serait le cas…

— Ça suffit, intervint Camilla.

— Je suis trop impatiente de la rencontrer ! ajouta Walter, anticipant le prochain épisode de ce feuilleton familial.

Pendant que Camilla entraînait ses enfants au premier, Thomas et Carol se réfugièrent dans la véranda. Lilly réunit les dernières assiettes sur le plateau et l'emporta dans la cuisine, pour laisser Becca seule avec Andrew et Rachel. Il était grand temps qu'elle parle à ses enfants.

***

Rachel fixait le chevalet de son frère, retournant les lettres les unes après les autres. Elle posa un regard féroce sur sa mère, exigeant des explications. Aucune ne vint, et Rachel s'emporta.

— Espèce d'hypocrite ! Tu as exigé de moi le contraire de ce que tu avais fait !

— Attends une seconde, Rachel, intervint Andrew. Maman, tu as la moindre idée de l'endroit où se trouve le père du bébé… de Lee ?

— Oui, il… il vit toujours ici.

— À Long Harbor ! s'écria Rachel. Oh, mon Dieu !

— Il n'a jamais su que j'étais enceinte. Nous ne nous sommes jamais reparlé après cette nuit. Il était invité à la fête parce qu'il rentrait d'Europe, comme mes frères. Il ressemblait à tous les autres amis de Robert et d'Edward, il était si séduisant dans son uniforme… Ma mère avait invité tout Long Harbor.

— Qui est-ce, maman ? insista Rachel.

— Sal Fabbrizzio.

— Mon Sal Fabbrizzio ?

— Oui.

Rachel balaya toutes les lettres du Scrabble sur le tapis.

— Merde ! lâcha-t-elle avant de partir se réfugier dans sa chambre.

32

KANSAS CITY
1945

Le jour céda la place à la nuit, puis à l'aube. Le soleil se levait lorsqu'un employé des wagons-lits passa la tête dans le compartiment de Becca.

— Nous arrivons dans quinze minutes à Union Station, lui dit-il en lui déposant une cuvette d'eau fraîche, ainsi qu'un plateau avec du thé et du pain grillé.

Kansas City était le terminus, et Becca entendit les autres passagers s'agiter dans le couloir, refermer leurs bagages à main.

Le voyage avait duré plus de vingt heures, et même si le train comportait un wagon-restaurant, elle n'avait réussi à avaler que les crackers et la limonade au gingembre que sa mère lui avait glissés dans ses bagages. Sadie avait aussi ajouté *Jane Eyre*, de Charlotte Brontë, mais Becca avait renoncé à s'y plonger pour regarder le paysage, apercevant sur la vitre le reflet de ses yeux tristes et de sa bouche amère. Elle était lasse des surprises maternelles.

Elle étira les bras au-dessus de sa tête pour dénouer les tensions qui s'étaient formées dans sa nuque et ses épaules. Le Dr North avait raison : même si sa silhouette n'avait pas changé de l'extérieur, son corps faisait des heures supplémentaires. Elle se leva en bâillant, sentit des fourmis dans ses jambes. Après avoir réuni ses quelques affaires, elle regarda dehors. Depuis que le jour s'était levé, elle n'avait vu que des kilomètres et des kilomètres de champs de maïs. À présent, les premiers signes d'agglomération étaient visibles. Il aurait pu s'agir de Pittsburgh, si l'architecture des bâtiments n'avait pas été différente, sans parler de la lumière, et de la couleur du ciel. Dans ce décor insolite, Becca se sentait encore plus loin de sa famille. Elle resta devant la vitre pendant que les autres passagers commençaient à s'entasser dans le couloir.

Les freins crissèrent sur les rails avant l'arrêt complet du train dans un mouvement brusque. Becca attendit que les voyageurs se précipitent vers la sortie – ils étaient sans doute heureux de rentrer chez eux, de retrouver des êtres chers. Elle n'était pas pressée le moins du monde.

Lorsqu'elle finit par atteindre la porte du wagon et balaya le quai embrumé du regard, le gigantisme de la gare la surprit. Elle accepta la main du contrôleur pour ne pas perdre l'équilibre en descendant sur le quai, très éloigné du marchepied. Un grand Noir en costume bleu marine et casquette de chauffeur vint à sa rencontre et lui dit :

— Vous devez être mademoiselle Meister.

Becca lui répondit d'un signe de tête.

— Je suis Ronald. J'ai su que c'était vous parce que vous êtes descendue en dernier. Les filles que nous recevons ne sont jamais pressées de quitter ce train.

— Oh, merci, lui répondit Becca en essayant de sourire quand il la débarrassa de son bagage à main.

Il lui indiqua un banc dans le hall de la gare, où elle l'attendit pendant qu'il allait chercher sa malle. Le plafond, incroyablement haut, était orné d'une fresque représentant des nuages et des angelots. Une énorme horloge en cuivre brillant était accrochée à un arc-boutant devant elle. Une femme blonde, en élégant costume rose et chapeau assorti, s'impatientait : elle tapait du pied et regardait sans arrêt sa montre-bracelet. Soudain, un beau jeune homme jaillit de la foule et se précipita vers elle. Elle lui sourit et ils s'embrassèrent avant de se diriger vers la sortie, bras dessus bras dessous.

Ronald la rejoignit avec sa malle sur un chariot.

— Très bien, mademoiselle. Si vous êtes prête, vous pouvez me suivre jusqu'à la voiture. Par ici.

Becca garda le silence, ne quittant toujours pas des yeux la jolie blonde et son petit ami.

— Mademoiselle ?

— Je vous demande pardon. Je ne m'attendais pas à une gare aussi grande, dit Becca en levant les yeux vers le magnifique plafond.

— Nous avons une douzaine de lignes. C'est l'une des plus grandes gares du pays. Ça paraît logique, non ? On est en plein milieu du pays. Toutes les voies qui sillonnent les États-Unis passent par ici.

Dans la voiture, Ronald continua à lui vanter la position centrale de Kansas City, avant de mentionner les lois sur l'adoption, très progressistes dans l'État du Missouri, ce qui avait conduit à la construction de nombreux foyers pour jeunes filles. Depuis trente-cinq années environ, des filles-mères venaient se réfugier à Kansas City. À présent, il y avait une douzaine de ces établissement, petits ou grands, qui veillaient sur les demoiselles comme Becca, dans une situation délicate.

— De tous ceux que compte la ville, aucun n'est aussi discret que les Saules, lui expliqua Ronald. Certains l'ont surnommé le Waldorf, parce que c'est le plus chic, aussi.

Alors que Ronald s'engageait prudemment sur la petite voie privée menant au bâtiment, Becca se remémora les paroles de réconfort de sa mère : elle se sentirait chez elle dans cet endroit. Il avait dû s'agir à l'origine d'une belle demeure victorienne, de couleur vert pâle, avec les cadres des fenêtres et des portes en vert plus foncé, qui s'était étendue à plusieurs reprises, pour accueillir toutes les jeunes mères et leurs bébés, dans l'attente d'une adoption. Il y avait une grande véranda, où plusieurs filles étaient assises, par petits groupes, et en face se trouvait un très beau parc. La mère de Becca avait raison, l'endroit était accueillant, pour autant celle-ci n'avait aucune envie de se faire des amies et de se prélasser sur la balancelle de la véranda. Soudain, elle aspirait à une petite chambre d'hôpital impersonnelle, où elle pourrait conserver son anonymat.

Elle suivit Ronald sur le perron et lut la plaque en bronze près de la porte d'entrée : *Foyer des Saules, fondé en 1910, Dr Edwin Lawton et son épouse.* Ronald ouvrit l'immense porte en acajou et fit entrer Becca dans le vestibule, qui servait d'espace d'accueil, avec son comptoir semblable à la réception d'un hôtel. Deux filles étaient assises dans des fauteuils en cuir rouge près de la fenêtre. Elles levèrent les yeux de leur tricot à l'arrivée de Becca.

Une femme d'un certain âge, qui ressemblait à une Mère Noël avec des lunettes sur le nez et un chignon gris, vint à sa rencontre. Elle portait un chemisier, une veste et une jupe ample. Elle sourit, regarda Becca dans les yeux et lui prit ses mains glaciales.

— Bonjour ! Je suis madame Lawton, et vous devez être Becca. Vos mains sont si froides… L'hiver nous guette déjà au tournant !

Elle prit une grande enveloppe libellée à l'attention de « Becca M. ».

— Nous avons beaucoup de détails pratiques à évoquer ensemble, ma chère, mais ça peut attendre. Vous avez fait un long voyage. Ronald va vous conduire à votre chambre. Je vous suggère de vous reposer un peu avant le dîner.

Peut-être était-ce dû à la gentillesse évidente de Mme Lawton, ou à son tempérament empathique, quoi qu'il en soit, Becca réussit à oublier ses inquiétudes immédiates. Elle avait craint que son sentiment de honte ne soit ravivé ici, pourtant loin de la juger Mme Lawton n'était que bienveillance.

Ronald hissa la malle de Becca dans l'escalier de service et la déposa au pied d'un lit simple. En plaçant sa casquette sur son cœur de la main gauche, il lui fit au revoir de la main droite.

— Mademoiselle Meister, j'espère que tout se passera bien pour vous.

— Merci, Ronald.

Il referma doucement la porte derrière lui en sortant.

Une fois seule, Becca fit un tour sur elle-même pour observer l'endroit où elle passerait les sept mois à venir. Sur le parquet peint en gris se trouvait un tapis au crochet, rose pâle. Une immense fenêtre, qui laissait entrer le soleil, éclairait un bureau blanc, placé juste en dessous. Un service à thé en argenterie ainsi qu'une assiette de biscuits étaient posés dessus. Le lit, collé au mur, avait des draps blancs et un jeté en coton. La pièce, baignée de lumière, était pleine de touches joyeuses, mais Becca tira les rideaux, éteignit la lampe de bureau et tourna le dos au service à thé.

Elle ouvrit le tiroir de la table de chevet, où elle trouva une Bible. Elle la sortit et s'assit sur le lit, la retourna entre ses mains. Peut-être profiterait-elle de sa présence ici pour la lire. Il lui faudrait sans doute sept mois. Sa tête l'élançait, et elle prit soudain conscience de sa fatigue. Elle s'allongea.

Le bruit d'une cloche la réveilla en sursaut. Elle se leva et ouvrit, en se frottant les yeux, la porte de sa chambre. Un flot de jeunes femmes bruyantes défilait dans le couloir. L'estomac de Becca gronda tandis qu'elle leur emboîtait le pas pour aller dîner.

Le réfectoire aux lambris de chêne contenait une douzaine d'immenses tables rondes couvertes de nappes blanches, et toutes étaient décorées, en leur centre, de chrysanthèmes. Elle observa les filles qui se répartissaient autour des tables, reprenant des conversations entamées plus tôt.

Becca se faufila vers une chaise à l'une des tables vides, près du mur. Au milieu se trouvaient des pichets d'eau glacée et de lait, couverts de condensation. Trois filles avec d'énormes ventres s'approchèrent d'elle en la considérant d'un air interloqué, et elle comprit qu'elle était une intruse à cette table. Elles se concentrèrent pour s'asseoir avant de s'intéresser à elle.

— Une nouvelle ! s'écria l'une d'elles, l'air mauvais.

— Je suis désolée, je ne savais pas où m'asseoir.

— Tu as bien fait, lui dit une autre, avec un visage plus doux. Il y a de la place, on est de moins en moins nombreuses.

— Je m'appelle Becca.

— Moi, c'est Mabel, se présenta celle qui était renfrognée.

Elles furent interrompues par une domestique qui leur apportait de la dinde rôtie, des haricots verts et de la purée de pommes de terre.

— Un peu tôt pour Thanksgiving, non ? ironisa Mabel en passant les plats en revue. Je ne crois pas être capable d'avaler ça. J'ai rêvé de sauce tomate toute la journée.

Becca veilla à ne pas trop remplir son assiette. Même si elle avait retrouvé son appétit pour la première fois depuis plusieurs jours, elle jugeait naturel de laisser la priorité à celles qui, selon elle, devaient avoir encore plus faim. Ses compagnes de tablée se servirent pourtant de minuscules portions, mangeant la dinde et les haricots verts du bout des lèvres. Mabel ne prit qu'une louche de purée de pommes de terre.

— Becca, c'est ça ? lui demanda-t-elle.

Elle hocha la tête en silence.

— Alors Becca, tu es la bienvenue, mais tu ferais sans doute mieux de te rapprocher de nouvelles comme toi, qui en sont au même stade. Nous avons été jusqu'à huit autour de cette table. Ce ne serait pas très agréable de te réveiller un matin et de te rendre compte que toutes tes amies ont disparu. Et puis mieux vaut éviter pour toi de nous entendre nous plaindre de nos douleurs, alors que tu n'as pas encore à les subir.

Becca baissa les yeux vers son assiette. Elle se détestait de ne pas réussir à contrôler le tremblement de sa lèvre ou le rouge qui lui montait aux joues. Ces derniers temps, elle avait l'impression que tout pouvait la blesser ou lui mettre les larmes aux yeux.

— Bravo, Mabel, dit l'une de ses compagnes, tu l'as contrariée. Tu pourrais être un peu plus accueillante, c'est son premier soir ici.

— Clara, il n'est jamais trop tôt pour comprendre comment les choses fonctionnent ici. J'aurais aimé, moi, que quelqu'un m'explique, dès mon arrivée, que ma compagne de chambre disparaîtrait en pleine nuit un mois plus tard et ne reviendrait pas. Après tout ce qu'on avait partagé, elle et moi, ça a été encore un chagrin de plus.

Becca se tamponna le coin des yeux avec une serviette, puis releva la tête et vit que d'autres domestiques approchaient. Pendant le dîner, elle écouta des bribes de conversation, s'intéressant à telle fille ou à tel récit malheureux. Elle avait beau avoir appris que les commérages étaient malpolis, elle les trouvait rassurants pour des raisons malsaines : savoir que certaines avaient vécu des histoires plus tristes que la sienne lui apportait du réconfort. Après avoir entendu Mabel se confier sans retenue, Becca mesura sa chance : elle n'avait pas été brutalisée, Sal n'était ni son cousin ni son beau-père.

Le lendemain, elle passa en revue avec Mme Lawton l'ensemble des règles, son emploi du temps et les formulaires médicaux. Sur tous les documents, son nom figurait sous une forme abrégée « Becca M. ». Mme Lawton lui expliqua que les patronymes n'étaient en aucun cas utilisés aux Saules, cela faisait partie de la politique de confidentialité de l'établissement. Lorsqu'elle s'excusa un instant pour répondre au téléphone, Becca remarqua qu'un passage de la Bible, Exode 2 : 1, était encadré et suspendu derrière son bureau.

Un homme de la maison de Lévi avait pris pour femme une fille de Lévi. Cette femme devint enceinte et enfanta un fils. Elle vit qu'il était beau, et elle le cacha pendant trois mois. Ne pouvant plus le cacher, elle prit une caisse de jonc, qu'elle enduisit de bitume et de poix ; elle y mit l'enfant et le déposa parmi les roseaux, sur le bord du fleuve.

Becca remarqua alors que Mme Lawton était de retour et l'observait.

— Vous voyez, Becca, depuis la nuit des temps, les mères ont dû abandonner leurs enfants. C'est parfois inévitable.

33

LONG HARBOR
Samedi 4 juillet 1998

Comme Andrew passait dans la cuisine, Lilly lui tendit le seau à champagne argenté. Il avait déjà fait de nombreux allers-retours pour emporter le gin, la vodka, le scotch, le tonic et l'eau gazeuse. Lilly avait deviné qu'il alignerait les bouteilles en verre, c'était dans ses gènes. Il l'avait appris de Dan, lequel l'avait appris de Bunny. Ils avaient tous les trois la même façon de tenir le bar sous la véranda, en se balançant d'avant en arrière sous leurs pieds, les épaules bien carrées, admirant la pelouse, les dunes et l'océan au-delà. Andrew fit un dernier trajet vers la cuisine pour récupérer le vin blanc et le jus de cranberry de ces dames. Lilly lui demanda :

— Tu as prévu des sodas pour les enfants ?

— Ils peuvent se débrouiller tout seuls.

— Je n'ai aucune envie de les avoir dans mes pattes.

Andrew la considéra avec étonnement, sans doute parce qu'il n'était pas habitué à ce qu'elle livre le fond de sa pensée. Elle le suivit dehors avec une pile de petites serviettes en papier. Ils disposèrent les derniers éléments sur le bar, puis elle vérifia qu'ils étaient bien seuls avant de se pencher tout près de lui.

— J'ai besoin de te parler, Andrew, murmura-t-elle en sortant le morceau de papier plié de la poche de son tablier et en le lui tendant comme s'ils se livraient à une transaction illégale.

Après l'avoir dévisagée, dubitatif, il étala la lettre sur le bar. Il sortit ses lunettes de la poche intérieure de son blazer et se servit une vodka à la cranberry. Lilly le regarda avaler une gorgée de son cocktail et mesura combien le moment était mal choisi : il n'avait pas encore eu le temps de se remettre du choc causé par la révélation maternelle de la veille.

— Qu'est-ce que c'est ?

— Une lettre que j'ai trouvée en préparant les chambres.

Elle eut l'impression qu'il repliait la lettre sans avoir pris la peine d'aller plus loin que l'en-tête. Il la lui rendit.

— Tes oncles veulent vendre Eden.

— Et ?

Il ne semblait pas surpris.

— Je pensais que c'était bien que tu sois au courant.

— Merci, Lilly, mais ça ne te concerne en rien, dit-il en faisant tourner les glaçons dans son verre.

— Quelqu'un doit tenir tête à ton oncle Thomas. Pour ta mère ! Tu imagines, vendre cette maison après tout ce qu'elle a traversé ?

— La situation est sous contrôle.

Lilly fut frappée par le fait que la mise en vente d'Eden ne constituait en rien un problème aux yeux d'Andrew. Comme il lui semblait soudain insensible…

— Alors tu as parlé à Thomas ?

— Lilly, c'est une affaire de famille. Je te remercie néanmoins de m'avoir montré cette lettre.

— Je me fais simplement du souci pour ta mère.

— Sois bien assurée que moi aussi, je m'en fais, lui dit-il avec un hochement de tête suggérant que la conversation était terminée. Je subirai ce maudit brunch avec ma nouvelle « sœur », puis j'aurai une discussion avec ma mère. Il y a un moment qu'elle est dans le déni au sujet de son avenir et d'Eden.

Lilly se renfrogna. Andrew avait joué le bon fils toute la journée, préparant les inévitables hamburgers et hot-dogs du 4 juillet au barbecue, mais en réalité il était égoïste et rancunier. Pourquoi se soucierait-il que Becca, Rachel et Sarah puissent perdre Eden ? Il n'y venait presque plus jamais, et il était évident que Camilla ne pouvait pas supporter cet endroit.

Ses enfants ne valaient pas mieux. « Je croyais qu'on était censés s'amuser pour la fête nationale », avait gémi Walter autour du barbecue, pendant qu'Andrew déposait les saucisses brûlées dans le plat que Lilly lui tendait.

« Tu t'amuseras ce soir, lui avait rétorqué son père. Notre famille sait recevoir comme aucune autre. »

Lilly se rendit compte, en regardant sa montre, que les invités n'allaient plus tarder. Elle décida d'abandonner Andrew à son cocktail. En se dirigeant vers les portes-fenêtres du salon, elle repéra Walter et Sally, qui criaient sur les dunes. Leurs serviettes étaient enroulées autour de leurs maillots de bain. Andrew les avait aperçus, lui aussi.

— Vous feriez mieux de vous dépêcher de vous doucher et de vous habiller ! leur hurla-t-il en s'approchant de la rambarde. Nos invités ne vont pas tarder à arriver.

Ils coururent jusqu'à la douche extérieure, sur le côté de la maison, Walter cherchant à frapper sa sœur avec sa serviette.

Lilly était de retour dans la cuisine, où elle préparait des bâtonnets de céleri et des fleurons de chou-fleur, lorsqu'elle entendit Andrew entrer dans l'office.

— Monsieur Bell boit du bourbon, n'est-ce pas, Lilly ? lui lança-t-il.

Elle éleva la voix pour qu'il puisse l'entendre à travers la porte battante.

— Je crois bien, oui.

Elle aperçut sa silhouette dans l'entrebâillement, à genoux. Les bouteilles en verre qui s'entrechoquaient masquaient presque ses grommellements.

Thomas le rejoignit dans l'office.

— Sers-moi un scotch, tu veux bien, Andrew ?

— Sec, alors. Mon seau à glace est dans la véranda.

— Bien sûr.

Lilly n'était pas surprise que Thomas ait envie d'un petit remontant avant l'arrivée des invités. Il n'était pas très porté sur les réunions intergénérationnelles qui étaient de rigueur à Long Harbor. Il avait toujours préféré la compagnie des hommes, et la perspective d'avoir à se frotter à des femmes et des enfants le mettait mal à l'aise.

— Ah, mon grand… Quelle sacrée histoire elle nous a racontée, ta mère !

Thomas posa bruyamment son verre vide sur le meuble.

— Malheureusement, c'est bien plus qu'une simple histoire, oncle Thomas. Tout est vrai.

Lilly coupa l'eau pour mieux entendre.

— Je n'en reviens pas. J'étais à Pittsburgh l'hiver où elle a fait ce séjour bidon en pension, et je n'ai jamais rien soupçonné. J'ai mis du temps à comprendre où elle voulait en venir, hier. À mon âge, les surprises ne sont pas vraiment les bienvenues.

— C'est le cas à tout âge, tu sais.

— Elle a traversé beaucoup d'épreuves.

Lilly alla ouvrir la porte du réfrigérateur pour se rapprocher de l'office. *Un peu qu'elle en a traversé, oui !* Dieu qu'ils manquaient d'empathie ! Certes, Becca avait peut-être manqué de tact dans sa façon d'annoncer les choses, mais avaient-ils essayé un seul instant, l'un ou l'autre, de se mettre à sa place ? D'imaginer ce qu'elle avait vécu ? Lilly était persuadée que même Rachel, qui avait dû être particulièrement bouleversée par cette révélation, en avait été capable.

— Papa nous a quittés il n'y a même pas un an. Elle n'a pas encore repris tous ses esprits.

— En effet.

— D'ailleurs, il faut que nous discutions du moyen de la libérer de ses dettes.

Lilly fronça les sourcils, sentant monter l'angoisse. Elle ignorait que Becca était endettée. Elle se sentit aussitôt terriblement coupable d'avoir fait toutes les courses chez Dade, sans regarder à la dépense.

— J'y ai réfléchi, reprit Thomas.

Mais à ce moment-là, on sonna à la porte d'entrée, et les deux hommes s'interrompirent. Lilly récupéra de la crème fraîche dans le réfrigérateur et en referma la porte.

— Vous voulez que j'aille ouvrir ? lança-t-elle.

— Non, j'y vais, lui répondit Andrew. Les anciens sont toujours en avance !

Lilly le suivit, quelques pas en retrait, avec un plat de crudités. C'était la vieille amie de Becca, Mary Bell, avec son mari, Whit, et leur fils Jason. Lilly se souvenait d'un mariage en grande pompe, quelques années plus tôt, pourtant il était là tout seul, les mains dans les poches, derrière ses parents.

Andrew les accompagna dans la véranda. Il décapsula une bière pour Jason avant de se lancer dans un numéro de charme avec les Bell.

— Je m'occupe de vous servir votre premier verre, mais ensuite ce sera à vous de vous débrouiller tout seuls, comme des grands !

— Oh, Mary, tu es là ! s'exclama Becca en poussant la porte moustiquaire.

Elle venait juste de descendre après avoir apporté les touches finales à sa tenue : une robe de cocktail rouge toute simple, au genou, et, sur ses épaules, l'étole en soie aux couleurs du drapeau américain qu'elle portait toujours pour cette occasion.

— J'ai perdu toute notion de l'heure, et je ne vous ai même pas entendus arriver !

Elle embrassa Whit sur les deux joues pendant qu'Andrew lui servait un verre de vin blanc.

— C'est vraiment une sacrée belle vue que vous avez là, madame Fitzpatrick, lui dit l'époux de Mary en se prélassant dans l'un des fauteuils rembourrés.

Lilly posa les crudités sur une table basse et s'essuya les mains sur son tablier. La sonnette retentit de nouveau. Elle croisa Ruth et Sarah dans le salon, qui feuilletaient un vieil album photo, rangé sur la même étagère depuis des années.

Lilly ouvrit à des amis d'Andrew, qui arrivaient en groupe avec femmes et enfants, et arboraient tous la belle mine de ceux qui avaient passé la journée au soleil avant de se débarbouiller et de se préparer à une soirée festive, digne de l'époque mythique de Long Harbor. Lilly les conduisit à la véranda, puis regagna la cuisine.

Rachel descendit par l'escalier de service et ouvrit le réfrigérateur pour se servir un verre de vin blanc.

— Tu es ravissante, lui dit Lilly.

Rachel portait sa tenue habituelle du 4 juillet : pantalon blanc aux jambes évasées, sandales à plateforme, un ample pull ras-du-cou marine et un foulard rouge noué autour du cou. Elle avait attaché ses cheveux et ses immenses lunettes de soleil cachaient ses cernes sous ses yeux fatigués. Elle avait même mis du maquillage – rouge à lèvres compris.

— Tu parles… On fait ce qu'on peut.

Elle avala une longue gorgée, avant de remplir son verre.

— Maintenant va rejoindre les autres, l'encouragea Lilly, touchée par son émotion bien compréhensible.

Elle la suivit avec un plat d'œufs mimosa. Camilla descendait l'escalier au moment où elles traversaient le salon. Elle portait une robe anis, ignorant superbement le fait que le 4 juillet il était d'usage de mettre du rouge, du blanc et du bleu. Lilly s'effaça pour permettre à Rachel et Camilla de sortir les premières.

Andrew et son épouse établirent leur camp dans un coin de la véranda, où ils trinquèrent avec ses vieux camarades et échangèrent des souvenirs de leur folle jeunesse. Lilly faisait passer les amuse-bouche en espérant que toute la nourriture qu'elle avait achetée à prix d'or chez Dade serait mangée. Elle s'attardait près des épouses et des enfants les plus jeunes, leur distribuant serviettes en papier et œufs mimosa.

Lawrence Henningsen était le seul du groupe d'amis d'Andrew à s'être remarié. Le garçon qu'il avait eu avec sa seconde femme, Lawrence Jr, Little Larry, ainsi qu'il le surnommait pour plaisanter, était un blondinet de trois ans vêtu d'une salopette en seersucker rouge, blanc et bleu. Lilly demanda à sa mère si elle pouvait lui donner du fromage et des crackers. Alors qu'elle s'agenouillait devant lui, elle entendit les épouses tenter d'inclure Camilla dans la conversation. Où vivaient-ils ? Où leurs enfants allaient-ils à l'école ? Avaient-il des projets de voyage ? Mais Camilla était si grossière qu'elle ne cherchait aucunement à masquer son ennui.

Les Bell furent les premiers à prendre congé. Lilly ramassait les verres vides éparpillés sur la véranda. Il était dix-neuf heures, et les épouses commencèrent à faire des réflexions à leurs maris, soulignant qu'ils allaient devoir se garer loin du country-club s'ils tardaient trop. Les enfants, eux, étaient prêts à partir, évidemment. Après s'être pliés à la règle et avoir vaporisé de l'anti-moustique sur leurs chevilles et leurs mollets dénudés, ils s'éloignèrent en espérant semer leurs parents, se dirigeant vers les stands de popcorn et de barbes à papa, les sculpteurs de ballons et les maquilleurs. Les adolescents iraient peut-être même jusqu'à se cacher derrière la cahute du mini-golf pour boire une bière.

Le feu d'artifice avait la réputation d'attirer plus de mille personnes au country-club. Il fallait installer des tables sur le gazon, de la véranda jusqu'au dix-huitième trou. Lilly n'y avait jamais assisté, mais Becca prenait toujours le temps de lui relater en détail le spectacle. Elle décrivait les immenses buffets avec différentes salades composées, coleslaw, épis de maïs, petits pains moelleux, poulet et même un rôti de bœuf. En dessert, il y avait des glaces. Une fanfare interprétait les chants patriotiques les plus connus et du jazz de La Nouvelle-Orléans. Des ballons rouges, blancs et bleus, gonflés à l'hélium, étaient accrochés aux sobres compositions florales sur les centaines de tables.

Lilly se posta devant la porte de la cuisine pendant que toute la famille s'entassait dans plusieurs voitures pour le court trajet.

— Amusez-vous bien ! leur dit-elle avant de retourner ranger.

Pendant qu'elle remplissait le lave-vaisselle avec les verres, elle se demanda quel genre de plan Andrew et Thomas allaient bien pouvoir échafauder. Cet été serait-il le dernier de Becca ici ? Et donc le sien ?

34

KANSAS CITY
1945

Becca avançait à petits pas dans le long couloir qui menait à l'aile médicale. Une immense infirmière à cheveux bruns et raides l'attendait sur le seuil de l'une des salles d'examen, une planche à pince pressée contre sa poitrine généreuse. Elle devait mesurer plus d'un mètre quatre-vingts. Chaussant ses lunettes de vue, elle consulta son dossier.

— Becca M. ? lui demanda-t-elle d'une voix grave.

— Oui, répondit la jeune fille en remarquant l'énorme grain de beauté sur son menton.

— Très bien, entrez. Montez sur la balance. Toutes les semaines, vous pouvez vous attendre à la même chose : pesage, tension sanguine. Surtout, prévenez-moi si vous perdez du sang ou si vous avez la moindre douleur.

L'infirmière lui débitait ces informations à toute allure.

— Durant le dernier trimestre de grossesse, les examens seront plus approfondis, ajouta-t-elle en lui indiquant une table avec des étriers contre le mur.

L'infirmière sentait le tabac et le café, ce que Becca constata lorsque celle-ci se pencha vers elle pour écouter son cœur avec un stéthoscope en acier froid. Becca serrait les jambes pendant que l'infirmière, assise sur un tabouret, complétait son dossier. Le stylo semblait disparaître dans sa gigantesque main.

— Avez-vous des questions ? s'enquit-elle de sa voix râpeuse.

— Est-ce que ça va faire mal ? réussit à demander Becca au bout de quelques secondes.

L'infirmière retira ses lunettes. Elle regarda Becca dans les yeux, avant de tousser dans sa main.

— Ma belle, chacune est différente. Et je ne tiens pas à insister sur ce point maintenant, mais oui, sans doute que pour une petite chose comme vous ce sera douloureux.

Elle leva les yeux vers la pendule au mur puis rangea la feuille qu'elle venait de renseigner dans un dossier libellé « Visites hebdomadaires ».

Le cœur de Becca battait à tout rompre. Elle regarda ses pieds. Ils étaient aussi petits que ceux de sa mère.

— Veillez bien à manger tous les légumes qu'on vous sert et faites la sieste aussi souvent que possible, lui dit-elle en se levant pour lui signifier que l'examen était terminé.

Becca reboutonna rapidement son chemisier, pressée de quitter cette aile du bâtiment. En plus de la taille imposante de l'infirmière, le bruit environnant la rendait nerveuse, ce mélange de pleurs de nouveau-nés affamés en provenance de la pouponnière et de gémissements intermittents qui arrivaient de plus loin.

De retour dans sa chambre, elle trouva un message, que Mme Lawton avait glissé sous sa porte : il informait Becca qu'elle avait reçu plusieurs colis de taille importante. Sa mère lui avait envoyé tous les romans, livres d'histoire et manuels de mathématiques correspondant à son programme scolaire. Elle avait même joint à son envoi des sujets de dissertation et des devoirs dont Becca devrait s'acquitter. Sur le haut du premier carton l'attendait une lettre. Dès qu'elle découvrit l'écriture familière, sa lèvre inférieure se mit à trembler.

Ma chère Becca,

Je t'aime, mon trésor. Je ne sais même pas si j'ai eu le temps de te le dire à la gare, mais c'est le cas, je t'aime, et la perspective d'être éloignée de toi aussi longtemps m'attriste profondément. Je pressens que ton séjour à Kansas City sera très difficile, et je voudrais que tu essaies de te changer les idées pour oublier un peu ta situation. À cet effet, je t'ai préparé du travail – autant que tu nous reviennes plus cultivée. Essaie aussi de ne pas négliger ton piano. Je me suis arrangée avec Mme Lawton pour qu'elle te fournisse un professeur particulier, ainsi nous serons certains que tu feras des progrès scolaires. Ton père est encore à New York avec Edward. Il devrait rentrer à Pittsburgh dans quelques semaines. Écris-nous, s'il te plaît, il demande si souvent de tes nouvelles… Je sais combien ça te peine de jouer cette comédie de la pension, mais elle t'évitera, crois-moi, une vie entière d'opprobre.

Tendrement,

Ta maman.

Becca relut la lettre plusieurs fois. Puis elle secoua la tête. Charlotte Brontë et Charles Dickens ne réussiraient jamais à détourner son esprit de ce qu'elle était en train de vivre. Et pourquoi son père montrait-il aussi peu d'intérêt pour son éducation ? « Ta mère m'a parlé de cette pension qui peut se prévaloir d'une longue histoire et qui a formé les jeunes filles des familles les plus prestigieuses, faisant d'elles des femmes capables d'occuper leur place dans la haute société », lui avait-il dit avec un mouvement de tête satisfait. N'avait-il vraiment procédé à aucune enquête sur l'établissement en question, ne s'était-il pas renseigné sur la teneur des enseignements, lui qui avait orchestré la moindre étape de l'éducation de ses frères ? Son cœur se serra lorsqu'elle relut les derniers mots de sa mère : « Elle t'évitera, crois-moi, une vie entière d'opprobre. » Becca comprenait que cette mésaventure ne pourrait, en aucun cas, l'épargner.

Tous les matins après le petit déjeuner, elle sortait se promener dans le parc en face du foyer, malgré l'avis de Mme Lawton, qui l'avait mise en garde contre un excès d'exercice. Une nouvelle arrivante, Eleanor D., prit l'habitude de l'accompagner. Pendant qu'elles faisaient le tour du parc, Eleanor parla à Becca de Houston. Son accent texan, traînant, et sa description des personnages truculents qui peuplaient son quotidien provoquèrent, pour la première fois depuis des mois, le rire de Becca.

— Il y avait des tas de fêtes qui attiraient tous les garçons et l'alcool coulait à flots, lui expliqua Eleanor.

— Ça ressemble beaucoup à la fête que mes parents avaient organisée à Eden.

— Maman était tellement soulagée que la guerre soit terminée. Surtout, je crois, parce qu'elle avait peur que je devienne une vieille fille !

— À vingt ans ?

— Elle m'a poudré le visage, relevé les cheveux, et, au bout de quelques mois, j'avais un soupirant. Maman était folle de joie. Les choses sont allées très vite. Je ne savais pas très bien ce que je devais faire, mais il m'a dit de ne pas m'inquiéter, que nous allions nous marier.

L'histoire d'Eleanor ressemblait à beaucoup de celles que Becca serait amenée à entendre : une jeune fille trahie par un homme qui avait promis de l'épouser.

— Il s'est révélé un vrai goujat. Seigneur, ça aurait été moins douloureux s'il s'était contenté de m'arracher le cœur. Sa mère lui a trouvé une ribambelle de débutantes, il n'a plus qu'à choisir une épouse parmi elles.

Becca parla à Eleanor de ses grands frères, lui peignit Eden de fond en comble, lui raconta qu'elle avait survécu au Grand Ouragan avec son père, lui expliqua que sa famille avait passé les années suivantes à reconstruire la maison.

— Un ouragan ! Ça devait être terrifiant !

— Oui, ça l'était, mais cette catastrophe nous a aussi permis de repartir d'un bon pied. Puis mes frères ont été envoyés au front, en Europe, et pour fêter leur retour il y a eu une superbe fête. Et c'est à cette occasion que…

Becca lui montra son ventre. Eleanor prit sa main gantée dans la sienne. Les feuilles mortes crissaient sous leurs semelles. Le vent régulier courbait les branches des arbres et soulevait les feuilles dans l'herbe brunissante.

— C'était ton petit ami ? lui demanda-t-elle après un bref silence.

— Non.

— Ce n'était pas ta première fois, si ?

Becca hocha la tête, les yeux embués de larmes. Eleanor l'enlaça par les épaules.

— Qui était-ce ?

— Juste un soldat, invité à la fête. J'avais bu trop de champagne, gémit Becca. Je ne me souviens de rien. J'ai l'impression que personne n'a jamais été aussi idiote que moi…

— Oh, ma pauvre chérie ! C'est moi, l'imbécile. Toi, tu étais simplement innocente…

Becca opina du chef, pourtant, quand elle se rappelait combien Sal l'avait serrée contre lui pendant les chansons plus lentes, elle en venait à douter. Elle ne l'avait pas repoussé. L'avait-elle encouragé d'une façon ou d'une autre ? En plongeant son regard au fond du sien ? Existait-il un langage entre les hommes et les femmes qu'elle ne connaissait pas ?

***

Sadie lui écrivit qu'elle avait servi une fable à Bunny pour justifier l'absence de leur fille à Noël, une grippe carabinée qui l'empêcherait de rentrer à la maison. Becca fut blessée de constater que son père avait accepté cette histoire, elle espérait presque, en secret, qu'il abandonnerait tout pour arriver à l'improviste à Kansas City et la sauver. Plus tard, Sadie lui écrivit qu'ils avaient été à New York pour rendre visite à Edward, Robert et Ruth. Sa lettre se concluait par ces mots : « Nous nous préparons à l'annonce d'une grande nouvelle très bientôt ! »

Assise à son bureau, Becca froissa la feuille de papier et la jeta dans sa corbeille. Elle balaya *Jane Eyre* d'un revers de main, l'envoyant sous son lit. Elle scruta les immenses glaçons effilés suspendus à la corniche devant sa fenêtre.

Sa mère lui envoya un véritable déluge de cadeaux pour Noël et pour son anniversaire. Becca n'avait pas connu une telle débauche de présents pendant la guerre, et elle hésita en voyant le papier kraft et les nœuds rouges. Sa mère se donnait tant de peine que ça en devenait insultant. Noël fut tout bonnement désespérant à Kansas City. M. et Mme Lawton eurent beau tenter d'égayer l'atmosphère avec un arbre richement décoré et une soirée du réveillon à chanter autour du piano, Becca ne se sentait pas chez elle. Une seule chose lui mit du baume au cœur : le paquet de sa mère contenait aussi des cartes de son père et de ses frères. Thomas et Edward lui avaient adressé des messages sommaires, mais Robert avait fait l'effort de rédiger une vraie lettre. Il l'interrogeait sur la pension et ses cours, lui décrivait en détail son nouveau poste dans une banque. Il lui parlait de son amour pour Ruth et de la certitude qu'il avait qu'elles s'entendraient à merveille.

Eleanor était avec elle, poussant des « oh ! » et des « ah ! », lorsque Becca déballa des pull-overs épais et des flacons de parfum français. Elle ne prit pas le temps d'admirer ses cadeaux, trop gênée par ces démonstrations maternelles excessives.

— Tu en veux un ? proposa-t-elle à Eleanor en brandissant un gilet rose.

— Je préfère le bleu, lui dit Eleanor en gloussant.

Becca offrit les flacons de parfum aux infirmières avant de se traîner péniblement à sa chambre, à l'étage. Elle s'étendit sur son lit, se recroquevilla sur le flanc et remonta la courtepointe sur ses jambes. Elle regarda les branches des arbres qui frottaient contre la vitre. Étant née à cette période de l'année, Noël avait toujours été sa saison préférée. Elle repensa aux arbres qu'elle décorait avec son père. Ses frères n'avaient jamais montré d'intérêt pour cette activité, si bien qu'ils lui laissaient carte blanche dans ce domaine.

Sa poitrine se serra à l'idée que sa famille continuait à vivre sa vie sans elle. Les larmes commencèrent à couler lentement, puis, ressassant l'injustice de la situation, l'absurdité de ce qui lui arrivait, Becca se mit à sangloter. Soudain, elle sentit un mouvement en elle, comme un petit saut périlleux. Elle s'assit en sursaut et posa une main sur son ventre, dans l'espoir que si elle cessait de pleurer et restait parfaitement immobile la sensation se reproduirait.

***

Une conférence eut lieu après le Nouvel An. Les filles pénétrèrent dans le salon ; un feu brûlait dans la cheminée et une odeur de résine se diffusait dans l'atmosphère. À l'arrivée de Becca et d'Eleanor, il ne restait que peu de places. Certaines filles étaient assises autour de tables de bridge et faisaient une partie de gin rami, d'autres tricotaient. Lorsque la conférencière se présenta, elles reposèrent aussitôt cartes et ouvrages pour se redresser sur leurs sièges.

— Bonsoir, mesdemoiselles. Je m'appelle Amanda Howard. Je suis infirmière à la maternité Fairmount, et je suis ici pour vous parler de contraception.

Plusieurs ricanèrent. Et néanmoins, dès qu'Amanda Howard eut entamé son exposé, les bavardages s'interrompirent. C'était une infirmière, grande elle aussi, aux cheveux ternes et aux traits quelconques. Elle avait la mine sérieuse et s'exprimait avec assurance. Elle exposa de grands schémas sur un chevalet et évoqua des organes dont Becca ne soupçonnait même pas l'existence… Un utérus et des ovaires ? Elle s'agita sur sa chaise, mal à l'aise, pendant certaines parties du discours, imaginant les endroits de son corps que Sal avait pu toucher. Sa nuque se mettait à picoter quand elle cherchait à convoquer des souvenirs de ce qu'elle avait ressenti.

— Vous devez exiger de connaître les différents moyens de contraception à votre disposition, si vous souhaitez en utiliser un. Dans le cas où votre médecin refuserait de vous en prescrire un, trouvez-en un autre, aux idées plus modernes. À compter de maintenant, vous devez avoir votre mot à dire sur le moment où vous souhaitez tomber enceinte et sur le nombre d'enfants que vous désirez.

Elle laissa le temps à son message d'infuser.

— Y a-t-il des questions ?

Becca promena son regard alentour. Elle aurait voulu demander si tout rapport sexuel entre un homme et une femme aboutissait à une grossesse sans utilisation d'un moyen de contraception, mais il était hors de question qu'elle soit la seule à lever la main. Personne ne prit la parole, alors l'infirmière rangea ses schémas et son chevalet, puis elle remit son manteau.

Mme Lawton entra dans le salon et dit :

— Mesdemoiselles, applaudissons bien fort Amanda Howard pour la remercier.

Après quelques claquements de mains épars, Mme Lawton escorta l'infirmière à sa voiture. Becca était stupéfaite. Pourquoi sa mère n'avait-elle jamais pris le temps de lui expliquer le lien entre ses saignements mensuels, l'ovulation et la façon dont les ovules pouvaient être fertilisés ? Elle se souvenait d'être entrée en courant dans le salon, à l'âge de treize ans, effrayée par la découverte de sang. Sa mère avait récupéré, sur l'étagère la plus haute de son placard, une boîte rose dont l'étiquette indiquait : « Nécessaire pour les premières menstrues. » Celle-ci, qu'elle avait remise à Becca, contenait une bande élastique qui rappelait une jarretière et une compresse absorbante.

« Je me doutais que ça ne tarderait pas à arriver. Tiens, voici une boîte de compresses supplémentaire. Veille à ne pas tacher tes vêtements et les draps. Ces saignements se produiront chaque mois, pendant une période de trois à cinq jours. Si tu as mal, je te donnerai un de mes comprimés. »

Sur ce, sa mère était retournée suivre les nouvelles de la guerre à la radio.

Becca lut dans le bulletin quotidien que l'infirmière Amanda Howard serait de retour en mars. Elle était impatiente d'entendre à nouveau cette femme intelligente et audacieuse. Et peut-être que si l'occasion se présentait elle réussirait à lui poser ses questions en privé. Toutefois, lorsqu'elle découvrit que cette conférence-ci porterait sur la thème de la « quarantième semaine », elle fut déchirée entre deux sentiments contradictoires :

l'envie d'être informée et la crainte de connaître les détails de ce qui l'attendait.

Il faisait froid dans le salon, le feu n'ayant pas encore été allumé. Becca et Eleanor, dont les grossesses étaient à présent plus qu'évidentes, entrèrent en se dandinant. Becca s'aida de l'accoudoir du canapé pour s'asseoir, avant de tendre une main à Eleanor. Elle crut que c'était l'absence de flammes dans la cheminée qui expliquait l'assemblée plus réduite qu'en janvier, mais Eleanor la détrompa.

— Les filles ont été choquées la dernière fois.

— Vraiment ?

— J'ai entendu Olivia, au dîner. Pour elle, promouvoir la contraception revient à s'opposer à la volonté divine. Et Alice a ensuite ajouté : « Je n'ose pas imaginer ce que dirait un homme s'il découvrait que son épouse utilise un moyen de contraception. »

Becca fut outrée. N'était-ce pas précisément l'absence de contraception qui les avait toutes conduites dans cet endroit ? Cette solution lui semblait, à elle, une excellente idée… Les maris s'opposeraient-ils réellement à une telle chose ?

Becca, Eleanor et une certaine Diane de New York furent les trois seules auditrices pour ce second exposé. Une fois encore, Becca garda ses questions pour elle pendant que l'infirmière rangeait sa baguette, ses schémas et se dirigeait vers la porte. Becca regrettait de ne pas avoir aidé Amanda Howard à porter tout son matériel – bien évidemment, la petite bande installée dans l'entrée, près de la porte, en aurait sans doute fait ses choux gras.

— Notre jeunesse est terminée, dit Diane, qui s'attardait sur le canapé. Avoir séjourné ici, savoir ce que je sais… Je ne pourrai pas retrouver une vie normale, ni même faire semblant.

Becca commençait à se lasser d'avoir la même conversation tous les soirs. Eleanor leur apprit que sa mère l'avait informée du mariage prochain de son ex-soupirant.

— Je ne ferai plus jamais confiance à un homme.

— C'est la perte des eaux, et les contractions, qui me font peur, répondit Becca.

Comment aurait-elle pu leur avouer que ce qui la travaillait vraiment, c'était que son père indifférent et ses frères continuent à mener leur existence, que sa mère soit si certaine qu'il n'y avait pas d'autre solution ? Parfois elle rêvait de prendre la fuite, de refaire en train le trajet de vingt heures jusqu'à Long Harbor, avec un petit bout de chou dans les bras.

Plus tard ce soir-là, toutes trois se rendirent en douce dans la salle à manger et subtilisèrent un paquet de crackers. Eleanor le cacha sous son pull, et elles regagnèrent la chambre de Becca en étouffant des éclats de rire. Elles avaient mangé la moitié de la boîte lorsque Diane fondit en larmes.

— Il faut qu'on se promette de rester en contact, proposa Eleanor.

— Nous serons solidaires, répondit Diane. Les autres sont tous des sales menteurs, mais nous, nous serons honnêtes.

Elles conclurent un pacte, pourtant Becca savait que leur amitié avait peu de chances de survivre à leur séparation. Elle avait remarqué que le foyer ne cherchait pas à mettre en scène les adieux. Une fille dont « l'heure était arrivée » disparaissait tout simplement de la table du petit déjeuner un matin. Becca savait que ce n'était plus qu'une question de temps avant qu'elle ne se volatilise à son tour, suscitant, pendant un jour ou deux, des messes basses et des théories au sujet de l'endroit où elle se trouvait à présent. Se remémorant son premier dîner avec Mabel et ses amies, elle finit par comprendre ce qu'elles avaient cherché à lui dire.

35

LONG HARBOR
Samedi 4 juillet 1998

L'odeur de viande grillée fit saliver Rachel dès son arrivée à la fête du country-club. Elle marqua un arrêt le temps d'admirer la foule pittoresque qui affluait sur la pelouse entre la terrasse et le green près du dix-huitième trou. Les enfants attendaient déjà leur tour pour se faire maquiller malgré leurs coups de soleil, et les adultes s'assemblaient par petits groupes, pour discuter, leurs tenues festives tranchant sur le vert du gazon.

En dépit de l'irritation que lui inspirait sa fille, Rachel restait près d'elle. Elles se dirigèrent vers l'un des longs bars à la lisière de la foule. Il leur fallut dix minutes pour atteindre la tête de la queue : Rachel demanda un verre de vin blanc pour elle et un Coca light pour Sarah, avant de donner le numéro de membre de sa mère. Elles s'éloignèrent de la foule amassée autour du bar, leurs verres transpirants sur des serviettes aux couleurs de la bannière étoilée.

Rachel et Sarah restèrent à l'écart pour grignoter les bretzels qui accompagnaient leurs boissons. Elles regardèrent Becca prendre sa belle-sœur par la main pour la présenter à tous ses vieux amis.

— C'est Ruth ! Vous vous souvenez ? La femme de Bobby…

Rachel trouvait sa mère soudain bien nostalgique du passé. Était-ce sa façon de fuir la situation présente ?

— Je crois que mamie était contente du cocktail, dit soudain Sarah pour rompre le silence.

— Sans doute, rétorqua Rachel en scrutant les gens autour d'elle derrière ses lunettes de soleil.

Soudain, une bande de jeunes femmes décolorées en robes Lilly Pulitzer fondirent dans leur direction.

— Sarah ! glapit la plus grande.

Rachel reconnut les amies d'enfance de sa fille, du club de tennis. Contrairement à elle, Rachel ne s'était liée d'amitié qu'avec des employés du glacier, des jeunes de Long Harbor qui ne fréquentaient aucun club.

— Sarah ! Quand es-tu arrivée ?

— Je suis arrivée à la mi-juin, mais je suis restée enfermée.

— On a tellement de choses à se raconter !

Sarah s'était toujours démarquée des autres, elle était restée célibataire, avait eu des ambitions universitaires. Deux d'entre elles étaient mariées depuis plusieurs années et étaient aussitôt devenues mères. L'une d'elles portait d'ailleurs un bébé sur la hanche et se pencha pour embrasser Sarah.

— C'est vrai, j'ai d'ailleurs une nouvelle…, dit-elle en caressant la joue du petit.

Rachel l'écouta annoncer sa grossesse. D'autres glapissements résonnèrent. Dieu que les choses avaient changé… Sarah jouissait d'une telle liberté…

Rachel alla chercher un second verre au bar, et lorsqu'elle rejoignit Sarah, ses amies s'étaient éloignées.

— Alors, maman, ça ne te rend pas trop nerveuse de rencontrer Lee demain ?

— Qui ?

— Mais tu sais bien, ta sœur ! Mince, c'est tellement bizarre de dire ça.

Rachel secoua la tête.

— S'il n'y avait que ça…

Ce qui la mettait dans un état de fébrilité, ce n'était pas simplement l'existence de Lee, le fait que sa mère ait couché avec M. Fabbrizzio, ou ce que Camilla lui avait confié sur la plage. Non, c'était de voir Sarah évoquer si naturellement sa grossesse en public. Rachel perdait pied.

— Ça fait beaucoup de choses d'un coup, dit-elle après avoir pris une profonde inspiration.

Elle avait une boule dans le ventre et craignait, en se confiant davantage, de fondre en larmes. Dieu merci elle avait ses lunettes de soleil : personne ne la verrait pleurer à la fête du country-club.

Un silence prolongé s'écoula avant que Rachel ne demande :

— Tu veux un autre soda ?

Elle n'avait pas encore terminé son deuxième verre de vin blanc, mais elle avait bien l'intention de le vider le temps d'attendre son tour au bar.

— Pourquoi pas, répondit Sarah.

Dans la queue, elle se sentait en sécurité. Il n'y avait personne avec qui elle avait envie de discuter, ici. Elle détourna le regard en voyant passer un groupe de femmes. Elle les avait un peu fréquentées, à l'époque où Sarah était petite et jouait avec leurs enfants. Elles se retrouvaient sur la plage la plupart des après-midis pour surveiller leur progéniture, qui faisait des pâtés de sable et pataugeait dans l'eau. Cette expérience commune avait, en quelque sorte, lié ces femmes à vie. À l'exception de Rachel, qui ne se sentait plus aucun point commun avec elles.

Alors qu'elle se rapprochait, centimètre après centimètre, du barman, Rachel aperçut Celia Baker, nouvelle venue à Long Harbor, et dont on disait qu'elle « avait fait un beau mariage et un divorce encore plus beau ». Celia et son second mari n'étaient pas membres du club, ils étaient ici en tant qu'invités de leurs voisins. Celia, la cinquantaine, avait dû payer les études supérieures de plusieurs enfants de chirurgiens plastiques. Elle était éméchée et s'éloignait du buffet sur des talons aiguilles. L'un de ceux-ci s'accrocha au gazon et elle poussa un horrible cri de détresse alors que le plateau de nourriture qu'elle transportait était projeté dans les airs. Rachel retint un cri et se soutint au bar.

— Oh, non, se moqua-t-elle tout bas. Je pense que c'en est fini pour elle.

Une fois son verre rempli, Rachel indiqua la machine à pop-corn à sa fille.

— Je n'arrive plus à résister, viens.

Elle ouvrit la voie, contournant la pelouse pour regagner la terrasse. Elle se concentrait pour ne pas tomber, ce qui ne l'empêcha pas de laisser traîner une oreille.

— Serait-ce Rachel Fitzpatrick derrière ces lunettes ?

Elle redressa la tête, prise de court, et faillit renverser son verre. La question émanait de Mme Notman, une des plus anciennes amies de Becca. Contrairement à cette dernière, elle avait, avec l'âge, pris du poids et marchait avec une canne.

— Oui, madame Notman, c'est bien Rachel.

— Oh, ma chérie, tu peux m'appeler Martha. Dis-moi, où est ta mère ? Je ne l'ai pas vue de tout l'été !

Rachel s'avança pour lui faire la bise, mais Mme Notman garda une distance polie pour ne pas abîmer son maquillage.

— Eh bien, elle est quelque part dans le coin, avec ma tante Ruth. Andrew et sa famille sont venus de Londres.

— Oh alors la maison est pleine ?

— Quasiment.

— Oh, et voici Sarah ! Bonjour, ma belle. Mais regarde-toi…

Avant que la conversation ne puisse s'engager sur un terrain glissant, Rachel finit son verre de vin discrètement.

— Vous devez nous excuser, Martha, dit-elle en le lui montrant, nous allions nous resservir.

Rachel songea que la crise que traversait sa famille allait bientôt être au centre de toutes les discussions et rumeurs. Elle s'efforca de retrouver une contenance et rebroussa chemin vers le bar. Elle perdit momentanément la trace de Sarah. Elle était obligée d'avancer, tant les diverses voix alentour se mêlaient et tintaient à ses oreilles.

— Maman !

Sa fille finit par la rattraper.

— Je n'ai pas envie d'un troisième Coca, et tu n'as pas besoin de boire plus.

Sarah avait haussé le ton, et Rachel se sentit rougir. Plusieurs têtes se tournèrent dans leur direction. Elle se remit en route, ignorant sa fille.

— Tu es sourde ? insista celle-ci.

— Non, je t'ai entendue, répondit Rachel d'un ton cassant, à voix basse pour ne pas attirer davantage l'attention. Pourquoi tu n'irais pas sur la terrasse me chercher un cornet de pop-corn ?

Bien qu'estomaquée par la requête de sa mère, Sarah obtempéra.

Rachel ignorait comment elle retrouverait le reste de la famille. Où étaient passées sa mère et Ruth ? Et la famille d'Andrew ? Elle se sentait plus en sécurité au bar, et une pointe d'impatience monta en elle quand elle découvrit la queue qui s'était allongée et occupait désormais trois rangées. Ce n'était pas ainsi les années précédentes. Tout ça à cause des « nouveaux ».

Les nouveaux. Elle commençait à penser comme son père. Il avait toujours été un critique virulent de ces nouveaux riches qui infiltraient Long Harbor. Il valorisait l'esprit de frugalité de la Nouvelle-Angleterre qui avait conduit à la dégradation progressive de la ville, les voies privées tapissées d'éclats de coquillages côtoyant des pelouses pelées entourées de haies qui n'étaient taillées que sporadiquement. Les fondateurs de Long Harbor n'auraient pas apprécié une telle dégradation, principalement due au fait que les générations suivantes n'étaient plus aussi pleines aux as que celles qui avaient fait la gloire des lieux.

Lorsqu'un banquier d'investissement quadragénaire avait emménagé, avec sa famille, sur la plage, à deux maisons d'Eden, les travaux de rénovation à plusieurs millions de dollars, sans parler de la pelouse parfaitement arrosée et de l'aménagement sophistiqué du jardin, avaient provoqué l'ire de Dan. Il s'était plaint de la façon dont les anciens propriétaires de Long Harbor subdivisaient leurs terrains, permettant ainsi l'apparition de maisons qui n'étaient plus cachées au fond de longs chemins. Il avait conspué leurs aires de jeux de banlieusards et les clôtures autour de leurs piscines.

Quand l'épouse de ce banquier d'investissement s'était renseignée pour rejoindre le club de jardinage de Long Harbor, elle avait été informée, sans beaucoup de tact, qu'il y avait une grande différence entre le fait de jardiner et celui d'avoir recours aux services d'un jardinier. C'était la vieille garde qui veillait sur Long Harbor, leur plus grand bastion étant le comité d'admission du Paupanaug Club. Ses membres n'avaient pas seulement pour objectif de repousser les gens comme Celia Baker, ils étaient les véritables garants des valeurs de cet endroit.

Pour Dan, ils avaient commis une erreur dans les années soixante-dix, en autorisant Larry Gold, un Juif, à rejoindre leurs rangs. Si les résidants de Long Harbor avaient été atterrés au départ, ils avaient fini par faire une exception, parce qu'il n'avait pas l'air « trop » juif. Dan, lui, n'en avait jamais démordu. « Les Juifs ont déjà ruiné Yale, et maintenant Long Harbor ! » Rachel n'oublierait jamais le dîner pendant lequel son père s'était livré à ce dénigrement. Elle avait voulu croire que c'était le pichet de martini qui parlait à travers lui, et qu'il n'avait pas réellement oublié que Bunny Meister, son propre beau-père, était aussi juif.

Rachel donna à nouveau le numéro de membre de sa mère. Elle leva les yeux vers le soleil couchant, resplendissant, et se sentit étourdie un instant. Elle reposa son verre de vin sur le bar le temps de reprendre son souffle. À cet instant-là, elle repéra sa mère, Ruth et la famille d'Andrew, qui se dirigeaient tous vers le buffet. Elle agrippa son verre, qui déborda légèrement. Elle se servit une part de brownie avec une boule de glace à la vanille avant de rejoindre les autres.

— Il y a de la place pour moi ? demanda-t-elle en arrivant un peu après tout le monde à la table.

— Ah, Rachel, te voilà. Bien sûr, bien sûr, lui répondit sa mère.

Sarah s'assit sur la chaise voisine de la sienne et déposa devant elle un cornet de pop-corn qui débordait.

— C'est un repas drôlement équilibré, maman, dit-elle en avisant le gâteau au chocolat.

Comment ose-t-elle me parler sur ce ton et me juger ? songea Rachel. Tout le monde déplaça sa chaise en plastique blanc pour faire de la place à Sally et Walter, qui approchaient avec des plateaux chargés de nourriture.

— Quel spectacle grandiose ! dit Camilla en admirant la foule.

— Oui, ils font les choses bien, apprécia Becca qui s'était enroulée dans son étole pour se protéger de l'air qui fraîchissait.

— Je suis tombée sur madame Notman, l'informa Rachel. Elle te cherchait, maman.

— Ah, c'est gentil, mais les mondanités c'est terminé pour ce soir. Je ne bouge plus, ajouta sa mère avec un sourire en posant la main sur le bras de Ruth.

— À quelle heure débute le feu d'artifice ? demanda Walter.

— Vers vingt et une heures, lui répondit Andrew. Une fois la nuit tombée.

Rachel mit un grain de pop-corn dans sa bouche, sentit le sel qui l'enrobait se dissoudre sur sa langue et son palais. Elle avala ensuite un morceau de brownie et de glace, dont le sucre constituait un contrepoint délicieux au pop-corn. Elle inspira profondément et remarqua le tremblement de ses mains. Celui-ci s'accentua lorsqu'elle porta son verre à ses lèvres. Elle remplit de nouveau ses poumons, fit l'inventaire des visages autour de la table. C'était sa famille, mais elle n'avait absolument rien à dire à ces gens, à aucun de ceux qui l'entouraient. Son père ne lui avait jamais manqué davantage.

— Je crois que je vais rentrer, annonça-t-elle. J'ai une migraine monstre, et j'ai déjà eu ma dose d'émotions pour le week-end.

Si Becca soupira, personne ne protesta. Rachel longea le bar, la foule s'était à présent dispersée autour des tables, et commanda une vodka tonic. Puis elle descendit la pente jusqu'au dix-huitième trou, retira ses chaussures pour franchir les dunes et les oyats, descendit lentement sur la plage en direction d'Eden.

36

KANSAS CITY
1946

Allongée sous son couvre-lit d'un blanc immaculé, Becca cherchait à voir la lune et les étoiles à travers sa fenêtre lorsqu'elle sentit les coups que lui donnait le bébé se transformer en maelström. Lors de son dernier examen, elle avait signalé l'agitation croissante du fœtus, et l'infirmière l'avait rassurée : c'était le signe d'un bébé en bonne santé.

« C'est s'il ne bouge plus pendant cinq ou six heures qu'il faut s'inquiéter. »

Becca lui chanta une berceuse de Brahms que sa Nana lui avait apprise en se caressant le ventre.

— *Guten Abend, gute Nacht, mit Rosen bedacht*... Je sais que tu as peur, petit bébé, et moi aussi, mais il est temps pour nous de faire dodo.

Becca bâillait, le lendemain, à la table du petit déjeuner. Eleanor et elle s'attardaient devant leurs œufs et des mots croisés.

— Tu es au courant pour la nouvelle de Boston ? lui demanda Eleanor.

— Non.

— Elle s'est enfuie cette nuit.

— Mais non !

Becca frissonna. La fille n'avait pu réussir que parce qu'elle était au tout début de sa grossesse et plutôt menue.

— Ronald a été envoyé à la gare pour faire le guet, et il n'est toujours pas revenu, ajouta Eleanor en haussant un sourcil.

Cet après-midi-là, Becca se rendit à son entretien avec Mme Winter, l'assistante sociale, en tapant discrètement à la porte pour signaler sa présence.

— Vous devez être Becca M., dit-elle en lisant l'étiquette d'un dossier en kraft posé sur son immense table de travail.

Ce bureau avait été occupé par M. Lawton et conservait une touche masculine avec ses murs vert forêt et ses épaisses tentures. Mme Winter parcourut les premières lignes de la feuille de papier à l'intérieur du dossier avant de se carrer dans son fauteuil.

— Asseyez-vous, je vous en prie. Je vais devoir vous poser quelques questions sur vous et le père du bébé, afin de remplir le dossier d'adoption.

— Ah, lâcha Becca en s'installant sur le siège en bois inconfortable, face à l'assistante sociale.

Elle rougit et jeta un coup d'œil à sa montre-bracelet en attendant la première question.

— Vous êtes attendue quelque part ? lui demanda Mme Winter.

— Oh, non, je suis désolée, madame. J'ai juste peur de ne pas avoir senti mon bébé bouger depuis un moment, je commence à m'inquiéter. Je passerai sans doute voir l'infirmière quand nous aurons terminé.

Mme Winter retira ses lunettes et les laissa pendre au bout du cordon, autour de son cou.

— Qu'est-ce qui vous inquiète exactement ?

— Je me fais du souci pour mon bébé, répondit Becca tout bas.

Mme Winter prit une profonde inspiration avant de la regarder droit dans les yeux.

— Si votre diligence est admirable, ma chère, permettez-moi de vous rappeler que ce sera d'autant plus difficile pour vous si vous continuez à envisager cet enfant comme étant *votre* bébé. Il vaut mieux dire *le* bébé. Quant à vous, pensez que vous êtes le réceptacle qui assure sa survie tant que je n'aurai pas trouvé des parents convenables.

Une bouffée de honte s'empara de Becca, et des larmes lui montèrent aux yeux.

— Je sais, mais…

Mme Winter vérifia une seconde fois le nom sur le dossier.

— Becca, reprit-elle d'un air sévère, vous n'êtes qu'une toute jeune fille encore, incapable de devenir mère. Un enfant a besoin de ses deux parents, et si vous deviez rentrer chez vous avec un nourrisson sans être mariée, personne ne voudrait vous prendre pour épouse et vous seriez la cause d'un terrible déshonneur pour votre famille. Il faut que vous compreniez : vous n'avez pas d'autre solution que d'abandonner ce bébé.

— Non, madame Winter, ce n'est pas ça, bredouilla Becca. Je sais que je ne peux pas rentrer avec. Je ne pourrais pas infliger cela à ma famille. C'est juste que je l'ai senti grandir en moi, et je crois qu'il cherche à attirer mon attention. Il fait partie de moi, je veux juste qu'il se souvienne de moi.

Mme Winter secoua la tête, remit ses lunettes et commença à lire ses questions.

— Nom du père ?

— Bernard Meister.

— Pas de votre père, Becca, celui du bébé.

— Oh, c'est un garçon… enfin un homme… du nom de Sal Fabbrizzio.

— Cet homme était-il votre petit ami ?

— Non.

— Est-il au courant de votre grossesse ?

— Non.

Mme Winter cocha deux cases à l'intérieur de son dossier.

— Je vois, conclut-elle.

Becca était certaine d'avoir entendu un claquement de langue réprobateur.

***

Pendant plusieurs semaines, le claquement de langue de Mme Winter occupa une place de choix dans les cauchemars de Becca. Cependant, lorsqu'elle se réveilla de bonne heure un matin de la fin avril, ce ne fut pas à cause des ricanements déplaisants de cette femme terrifiante, mais parce qu'une douleur aiguë lui enserrait le ventre. Elle s'assit dans son lit et ne tarda pas à en ressentir une seconde. Elle enfila son manteau sur sa chemise de nuit, récupéra le sac qu'elle avait préparé, avec ses affaires de toilette, une chemise de nuit de rechange, et une robe pour rentrer chez elle. Se soutenant au mur du couloir pour avancer, elle étouffait un cri chaque fois qu'une nouvelle contraction l'assaillait. Elle s'arrêta brièvement sur le chemin de l'aile médicale du foyer pour glisser un message sous la porte d'Eleanor, prêtant l'oreille au silence du petit jour, ponctué par le chant des rares oiseaux derrière la fenêtre.

Quand son travail fut suffisamment avancé, Ronald la conduisit à l'hôpital de Kansas City, où, le temps que l'anesthésie fasse effet, elle fut réduite à prendre une inspiration à chaque nouvelle contraction. Les infirmières se relayaient dans le couloir, des gens se congratulaient, des médecins faisaient leurs rondes. C'était si étrange de découvrir toute une communauté, qui vivait et travaillait à Kansas City, elle qui n'avait connu, ces sept derniers mois, que la bulle des Saules et du parc juste en face. Au moment de sombrer dans l'inconscience, elle entendit deux infirmières évoquer les foyers qui se multipliaient en ville.

— J'ai l'impression qu'il y a de plus en plus de filles dans cette situation chaque année, observa l'une d'elles.

— Le conseil municipal a demandé à ce que les futures filles-mères ne sortent pas dans les rues. Ce serait une insulte aux gens de la bonne société de les croiser sur un trottoir, lui répondit l'autre.

Becca fut réveillée en sursaut par une douleur cuisante, une infirmière, et un médecin qui l'exhortait à pousser. Elle était sonnée, elle avait la nausée, mais elle agrippa le drap sur lequel elle était assise et poussa de toutes ses forces.

— Une dernière fois, l'encouragea l'infirmière, placée derrière elle.

Sous l'effet de leurs efforts combinés, le buste de Becca se souleva de la table. Elle laissa échapper un long gémissement guttural au moment où quelque chose surgissait entre ses jambes. Elle aperçut une quantité impressionnante de cheveux sombres et mouillés sur une tête de la taille de celle d'une poupée. À l'endroit où elle avait éprouvé une pression écrasante, elle ne ressentait plus qu'un vide.

— Une fille.

Le médecin informa en ces termes l'infirmière, qui lui prit le bébé des bras pour la nettoyer et la langer. Becca posa une main sur son ventre, retomba sur la table et se mit à sangloter.

Elle fut envoyée, le temps de récupérer, à la maternité, comme n'importe quelle mère, dans une chambre sans fleurs ni visiteurs, séparée de la femme avec qui elle la partageait par un simple rideau. Son entrejambe était endolori, on lui avait enroulé une bande bien serrée autour de la poitrine pour éviter qu'elle ait sa montée de lait. Une nouvelle infirmière était de service, ce soir-là. Elle parut perturbée par la cohue des familles dans le couloir durant les heures de visite, toutes demandant à voir leur bébé en même temps. Elle ignorait sans doute le protocole pour les patientes des Saules, qui ne devaient en aucun cas être autorisées à entrer en contact avec leurs nouveau-nés, et elle apporta, par erreur, sa fille à Becca.

Cette dernière dissimula sa surprise et prit le bébé dans ses bras sans hésitation. Elle la serra contre elle, approcha son nez du sien. Même l'infirmière débordée s'accorda une pause, souriant devant la beauté de ce spectacle, de ce lien viscéral entre une mère et son enfant. Becca caressa le sommet du crâne de la petite avec sa joue, murmurant une prière de remerciement pour cette chance. Elle embrassa la tête du bébé, les fins cheveux soyeux.

L'infirmière vérifia à deux reprises la carte collée sur le couffin.

— Vous n'avez pas encore choisi son prénom, madame ?

— Oh, si, je... enfin nous... nous l'avons choisi. Elle s'appelle Leah.

Elle laisserait le malentendu perdurer tant que nécessaire si cela lui permettait de passer du temps avec sa fille.

— Très bien, je vais mettre son dossier à jour.

— Merci.

L'infirmière confia à Becca un biberon tiède avant de quitter la chambre précipitamment pour finir la distribution des couffins dans le couloir. Becca plaça le biberon dans le faisceau d'une lampe, observa sa tétine en caoutchouc. Ses seins étaient endoloris et, de sa main libre, elle baissa le bandage sur son ventre. La petite bouche du nourrisson chercha son mamelon comme un oisillon le bec grand ouvert. Ses minuscules lèvres finirent par se transformer en ventouse. Le soulagement extatique que procura à Becca la libération du liquide chaud enfermé dans son sein envoya un frisson le long de ses jambes. Elle abandonna sa tête sur l'oreiller et murmura :

— Bois, petite Leah, bois.

Elle allaita sa fille pendant trente bonnes minutes, sachant d'instinct ce qu'elle devait faire. Pendant ces instants magnifiques, Becca se métamorphosa. Même après la visite de l'infirmière en chef, qui lui arracha

Leah pour la rapporter de toute urgence à la pouponnière, la jeune fille savait qu'elle ne serait plus jamais la même. Sa transformation ne se résumait pas à une perte d'innocence. Ce n'était pas seulement de la maturité, non plus. C'était un savoir, la connaissance du véritable amour, combiné à une tristesse incroyablement pesante, l'expérience de la perte.

Elle fut renvoyée aux Saules, dans l'une des chambres réservées aux pensionnaires ayant donné naissance, pour attendre l'arrivée de sa mère. Becca n'était pas pressée de partir, désireuse de s'apitoyer sur son sort dans cet endroit. Elle sentait la présence de Leah dans la pouponnière au bout du couloir, voulait rester près d'elle. Elle crut qu'elle pourrait tenter de remonter ce couloir pour, peut-être, apercevoir, son petit ange. Mais les infirmières n'étaient pas nées de la dernière pluie, et elles gardaient la porte de la pouponnière fermée à double tour.

L'après-midi où Ronald conduisit sa mère aux Saules, Becca était prête, assise bien droite sur un banc dans le vestibule du foyer. Elle fut la première à voir Sadie, qui posait les deux mains sur le comptoir à l'accueil et levait les yeux vers le ciel, inspirant profondément puis poussant un soupir.

— Maman…

Sadie fit volte-face sur le linoléum. Leurs regards se croisèrent.

— Ta petite-fille est dans la pouponnière au bout du couloir, et ils refusent de nous laisser lui dire au revoir.

Sadie lui sourit, feignant de ne pas avoir entendu les mots que Becca venait de prononcer. Celle-ci resta assise, rendant leur étreinte malaisée. Sa mère s'écarta pour la dévisager.

— Je suis prête, dit Becca en montrant sa valise.

— C'est tout ce que tu as ? s'étonna Sadie en avisant le petit bagage.

— J'ai donné le reste, répondit-elle en se levant et en ébouriffant ses cheveux, qu'elle venait de couper au carré.

Avant de quitter les Saules, Sadie prit le temps de remercier Mme Lawton d'avoir veillé sur sa fille, encourageant Becca à faire de même. Elle se força à sourire et tendit poliment la main : à présent elle comprenait comment Mme Lawton parvenait à être si chaleureuse et affectueuse… C'était son homologue, Mme Winter, qui s'acquittait du sale boulot.

Sadie leur prit une chambre dans un hôtel près de la gare. Elles y passeraient la nuit, puis monteraient dans un train en direction du nord-est.

— Je suis impatiente d'arriver à Eden, lui dit sa mère au dîner. Il y a un mariage à organiser.

L'enthousiasme maternel révolta Becca.

— Maman, je sais bien que tu ne souhaites plus jamais « en » reparler, pourtant je tiens à te dire quelque chose.

— Très bien, répondit Sadie, visiblement déconcertée.

— L'infirmière de garde ne connaissait pas les règles et m'a apporté mon bébé. Je l'ai tenu dans mes bras. Un long moment. Et maintenant, c'est plus fort que moi… il me manque, vraiment, et je n'arrive pas à croire que je vais l'abandonner.

Cet aveu flotta au-dessus de leurs têtes pendant plusieurs minutes. Sadie avala une gorgée de soupe, puis récupéra sa serviette sur ses genoux avant de se tamponner les coins de la bouche et de dire :

— Oh, ma chérie, je suis sincèrement navrée. C'est horrible que tu aies tenu le bébé.

— Mais, maman, ce n'était pas horrible, c'était merveilleux au contraire. J'ai adoré ça. Adoré. Je l'ai aimé.

Sadie tendit une main calme au-dessus de la table pour caresser le poing crispé de Becca.

— Il est bien naturel que tu aies ressenti quelque chose pour ce bébé... Le miracle de la vie est incroyable, n'est-ce pas ? Pour autant, ce n'est pas le fait de mettre au monde qui engendre l'amour. C'est ce qui vient après, les soins au quotidien, la vie sous le même toit. C'est la relation qui se construit. Ce bébé aura une nouvelle mère avec qui créer ces liens. Il se portera très bien sans toi. Et tu te remettras de cette épreuve. Maintenant pensons à des choses joyeuses. Par exemple, à la fête que nous allons organiser pour Ruth en prévision de son mariage.

Un serveur leur apporta alors leurs plats ; Becca repoussa le sien et partit se coucher. La nuit dans sa chambre au foyer, éclairée par le clair de lune, elle rêvait d'une célébration modeste de son retour dans sa famille. Elle était impatiente de revoir son père et ses frères, de déguster un des repas de fruits de mer dont Monsieur P. avait le secret, ou même d'une simple baignade avec Robert. Elle se voyait faire une sieste sur la véranda, lovée sous une couverture afghane. Elle imaginait de longues promenades sur la plage, où elle pourrait crier au vent. Elle espérait même que Ruth serait présente, mais pas accaparée par les préparatifs d'un mariage.

Leur voyage lui parut interminable. Elle ne montra aucun enthousiasme pour le shopping lors de leur escale à New York. Elle laissa sa mère et une vendeuse lui constituer une garde-robe adaptée à sa nouvelle silhouette, s'attardant sur la recherche d'une tenue pour le mariage. Sadie se plaignit de l'humeur morose de sa fille. Becca n'aspirait qu'à une chose : monter à bord du train et accomplir la dernière étape de leur voyage.

Lorsqu'elles finirent par arriver à la gare de Kingston, Becca fut la première à repérer son père, qui les attendait sur le quai.

— Oh, papa, soupira-t-elle.

Tant de mois s'étaient écoulés, mais il était bien là, plus grand et rassurant que jamais. Ses cheveux gominés étaient entièrement gris à présent. Son imperméable était posé sur son avant-bras, tant le soleil de mai était chaud. Il avait placé sa main libre en visière pour voir à travers les vitres. Becca et sa mère lissèrent leurs jupes froissées et arrangèrent leurs coiffures. Sadie se remit du rouge à lèvres, puis tendit le tube à sa fille. Celle-ci le repoussa d'un mouvement de la main avant de s'élancer en direction de son père, gonflant ses poumons d'air salin. Elle bondit sur le marchepied, abandonnant sa mère.

— Papa !

Il se retourna en entendant sa voix et plia les genoux comme pour accueillir une petite fille de douze ans, et non de dix-sept. Il ouvrit grand les bras et la souleva de terre.

— Ma princesse, murmura-t-il en la serrant contre lui.

Ils restèrent ainsi plusieurs minutes, jusqu'à ce que Sadie les rejoigne.

— Je t'avais dit que je la ramènerais entière, dit Sadie.

— J’ai bien l’impression que ma princesse ne veut plus me lâcher.

Becca finit par se dégager des bras de son père, révélant un visage rouge et mouillé de larmes. Elle savait qu’aucun surnom ne changerait rien à la réalité : elle ne serait plus jamais sa princesse.

37

LONG HARBOR
Dimanche 5 juillet 1998

Becca et Lilly se levèrent de bonne heure, évoluant entre la cuisine et la véranda avec une aisance ancienne et familière : Becca sortait le linge de maison pendant que Lilly préparait la pâte pour les muffins. Elles œuvraient de conserve, toujours aussi coordonnées qu'à l'époque où recevoir était la principale activité de Becca.

— Vous me donnez un coup de main ? demanda-t-elle à Lilly.

Elles prirent chacune une extrémité de la longue nappe blanche, qu'elles firent gonfler telle une montgolfière au-dessus de la table pour dix. Becca plia les serviettes, installa l'argenterie avant de déposer, soigneusement, les assiettes en porcelaine de Sadie. Elle récupéra des coussins à rayures bleues et blanches dans le placard et les tapa les uns contre les autres sur la pelouse, faisant voler des particules de poussière dans les rayons du soleil. Elle plaça ces coussins sur les chaises, puis recula pour admirer le décor.

La table blanche se détachait sur le plancher peint en gris ; la lumière se réfléchissait sur les verres. C'était la sérénité incarnée. On aurait pu trouver ce tableau en couverture d'un magazine. Et pourtant, le ventre de Becca se serra. Il manquait quelque chose. Elle se toucha le menton de l'index. Des fleurs… Elle composerait un centre de table avec des fleurs du jardin. Était-ce une pure folie de présenter Lee au reste de la famille ? Bon, il était trop tard pour faire marche arrière de toute façon.

Un sécateur dans une main, une brassée de mufliers dans l'autre bras, elle poussa la porte moustiquaire.

— Mamie !

C'était Sarah, qui arrivait des dunes, tenant Hennessy en laisse. Becca l'attendit, maintenant la porte ouverte avec son genou.

— Bonjour ! lança la jeune femme d'un ton guilleret. Cette journée s'annonce excitante !

— Je croyais que tu devais rester allongée…

— Je me sens bien, mamie. Juste un peu fébrile.

Sarah se baissa pour l'embrasser.

Becca se dirigea vers l'évier de l'office et prépara un pichet d'eau pour les fleurs. Elle commença à retirer les feuilles en bas des tiges, suivant d'un œil ce qui se passait dans la cuisine. Lilly préparait un gâteau pour accompagner le café. Sur le plan de travail, des œufs frais débordaient du panier où ils étaient empilés, réclamant à être cassés. Pendant qu'elle coupait la tige des fleurs, Becca écouta le ronronnement de la centrifugeuse, le grésillement du bacon dans la poêle ainsi que le couinement ponctuel de la porte du four qui s'ouvrait et se refermait.

— Ça embaume ici, dit Ruth en descendant l'escalier de service.

— Pas touche, dit Lilly, qui venait de surprendre Sarah en train d'entrouvrir la porte du four.

Elle lui donna un petit coup de torchon affectueux sur le postérieur. Ruth rejoignit Becca dans l'office et se plaça dans son dos pendant qu'elle continuait à préparer les fleurs.

— Comment vas-tu aujourd'hui ? lui demanda-t-elle en lui frictionnant les épaules.

— Un peu nerveuse, murmura Becca.

— Quelqu'un a vu maman ? lança Sarah.

— Tu sais bien qu'elle ne se lève jamais avant dix heures, lui répondit Lilly.

— Je sais, c'est juste que je ne l'ai pas revue depuis qu'elle a quitté la fête hier soir. J'espère qu'elle s'est calmée…

— Vous avez apprécié le feu d'artifice ? demanda Lilly à la cantonnade.

— J'avais oublié qu'il était aussi spectaculaire, répondit Ruth.

Le Paupanaug Club n'avait pas lésiné sur les moyens, à son habitude. Les pièces étaient tirées depuis une bande de sable au pied d'une colline pentue. Chaque explosion surgissait au-dessus de la tête de la foule, réunie sur le green à côté du dix-huitième trou. La féérie durait trois quarts d'heure, et la fanfare avait interprété une version entraînante de l'*Ouverture 1812* de Tchaïkovski pendant le bouquet final.

***

Les pneus de la voiture de Lee crissèrent sur le gravier à onze heures très précises ; elle n'avait pas une minute de retard. Becca dénoua son tablier et chercha son rouge à lèvres avant de faire deux pas vers la porte moustiquaire. Sarah la doubla pour se précipiter vers la fenêtre – c'était le meilleur poste d'observation pour examiner les arrivants. Becca vit sa mâchoire se décrocher.

— Mais c'est le portrait craché de maman !

Ruth se précipita vers la jeune femme pour regarder dehors à son tour. Le ventre de Becca se noua de nouveau.

Lee prenait son temps pour rassembler ses affaires. Elle finit par se redresser et agiter ses longs cheveux bouclés, bruns, légèrement ternis par quelques mèches grises. Elle tenait un petit paquet à la main et passa la bandoulière de son sac à main sur son épaule. Elle portait des lunettes de soleil à écailles, un tee-shirt d'un blanc éclatant et un foulard vaporeux, bleu ciel, autour du cou. Sa longue jupe à fleurs tourbillonnait autour de ses chevilles, dévoilant des Birkenstock.

Elle remonta ses lunettes sur le sommet de son crâne et plaça une main en visière au-dessus de ses yeux plissés.

— Bonjour ! lança-t-elle à travers le grillage de la porte moustiquaire.

— Oh, Lee, entre, lui dit Becca en s'éloignant d'un pas vif de la fenêtre où elles s'étaient placées pour l'observer.

Elle ouvrit la porte et serra Lee dans ses bras dès que celle-ci eut posé le pied dans la cuisine.

— Je ne savais pas quoi apporter, et je me suis dit que des chocolats, ça faisait toujours plaisir, expliqua-t-elle en tendant le ballotin emballé à Becca.

— Quelle bonne idée ! Merci, ma chérie, lui répondit Becca avec son sourire le plus bienveillant.

Lee semblait avoir besoin de réconfort.

— Je vais te présenter tout le monde, reprit Becca en lui tenant la main.

— Avec Lilly, nous nous sommes déjà rencontrées, observa Lee en se tournant vers elle. Mais je ne crois pas que vous étiez au courant de mon lien avec Becca.

— Oh, je vous avoue que je me suis doutée de quelque chose. Il y a un sacré air de famille, vous savez. C'est un plaisir de vous revoir.

Elle retira une manique matelassée pour serrer la main de Lee.

— Bonjour ! s'exclama alors Sarah en fondant sur Lee avec une impatience palpable. Je suis enchantée de faire votre connaissance.

— Vous devez être Sarah. J'ai tellement entendu parler de vous… Et vous attendez un enfant !

— Mamie vous l'a déjà dit ? s'étonna la jeune femme en pivotant vers Becca, les mains sur les hanches.

— Nous nous parlons très régulièrement au téléphone, votre grand-mère et moi.

La surprise se peignit aussitôt sur le visage de Sarah.

— Je suis fière d'avoir un arrière-petit-enfant en route, Sarah ! ajouta Becca, en retenant un sourire. Naturellement que j'ai partagé la nouvelle avec Lee.

Becca prit soudain conscience qu'elle n'avait pas beaucoup ménagé ses proches ces derniers jours. Si elle avait eu le temps de construire un véritable lien avec Lee, eux venaient tout juste de découvrir son existence. Il faudrait qu'elle veille à être un peu plus attentive… Fort heureusement, Ruth était là pour détourner l'attention. Becca se tourna vers elle pour l'inclure dans les présentations.

— Et voici Ruth, ma chère belle-sœur de Washington.

Ruth passait d'un pied sur l'autre, trahissant une nervosité inhabituelle.

— Bonjour, dit-elle en avançant la main avant de se raviser et de donner un baiser à Lee sur la joue. Bienvenue dans la famille !

— Mon Dieu, je ne sais pas quoi dire, rétorqua Lee en s'éventant.

Elles formaient un demi-cercle autour d'elle et affichaient d'immenses sourires. Becca sentit que les angoisses des unes et des autres commençaient à se dissiper, mais elle remarqua alors les larmes qui montaient aux yeux de Lee.

Elle aurait aimé qu'elles puissent rester ici indéfiniment. Les femmes réunies dans cette cuisine étaient les plus affectueuses de sa famille. Becca redoutait la froideur qui régnerait sans doute autour de la table, dès que le clan au complet serait réuni. Elle avait oublié de demander à Thomas et à Andrew de ne pas porter de veste ni de cravate.

— C'est prêt, finit par dire Lilly.

— Alors nous ferions bien d'aller nous asseoir ! lança Becca en reprenant la main de Lee et en ouvrant la voie.

Dans le salon, elles trouvèrent Andrew, Camilla, Walter et Sally ; debout dans un coin, ils discutaient à voix basse.

— Andrew…

Au son de la voix de Becca, ils se dispersèrent aussitôt.

— J'aimerais te présenter Lee, conclut-elle.

— Eh bien, bonjour, répondit Andrew en s'approchant à grandes enjambées.

Les dominant de toute sa hauteur, il serra la main de Lee comme s'ils s'apprêtaient à parler affaires. Lee le regarda dans les yeux pendant un moment qui parut légèrement trop long à Becca – elle perçut la gêne croissante de son fils.

— Andrew, finit par lâcher Lee. Vous rencontrer tous, vous avec qui je partage des liens du sang, c'est… c'est plus fort que ce à quoi je m'attendais.

Becca voyait presque les rouages du cerveau d'Andrew tourner dans son crâne : il n'avait pas pour habitude de mettre autant de temps à répondre. Voyant qu'il peinait à trouver les bons mots, son épouse vola à son secours.

— Et je suis Camilla, la femme d'Andrew. Voici nos enfants.

Becca s'éclaircit la voix, puis chargea son fils de s'occuper de servir à boire.

— Je suis sûre que tout le monde a envie d'une petite coupe de champagne ou d'un mimosa. Ou peut-être d'un Bloody Mary ?

— Bien sûr, maman. Lee, qu'est-ce que je peux te servir ?

— Oh… euh, je ne sais pas. Eh bien c'est une grande occasion en quelque sorte, pourquoi pas du champagne ?

Andrew gloussa, hochant la tête pour signifier qu'il approuvait ce choix.

— Exactement, c'est une grande occasion. Je crois que ça va être champagne pour tout le monde.

Andrew avait pris l'habitude de faire des déclarations au nom de la famille entière, comme son père avant lui.

Ils sortirent sur la véranda, où Becca présenta Lee à Thomas et Carol.

— Thomas est le portrait craché de notre père, précisa-t-elle à Lee.

— Le fameux Bunny Meister.

— Exactement, confirma Thomas en haussant un sourcil intrigué.

Ce ne fut que lorsque le champagne fut servi et que les convives commencèrent à s'asseoir autour de la table que Becca s'en rendit compte : sa fille n'était pas encore descendue.

— Où est Rachel ?

— Je vais la chercher, lui répondit Lilly en plaçant une panière de muffins sur la crédence, qui accueillait déjà le reste du buffet sophistiqué.

— Elle n'a jamais été matinale, se justifia Becca en regardant sa montre. Servez-vous, s'il vous plaît, avant que ça ne refroidisse.

— J'aimerais porter un toast, intervint alors Andrew en levant son verre. À la famille ! lança-t-il en faisant un clin d'œil à Lee.

— Andrew, tu pourrais attendre Rachel, protesta Becca, même si elle sentait bien que tout le monde était impatient d'entamer le repas.

Ces rituels familiers – porter un toast et remplir son assiette – étaient des distractions plus que bienvenues dans ces circonstances.

Becca se dirigea vers le buffet et patienta derrière Sarah et Lee, qui se servaient d'œufs brouillés et de bacon.

— Tu es vraiment sage-femme ? demanda la jeune femme, passée naturellement à la familiarité.

— Oui, je partage un cabinet avec d'autres associés, à Mystic. Tu connais quelqu'un que mes services pourraient intéresser ?

— Tu aurais de la place pour un rendez-vous la semaine prochaine ? répondit Sarah en souriant.

— Pour toi, évidemment.

Chacun retourna, à tour de rôle, s'asseoir autour de la table, focalisant son attention sur Lee, curieux de l'entendre. Ruth voulut savoir où elle avait grandi et comment elle avait retrouvé Becca. Lee raconta son enfance à Cincinnati, avant de relater combien il lui avait été facile de contacter sa mère biologique après avoir récupéré son dossier aux Saules. Becca, qui s'enorgueillissait du calme de Lee, nota que Sarah se penchait vers elle pour boire chacune de ses paroles. Andrew, assis face à la sage-femme, lui posa quant à lui des questions qui visaient clairement à établir sa situation financière.

Becca n'avala pas plus d'une bouchée de gâteau. De sa position, à la tête de la table, elle étudiait les visages des membres de sa famille. Sa gorge se serra lorsque son regard tomba sur la chaise vide de Rachel. Elle s'en voulait tellement de ne pas avoir su la ménager davantage… Si seulement Rachel ne se butait pas autant, si elle acceptait de s'ouvrir un peu à sa mère… Becca entendit Walter et Sally parier sur le fait que leur tante allait ou non descendre. Camilla leur reprocha aussitôt leur grossièreté.

Thomas et Carol hésitaient encore sur l'horaire de leur train du lendemain matin.

— Le rythme de vie est épuisant, ici, déplora Carol.

— C'est la haute saison, expliqua Thomas avant d'avaler une longue gorgée de son Bloody Mary.

— À l'époque où on venait passer le dernier week-end d'août, c'était plus calme.

— Allons, allons, Carol… nous pourrons nous reposer chez nous.

Il employait un ton caressant que Becca n'avait encore jamais entendu dans sa bouche. Des bruits de pas dans le salon attirèrent son attention et, se détournant de Thomas, elle aperçut l'expression inquiète de Sarah. Lilly revenait seule. Elle se pencha pour glisser à l'oreille de Becca :

— Elle n'est pas là-haut. J'ai l'impression qu'elle n'a pas dormi dans son lit.

— Oh, non, dit Becca en soulevant avec sa fourchette le crumble à la cannelle qui recouvrait la part de gâteau.

— Que se passe-t-il, maman ? s'enquit Andrew.

— Rachel n'est pas dans sa chambre.

Les conversations autour de la table s'interrompirent.

— Tu veux que j'essaie de me renseigner ? lui proposa-t-il.

— Non, nous n'allons pas déranger les voisins un dimanche. C'est une adulte, elle finira bien par rentrer, ajouta Becca en faisant tourner son alliance autour de son doigt.

Où pouvait-elle bien être ? Walter et Sally se retenaient de rire.

— Filez, tous les deux ! leur lança-t-elle avec un regard noir. Vous êtes autorisés à sortir de table, alors laissez-nous s'il vous plaît.

Becca sentit que Camilla n'appréciait guère qu'elle réprimande ses enfants. Elle se leva, comme pour leur apporter son soutien.

— Pourquoi n'irions-nous pas remplir le bol de salade de fruits à la cuisine ?

Becca posa une main sur le haut de sa poitrine. Croisant les yeux de Lee, elle articula sans un son : « Je suis désolée. » Lee étira ses bras dans son dos, on aurait dit qu'elle cherchait à se débarrasser de la déception que lui causait l'absence de Rachel.

Walter et Sally firent un boucan de tous les diables, raclant les pieds de leurs chaises sur le plancher et entrechoquant leurs couverts dans leurs assiettes, si bien que Becca ne remarqua l'agitation dans le salon qu'une fois qu'il était trop tard pour intervenir. Rachel parlait d'une voix inutilement forte.

— Viens ! Maman sera enchantée que tu te joignes à nous ! Tu fais pour ainsi dire partie de la famille !

Becca se retourna, très raide sur sa chaise, et découvrit Rachel : elle ne s'était pas changée depuis la veille et tirait par le bras un homme dégarni en surpoids.

— Oh, mince ! On est un peu en retard, et ils ont commencé sans nous.

Rachel mangeait la moitié de ses mots. L'homme qui l'accompagnait présenta ses excuses à Becca.

— Je suis vraiment désolé pour cette intrusion, madame, je voulais juste reconduire Rachel chez elle.

Il tenta de battre en retraite, mais Rachel tenait ferme.

— Je l'ai trouvée à côté de la boutique, sur un banc le long de la digue, ce matin. Rose lui a préparé du café.

Becca se sentit rougir des orteils jusqu'au sommet du crâne. Cet homme était Sal Fabbrizzio, vêtu d'un vieux tee-shirt et d'un jogging. Il avait sans doute découvert Rachel en sortant balayer. Qu'avait-elle fait, doux Jésus ?

— Et tu dois être Lee ! s'exclama Rachel en traînant Sal vers la table.

Lee se leva.

— Rachel ?

— Oui, c'est bien moi ! Ta sœur !

Lee lui sourit avec circonspection en lui tendant la main par-dessus la table. Andrew recula sa chaise et prit Rachel par les épaules. Elle tressaillit à ce contact.

— Lâche-moi ! s'écria-t-elle en le foudroyant du regard. Lee, regarde qui je t'ai amené !

— Rachel ! intervint Ruth.

L'intervention de sa tante, si surprenante, déstabilisa Rachel. Elle se tourna vers Ruth.

— Tu dois avoir faim, reprit celle-ci d'un ton plus calme.

Elle lui servit des œufs, avant de dire :

— Assieds-toi, et mange un peu.

— Oh, des muffins ! se réjouit Rachel en apercevant la panière sur la crédence et en lâchant le bras de Sal. J'adore les muffins de Lilly. Il faut que tu saches, Lee, que Lilly est une merveilleuse cuisinière… c'est quasiment elle qui m'a élevée d'ailleurs. Sal, mets-toi à côté de moi, ajouta Rachel en s'asseyant à table et en lui avançant une chaise. Et goûte un muffin. Passe-moi la confiture, Sarah, s'il te plaît.

Becca transpirait. Elle retira les manches de son gilet et le laissa glisser autour de sa taille. Elle recouvrit d'un geste protecteur la main de Lee et scruta le visage rouge de Rachel, qui dévorait un muffin. Peut-être que la nourriture aiderait à réduire son taux d'alcool dans le sang : associé à la chaleur de cette journée il risquait, elle le craignait, de provoquer une catastrophe.

— Et qu'est-ce que tu nous offres ce matin, Andrew ? Du champagne ? lança Rachel en observant les coupes sur la table. Tu as oublié tes bonnes manières ? Nous aimerions en boire aussi, Sal et moi.

Becca lança à son fils un regard d'avertissement, mais il se contenta de hausser les épaules.

— Et pourquoi pas, après tout ! s'exclama-t-il en versant la fin de la bouteille dans le verre de sa sœur.

38

LONG HARBOR

1946

Bunny tenait le combiné noir du téléphone contre son oreille. Les grésillements sur la ligne, dus à la distance, ne parvenaient pas à masquer le mécontentement de Thomas.

— J'ai déjà dû aller à Washington en juin pour leur mariage, et maintenant maman est en train de gâcher mes vacances d'août parce qu'elle veut refaire tout un cirque à Eden.

— Que veux-tu que je te dise, Thomas ? Jouer les hôtes semble rendre ta mère heureuse, et elle veut organiser une fête pour Ruth et ton frère sur notre territoire.

Bunny cherchait à apaiser son fils. En plus de trente ans de mariage, veiller à ce que sa femme garde un bon moral était devenu sa principale priorité.

— L'été dernier il fallait célébrer le retour des soldats, et maintenant c'est Robert et Ruth. Je te rappelle que je n'ai que deux semaines de vacances, s'entêta Thomas.

Bunny lui laissa le dernier mot. Au lieu de louer une voiture, il fit lui-même le trajet à la gare. Il avait toujours apprécié les trente minutes de route qui la séparaient d'Eden et lui permettaient de profiter de ses enfants en toute intimité.

— Alors, Ruth et Robert sont déjà arrivés ? demanda Thomas en étalant sa veste sur la banquette arrière de la Packard Clipper flambant neuve de son père.

— Oui, ils se démènent pour mettre la main à la pâte, mais ils ont l'air impatients que cette fête soit derrière eux, surtout… Cette Ruth, quelle fille ! Ah ça, elle a la patience d'une sainte.

— Parce qu'elle supporte maman ou parce qu'elle épouse ton « benêt de fils » ?

Bunny secoua la tête… Mieux valait que Thomas vide son sac avec lui.

— Ta mère est très à cran, tu sais, suis mon conseil et fais ce qu'elle dit.

— Formidable, pesta Thomas en secouant la tête et en admirant le paysage.

— Et puis ce serait bien que tu emmènes Becca pêcher ou quelque chose du genre. Je ne sais pas ce qu'ils ont bien pu lui faire dans cette satanée pension, mais elle n'est plus que l'ombre d'elle-même.

Thomas ricanna.

— Peut-être que notre petite princesse a été forcée de travailler, pour une fois.

— Non, non, c'est plus profond que ça. Elle a changé, tu verras.

— Elle grandit, papa. Flûte, si ça se trouve, elle sera la prochaine à se marier !

Bunny balaya l'air d'un revers de main taquin.

— Je suis sûr que ce n'est qu'une question de temps, insista Thomas. Maman a goûté aux joies du mariage à travers Robert, je te parie qu'elle est impatiente de s'essayer au rôle de mère de la mariée.

— Thomas, s'il te plaît. Je t'ai dit qu'elle était à cran, pas que nous étions prêts à marier ta petite sœur !

Bunny klaxonna dès qu'ils s'engagèrent sur le chemin, faisant aussitôt sortir Robert, Ruth et Becca de la cuisine. Elle portait une jupe longue et un chemisier, alors que les deux jeunes mariés étaient en tennis et avaient une raquette sous le bras. Thomas courba la tête pour descendre de voiture et alla directement à la rencontre de son petit comité d'accueil. Il serra la main de Robert et déposa un baiser sur les joues de Becca et de Ruth.

— Où est votre mère ? s'enquit Bunny.

— Au club, pour choisir des nappes, répondit Robert.

Monsieur P. sortit de la cuisine avec trois verres du scotch préféré de Bunny sur un plateau en argent, accompagnés de serviettes en tissu et d'une coupelle de noix de cajou.

— Je sers l'apéritif sous la véranda, monsieur ?

— Monsieur P., vous êtes irremplaçable. Thomas, Robert, vous vous joignez à moi ?

— Naturellement, répondit Robert, en tendant à Ruth sa raquette.

— Avec plaisir, dit Thomas en s'emparant aussitôt de son verre et en plongeant son autre main dans les noix de cajou.

Sous la véranda, Bunny se laissa choir sur son habituelle chaise longue avec un soupir de satisfaction. Le fauteuil en osier à côté du sien gémit sous la masse imposante de Thomas. Le ventre de son fils aîné débordait au-dessus de sa ceinture, et un double menton flasque avait fleuri sous sa mâchoire. Il travaillait beaucoup trop dur, et Bunny fut heureux de voir le soleil éclairer son teint pâle. Robert, qui s'était un peu attardé, prit son scotch et posa les deux coudes sur la rambarde.

— Un petit golf demain matin, papa ? proposa Thomas.

— Bien sûr.

— Robert ?

— Tout dépend si on réussit à filer d'ici avant que maman ne me mette le grapin dessus.

— On prend l'habitude de répondre aux ordres des femmes ? lui lança son grand frère avec un clin d'œil.

Ruth les rejoignit avec une assiette de fromage et de crackers, suivie de Becca, qui apportait un plat en cristal avec huit énormes crevettes plantées dans de la glace et un petit bol de sauce cocktail. Elles déposèrent le tout sur la table basse en verre devant Bunny.

— Merci, mes chéries, dit-il en trempant une crevette dans la sauce.

— Alors, c'est comment la vie maritale ? demanda Thomas en levant son verre en direction des deux jeunes mariés.

— Merveilleux, merci Thomas, lui répondit Robert.

Un long silence suivit. Les hommes dégustaient leurs boissons. Thomas se pencha pour se servir un morceau de fromage, et Robert se tourna vers l'océan, la brise soulevant ses boucles.

Ça peinait Bunny que Robert ne se sente pas à l'aise en présence de son grand frère. Il avait vu la situation évoluer au fil des années. Thomas était peu à peu devenu un mystère aux yeux de Robert et d'Edward. Ça avait commencé avec ses crises d'épilepsie et la nécessité de restreindre ses activités sportives. Le gouffre s'était accentué lorsque Thomas était resté au pays, pendant la guerre. Et ça n'aidait évidemment pas que ce dernier fasse étalage de sa fortune. Enfant unique, Bunny ne souhaitait rien tant que voir ses fils fortifiés par leur fratrie. Que Thomas soit exclu du lien qui unissait Robert et Edward constituait l'une de ses plus grandes déceptions.

— Et quand Edward va-t-il faire son apparition ? demanda Thomas.

— Il occupe encore un poste d'assistant au cabinet, expliqua Bunny, il ne peut pas quitter Pittsburgh avant le week-end. Il a promis de monter samedi après-midi, à temps pour la fête.

— Tu veux dire qu'il va arriver comme une fleur, au moment où l'on servira le champagne, et qu'il aura échappé à la tyrannie de maman, ironisa Thomas en avalant la fin de son scotch.

— Je t'ai entendu !

Sadie se tenait sur le seuil de la véranda. Bunny et Thomas se levèrent aussitôt.

— Qui est tyrannique ? plaisanta-t-elle alors que son fils aîné se baissait pour l'embrasser.

— Maman, tu es superbe, la complimenta-t-il avant de se rasseoir.

Et c'était le cas. Elle rayonnait chaque fois que ses enfants rentraient au bercail. En la voyant aussi joyeuse et expansive, Bunny lui pardonnait aisément son obsession pour le linge de maison et les centres de table… Elle agita une petite enveloppe en direction de son mari.

— Je viens de recevoir une réponse de dernière minute des Miller. Ils viennent avec leurs deux fils et un neveu, Dan Fitzpatrick, qui étudie la médecine à Yale je crois.

Elle inclina la tête vers Becca, qui restait un peu à l'écart de la conversation et s'arrachait les cuticules. Thomas donna une bourrade complice à son père, sur l'épaule, et lorsque Bunny le regarda, il articula les mots : « été prochain ». Bunny secoua la tête… Quelle idée ridicule ! Becca n'avait que dix-sept ans, et aucun garçon ne l'avait encore courtisée. Il ne voyait personnellement aucun inconvénient à ce qu'elle reste encore sous son toit de nombreuses années.

— Alors, petit frère, parle-moi de ton nouveau poste ! Comment comptes-tu faire vivre ta charmante épouse ? À moins que ce ne soit elle qui reprenne le travail pour t'entretenir ?

Bunny grimaça. Robert bredouilla, décrivit son emploi de responsable des prêts à la banque.

— C'est un poste subalterne, mais au bout de quelques années je prendrai du galon.

Ruth exprima son soutien avec un sourire, tout en caressant Robert dans le dos. Bunny avait fait jouer ses relations. « Ravale ton orgueil, fiston, avait-il insisté. Avec tous ces soldats de retour au pays, et à la recherche de travail, profite donc que je puisse te faciliter les choses. » Robert n'avait accepté que pour une seule raison : il était impatient d'épouser Ruth.

— Eh bien, Bobby, lui dit Thomas, le P&LE pourrait t'envoyer quelques clients. Soutenir la cause.

Après avoir jeté un coup d'œil à Ruth, Robert répondit :

— Excusez-nous, j'ai promis à ma femme un match de tennis.

Il la prit par la main et ils descendirent les marches en courant avant de disparaître au détour de la maison.

***

Quatre jours plus tard, Bunny se trouvait sous l'auvent de la terrasse du country-club et tenait salon en bordure de la piste de danse. Perché une trentaine de centimètres au-dessus de la foule, il gardait un œil sur Sadie, qui présentait avec enthousiasme les convives à Ruth. Il observait aussi Becca, qui suivait Robert comme son ombre avant de disparaître dans la salle à manger bien plus tôt que nécessaire. Un quartet de cuivres jouait sur une petite estrade, sur le green, à côté du dix-huitième trou, avec l'océan Atlantique pour toile de fond.

Les musiciens portaient des vestes de smoking blanc et interprétèrent des standards de jazz pendant le vin d'honneur. Bunny se balançait en rythme sur la musique, souriant et appréciant sa fonction d'hôte. Après le coucher du soleil, lorsque la cloche annonça le dîner, Edward emprunta un microphone au quartet et leva son verre avec un sourire chaleureux. Il évoqua la loyauté infaillible de son petit frère, mais aussi sa naïveté.

Les invités rirent de bon cœur et entrechoquèrent leurs verres.

Pendant le repas, Sadie murmura plusieurs fois à l'oreille de Bunny. Elle avait placé Becca entre un fils Miller et leur neveu, Dan Fitzpatrick.

— Je crois que ça colle vraiment entre eux !

Bunny se retourna pour observer le profil délicat de sa fille, à quelques tables de là. Elle était époustouflante, ses épais cheveux relevés en chignon, leur roux sombre mis en valeur par la mousseline de soie anis de sa robe. S'il était évident qu'elle était tout à fait de taille à entretenir une conversation polie avec ces jeunes hommes, il n'aimait pas la façon dont elle voûtait les épaules. Où était passée son assurance ? Elle n'avait pas vu une seule de ses amies depuis son arrivée à Long Harbor et passait beaucoup trop de temps seule.

***

Plusieurs semaines plus tard, Becca frappa à la porte de la chambre parentale au moment où Bunny et Sadie s'apprêtaient à se coucher. Elle leur annonça son intention de se rendre à New York, à la fin de l'été, plutôt que de rentrer à Pittsburgh. Bunny s'assit au bord du matelas dans sa robe de chambre et l'écouta attentivement.

— Ruth et Robert ont dit qu'ils seraient heureux de m'accueillir dans leur chambre d'amis.

Elle allégua qu'elle avait besoin de changer d'atmosphère et qu'elle pourrait suivre des cours là-bas, voire envisager une future inscription à l'université.

Sadie se brossa les cheveux avec vigueur.

— Hors de question. Tu es trop jeune. Il ne serait pas convenable que tu vives loin de nous.

Bunny observa sa femme et sa fille. Elles n'arrivaient même pas à se regarder en face. Il y avait décidément un problème.

— La nuit porte conseil, princesse. Nous en reparlerons demain matin.

Il embrassa sa fille sur le sommet du crâne avant de refermer la porte derrière elle. Sadie était déjà au lit quand il se retourna, la mine renfrognée.

— Tu ne dois même pas y songer. J'ai déjà pris des dispositions pour organiser son entrée dans le monde.

Il éteignit sa lampe de chevet et s'allongea dans le noir, en silence.

À la table du petit déjeuner, il assista aux efforts déterminés de Sadie pour tuer dans l'œuf le projet de Becca.

— Robert et Ruth n'auront pas de chambre pour toi, ma chérie, dit-elle en remuant son café. Je crois qu'ils veulent s'y mettre sans tarder.

— S'y mettre ? demanda Becca.

— Tu sais bien, fonder une famille.

— Ah…

Becca se tourna vers la fenêtre. La tristesse palpable de sa fille peina Bunny. Il était prêt à tout pour lui rendre le sourire. Après avoir remarqué la bouche pincée de son épouse et le regard distant de sa fille, il avala une longue gorgée de café. Il s'essuya la bouche avec sa serviette, puis tapa du poing sur la table, attirant aussitôt leur attention à toutes les deux.

— Sadie, pourquoi ne laisserait-on pas Becca aller à New York ? Au moins jusqu'en décembre ? Elle pourra rentrer à Pittsburgh pour le bal des débutantes.

— Oh, papa, merci !

Becca bondit sans laisser à sa mère le temps de répondre : elle se précipita vers son père, se plaça derrière sa chaise et l'enlaça par le cou. Sentant sa femme fulminer, il évita soigneusement son regard noir.

— Ma princesse, je suis juste étonné que tu veuilles me quitter à nouveau ! dit-il en inclinant son visage vers sa fille.

— Papa, je suis trop vieille pour être ta princesse.

— Jamais, Becca. Ne dis pas ça.

***

Bunny cueillait des tomates mûres et des courgettes dans son potager sous le soleil encore chaud de la mi-septembre. Il les retourna, à la recherche de vers, et rangea les légumes intacts dans un boisseau. Il plia les genoux pour arracher quelques mauvaise herbes et fixer certains plants qui s'étaient échappés de leurs tuteurs. Les enfants étaient partis, il ne restait plus que Sadie et lui à Eden. Tout était arrivé si vite. Elle lui tendit la main, l'ayant trouvé les genoux dans la terre, en train d'examiner ses tomates.

— Nous allons en faire notre déjeuner, dit-elle en soulevant le panier.

Bunny se releva lentement, étira son grand squelette.

— Robert a envoyé un message. Dan Fitzpatrick est encore venu à New York pour voir Becca. Ça fait trois fois maintenant.

Sa façon de présenter les choses irritait Bunny : elle suggérait qu'un père digne de ce nom ne laisserait pas sa fille sans surveillance alors qu'il y avait un galant dans les parages. Il jeta ses gants de jardinage dans la brouette et s'essuya le front avec un mouchoir. Sadie ouvrit la porte de la cuisine en soupirant.

— Mais qu'y peut-on, d'ici ?

Elle savourait chaque occasion de lui faire sentir combien elle le jugeait défaillant. Il se lava les mains dans l'évier.

Pendant qu'elle tranchait les tomates et les saupoudrait de sel, elle changea brusquement d'approche.

— D'un autre côté, il ne serait pas du genre à l'emmener très loin. Dan préférera sans aucun doute Long Harbor à tout ce que sa famille pourrait lui offrir.

— Sadie, ces spéculations ne sont-elles pas un peu prématurées ? lui demanda-t-il en prenant place à la table de la cuisine.

— Un médecin, qui a étudié à Yale et qui a un faible handicap au golf, en prime ! Je suis sûre qu'il remportera le championnat du club un jour.

Bunny se mit à mastiquer ses tomates, si mûres qu'elles étaient sucrées. Elles auraient été meilleures sans tout ce sel. Dan n'appartenait pas à l'équipe de football, contrairement à Edward et Robert, mais il avait été capitaine de celle de squash pendant ses premières années d'université. Il avait dû tisser des liens précieux. Il avait même insinué qu'il était membre des Skull and Bones, la fameuse société secrète de Yale.

Bunny décida de rester à Eden jusqu'à Thanksgiving, afin de pouvoir recevoir les enfants pendant le week-end prolongé. Sadie suggéra d'inviter Dan pour la journée. Bunny organisa une partie de football sur la pelouse. Thomas resta dans la véranda avec Becca et Ruth, pour déguster un cidre chaud aux épices.

Bunny observa attentivement Dan : il sut très bien trouver sa place entre Edward et Robert, se joignant à leurs plaisanteries, devenant sans mal le troisième larron de la bande. Au moment où il réussissait une passe spectaculaire menant à un touchdown, Bunny remarqua qu'Edward levait le pouce en direction de sa petite sœur. Sadie adressa à son mari un signe de tête discret et satisfait.

***

Au printemps suivant, Dan appela Bunny à son bureau. Lorsque celui-ci informa Sadie que Dan avait demandé à organiser un déjeuner à New York, sans doute pour demander la main de Becca, elle joignit les mains comme si ses prières étaient enfin exaucées.

— Pourquoi se précipiter ? Pourquoi Becca épouserait-elle son premier petit ami ? s'étonna Bunny.

C'était une beauté, et surtout c'était sa fille, bon sang ! Ces deux éléments combinés auraient dû suffire à attirer toute une ribambelle de prétendants.

— Bunny, ne sois pas bête ! Tu dois donner à Dan ta bénédiction !

— Je pose juste la question : sommes-nous certains qu'il est le bon pour elle ? Et Becca ? On lui a demandé son opinion ?

— Bien sûr que je l'ai fait ! Pas plus tard qu'au dimanche de Pâques. Elle m'a répondu qu'elle s'était attachée à lui. Et puis Ruth et Robert le trouvent absolument merveilleux.

— Je ne peux pas m'empêcher d'avoir l'impression que ça arrive trop tôt…

Bunny se mit à faire les cent pas.

— C'est un beau parti, tu sais ! Nous devrions nous réjouir que ce soit enfin réglé.

Sadie s'approcha et posa, avec tendresse, les mains sur son torse.

— Je voudrais juste en discuter avec Becca avant que ça n'aille plus loin.

— Quoi ? Et lui gâcher la surprise ?

Bunny secoua la tête face à l'entêtement de son épouse, ainsi qu'il l'avait souvent fait durant leur mariage. Elle l'embrassa et l'étreignit comme le jour où ils avaient appris que les garçons avaient survécu à la guerre. L'enthousiasme de Sadie dépassait la raison de Bunny, et par détestation des disputes il céda.

Il accompagnerait sa fille jusqu'à l'autel de la chapelle de Long Harbor au mois de septembre. Après s'être assis sur le banc à côté du reste de la famille, il sentirait le souffle chaud de Thomas dans sa nuque.

« Je ne veux pas remuer le couteau dans la plaie, mon vieux, lui murmurerait-il, mais ton fils préféré l'avait prédit. »

39

NEW YORK
Samedi 4 juillet 1998

Joseph raccrocha. C'était sa mère, et elle était dans le dernier endroit où il l'aurait imaginée : à Eden. Il n'y était pas retourné depuis des années, mais les températures venaient de battre des records à New York, en juin, et son invitation impromptue était séduisante. Constance venait de se plaindre du temps étouffant, même si lui en souffrait à peine, travaillant dans une tour climatisée. Sa mère lui avait précisé qu'elle avait aussi appelé Benjamin et qu'il ne pouvait pas organiser un voyage de San Francisco dans un délai aussi court.

— Ta tante Becca m'a invitée à Eden pour le week-end, et être ici, c'est… très fort. J'ai tant de souvenirs associés à ce lieu. Becca serait très heureuse de te voir, avec Constance et les filles.

— Vraiment ?

— Oui, Joseph. Vraiment. Et ça vous ferait du bien. C'est à moins de trois heures de New York. Je serais enchantée de passer quelques jours avec vous quatre.

Joseph referma le clapet de son téléphone et se rendit dans la salle de bains. Constance était en train d'appliquer de la crème hydratante sur son front.

Il pensait à sa mère, qui dormait dans la chambre qu'elle avait partagée avec son père, à Eden. Constance observa d'un air interrogateur le reflet de Joseph dans le miroir.

— C'était maman au téléphone. Elle est à Long Harbor, dans la famille de mon père pour fêter le 4 juillet. Elle voulait savoir si on serait prêts à la rejoindre.

Constance cessa de se brosser les dents et baissa les yeux sur l'eau dans le lavabo.

— Est-ce que ce serait une bonne idée ?

Elle manifesta son indifférence d'un haussement d'épaules.

— Parce que je me disais que ça pourrait être sympa pour nous, et pour les filles, de quitter un peu la ville, de nous baigner dans l'océan.

Joseph massa la peau souple et mate de ses épaules, avant de se pencher pour déposer un baiser sur le long cou de Constance. Elle le regarda à nouveau dans le miroir, cette fois avec un sourire dubitatif.

— Tu vas nous abandonner avec ta famille pour aller passer des coups de fil, comme toujours.

— Non, je te promets que non.

Il leva deux doigts, imitant le signe des scouts, et glissa son autre main sous la chemise de nuit de Constance. Elle fit la moue, l'air d'y réfléchir, puis entama le rituel de brossage de ses longs cheveux soyeux.

— Mmh, lâcha-t-elle.

Joseph caressa la peau douce de son ventre.

— Mmh ?

— Je ne sais pas, Joe. Tu n'as pas réussi à trouver le temps pour fêter notre anniversaire de mariage, et j'ai dû annuler toutes mes réservations à Santa Barbara.

Il suffit d'un coup de fil de ta mère pour que tu arrives à te libérer ?

— Ça n'a rien à voir avec le fait que ce soit ma mère. C'est plus calme au bureau parce que tout le monde est en vacances. Pourquoi ne pas en profiter aussi ?

Constance pivota vers lui et plongea ses yeux dans les siens.

— J'ai toujours voulu voir cette maison. Tu crois qu'il y a encore le dortoir ?

Ah, le dortoir… Il n'avait jamais aussi bien dormi que dans son enfance, à Eden. Il lui apporta confirmation d'un signe de tête.

— Je déposerai une requête si tu veux.

Il se baissa pour lui mordiller le lobe de l'oreille.

— Tu emmèneras les filles attraper des crabes ?

— Tu t'en souviens, dit-il en souriant.

Il adorait ça chez elle : elle écoutait ce qu'il lui racontait et elle n'oubliait pas. Lors de leur première rencontre, elle l'avait interrogé sur son père et il lui avait fourni l'habituelle réponse : « Il n'est plus dans les parages. » Mais lors de leur troisième rendez-vous, il avait partagé avec elle des souvenirs de son père sur la plage à Long Harbor, de cette gigantesque maison qui portait le nom d'Eden, du voilier qu'il partageait avec son oncle, des châteaux de sable, des parties de pêche, des barbecues. Joseph avait aussi évoqué avec tendresse son grand-père, qui les avait pris sur ses genoux, Benjamin et lui, et les avait consolés à la mort de leur père.

« Ça ressemble à un endroit parfait pour un enfant, à un rêve, avait commenté Constance.

— J'ai parfois eu l'impression que c'en était un. »

Cette nuit-là, Joseph rêva qu'il ramassait des coquillages sur la plage. Son père tenait un petit seau en plastique par la poignée et les accompagnait, Benjamin et lui, sur une longue étendue de sable fin. Joseph et son frère couraient et chaque fois que l'un d'eux trouvait une jolie coquille il retournait l'apporter à Robert, la lui montrait avant de la mettre dans le seau. Dans son rêve, Joseph prenait la main de son père et marchait à côté de lui. Il se réveilla de ce songe ébahi. Il ne se rappelait pas la dernière fois qu'il avait rêvé de son père, ni si c'était déjà arrivé, d'ailleurs.

Le lendemain matin, Constance prépara leurs affaires : des maillots de bain, les robes roses des filles, identiques, leurs sandales blanches, une paire de shorts et quelques tee-shirts. Posté devant la fenêtre, Joseph attendait que le service de chauffeur lui réponde, hypnotisé par le ballet de ferries sur la Hudson River.

Leurs filles, Jessica et Monica, couraient dans leur immense loft en criant :

— La plage, la plage ! On va à la plage !

Joseph recouvrit le combiné avec sa main.

— Chut ! On n'ira pas si je ne réussis pas à avoir une voiture.

Une heure plus tard, un gros 4 x 4 noir rutilant se garait devant leur immeuble. Le portier confia les bagages au chauffeur. Joseph aida les filles à grimper sur les marchepieds, puis attacha leurs ceintures de sécurité sur la banquette du fond. L'odeur âcre du désodorisant, vaporisé en trop grande quantité, lui brûlait les narines. Il s'assit à côté de Constance, sur la banquette du milieu, et lui prit la main.

Les filles commencèrent à l'assaillir de questions par-dessus l'appuie-tête.

— Papa, elles sont grosses, les vagues, à Long Harbor ?

— Grosses, mais pas trop.

— Tu te baignais dedans quand tu avais notre âge ?

— Oui, avec mon papa qui me tenait la main.

— Tu nous tiendras la main ?

— Bien sûr.

Constance remonta ses immenses lunettes de soleil, dévoilant ses yeux bruns. Elle se dévissa le cou pour regarder ses filles avec un sourire à la blancheur impeccable.

— Vous entendez ça ? Papa va se baigner avec vous !

La climatisation de la voiture était au maximum et l'air froid soulevait ses cheveux brillants sur son front. Dieu que sa femme était belle… Il se félicitait que ses filles lui ressemblent.

— C'est la maison où ton papa a sauvé ta tante pendant le Grand Ouragan ?

Joseph rit.

— Oui, c'est celle-là.

Il avait l'impression que ses filles ne l'écoutaient pas, lorsqu'elles jouaient avec leurs poupées Barbie à l'heure du coucher, et pourtant elles retenaient le moindre détail des récits qu'il leur faisait pour les endormir.

— Elle est vraiment très grande, cette maison ?

— Dans mon souvenir, énorme, mais je n'y suis pas retourné depuis très longtemps, presque trente ans. Depuis le mariage de ma cousine Rachel.

Le téléphone de Joseph vibra et il mit son oreillette. Constance croisa les bras. Il leva un index pour signifier que ce serait le seul appel et qu'ensuite il serait tout à elle. Il écouta son associé lui énumérer les points positifs et négatifs de son rendez-vous avec un client à Tokyo.

Il observa ses filles, qui faisaient n'importe quoi, tout en suivant le compte rendu. Elles ne tenaient pas en place, tant elles étaient excitées par cette virée en famille. Il ne les avait pas vues aussi volubiles en plusieurs mois, mais pour être honnête il ne les avait pas beaucoup vues tout court. Il n'avait pas réussi à rentrer chez lui à une heure raisonnable depuis le début de l'affaire Enron, et Constance insistait pour qu'elles se couchent à heure fixe.

Il se tourna vers la vitre et observa la circulation dense, dans l'autre sens. Les gens prenaient l'autoroute pour regagner New York, après ce week-end de festivités. Joseph ne les enviait pas.

Il était habitué à nager à contre-courant, à ne pas faire ce qu'on attendait de lui. Il attribuait ses succès professionnels à cette philosophie et avait d'ailleurs épousé Constance alors que tout le monde avait renoncé à ce qu'il fasse une rencontre – au point que sa mère n'avait même jamais osé faire la moindre remarque sur le fait que Constance était asiatique. Il n'en avait que plus d'amour pour elle, parce qu'elle n'avait pas bronché lors des présentations avec Constance, parce qu'elle avait accueilli à bras ouverts son épouse.

Lorsqu'ils s'étaient mariés, il avait la quarantaine, elle trente ans, et ils avaient continué à mener leurs carrières à cent à l'heure, vivant entre Hong Kong, Los Angeles et, plus récemment, New York. Ils avaient surpris tout le monde quand, sept ans auparavant, Constance avait annoncé qu'elle attendait Jessica. Et aujourd'hui, Joseph apprenait à être papa à l'âge de cinquante ans. Il ne cessait de se répéter que ce n'était pas si vieux, mais il avait passé des décennies par monts et par vaux, et s'habituer aux dîners en famille et aux histoires du soir était difficile.

— Bienvenue dans le Rhode Island, dit Constance en lisant l'immense panneau bleu au bord de l'autoroute.

— Oui ! s'écrièrent les deux filles.

Joseph entrouvrit la vitre tintée et respira l'air frais. La tension dans ses épaules commençait déjà à se dissiper maintenant qu'ils avaient quitté New York. Et puis le trajet n'était pas aussi pénible qu'il l'avait imaginé. Ses associés avaient tous des résidences secondaires où ils passaient le week-end, surtout dans les Hamptons. Ils s'échappaient dès le vendredi après-midi pour éviter les bouchons. Joseph, lui, suivait le vieil adage, « les absents ont toujours tort ». De toute façon, Constance avait grandi dans la chaleur et l'agitation de Singapour. Et elle avait des attentes si simples : un appartement dépouillé, un dîner au restaurant de temps à autre. Ce n'était que lorsqu'elle avait arrêté de travailler pour élever leurs filles que les étés en ville lui étaient devenus intolérables.

Joseph se pencha vers le chauffeur au moment où ils traversaient Long Harbor.

— C'est le chemin, là-bas, indiqua-t-il à travers le pare-brise.

— Maintenant tu coupes ton téléphone, dit Constance.

— Regardez ! Il faut que vous klaxonniez à l'approche de la maison. C'est une vieille tradition, on annonce son arrivée ici.

***

— À qui parles-tu ? demanda Constance, les mains sur les hanches.

Elle sortait de l'océan et s'assit sur la chaise de plage à côté de la sienne.

— Je tourne le dos cinq minutes et tu passes déjà un coup de fil.

— C'est Ben ! protesta Jospeh. Tu ne vas quand même pas me dire que je n'ai pas le droit d'appeler mon frère jumeau !

Les filles remplissaient leurs seaux de sable humide à quelques mètres de l'endroit où Constance et lui étaient installés, avec chapeau et lunettes de soleil. Une glacière contenant un pique-nique, et un sac en toile rempli de revues étaient posés à côté d'eux.

— Alors, poursuivit Joseph au téléphone, comme je te disais, l'endroit n'a pas changé d'un iota, jusqu'aux salles de bains et à la cuisine. On dirait que le temps s'est arrêté, tu n'en reviendrais pas !

— Et les gens ? Ils sont différents ?

— Lilly est toujours là, tu imagines ! Tu te souviens de Lilly ? C'était la nounou lorsqu'on était gosses… Elle doit avoir dans les soixante ans aujourd'hui, elle continue à faire la cuisine et le ménage.

— Tu es sérieux ?

— Tante Becca règne toujours sur les lieux, mais le reste de la famille est partie. Il n'y a que nous, Constance, les filles et moi, maman, tante Becca, Rachel et Sarah… Oh, et Sarah est enceinte !

Constance lui jeta un regard chargé de reproches en plaçant un index sur sa bouche : il parlait trop fort.

— Vraiment ?

Benjamin semblait prendre un grand plaisir à entendre les dernières nouvelles de la famille.

— Oui, confirma Joseph avant de baisser le ton. Et écoute ça : on a appris que la vieille tante Becca avait eu une fille illégitime qu'elle a abandonnée il y a plus de cinquante ans. Oncle Dan ne l'a jamais su. La tribu a fait sa connaissance hier. On est arrivés en plein drame. Tu n'imagines pas le bordel…

Après un silence incrédule, Benjamin finit par lâcher :

— Quoi ? C'est dingue, Joseph… Complètement dingue. Tante Becca, cette vieille chouette… J'aimerais tellement être là… Il n'y a pas de raison que tu sois le seul à t'éclater.

— C'est vrai que l'endroit est toujours sublime. J'avais oublié à quel point. L'eau est transparente. Il faut que tu amènes Melanie. Et cet été impérativement. D'après maman, ils vont peut-être devoir vendre. Et tu sais quoi ? J'ai même retrouvé nos vieilles cannes à pêche dans le garage !

— Non ? Et comment va maman ?

— Super. Elle ne va pas tarder à nous rejoindre sur la plage pour un pique-nique. Elle adore raconter aux filles des anecdotes sur nous deux, quand on était petits et qu'on passait nos étés ici. Elle leur parle de papa aussi. J'avais oublié qu'il y avait autant de photos de lui dans l'escalier de service. Ça fait du bien de les revoir.

— N'oublie pas d'emmener les filles au manège, tu te souviens que c'était une tradition avec papa ?

— Promis. Un tour de manège et un cornet de glace sur la digue ce soir.

***

Lilly leur apporta des couvertures supplémentaires.

— Vous n'en aurez sans doute pas besoin, mais au cas où il y aurait trop d'air… C'est amusant ici, non ?

Elle se baissa pour chatouiller les filles, qui étaient déjà couchées.

— Vous avez de la chance de passer la nuit dans le dortoir, avec vos parents… Un peu comme une soirée pyjama !

Les filles gloussèrent de plaisir.

— Je dormais là avec oncle Benjamin tous les étés, leur dit Joseph. J'adorais ça.

— C'est quoi, ce qu'on entend ? demanda Monica.

— Des cigales ! répondit Constance.

Après le départ de Lilly, Constance fit un tour sur elle-même, le bas de sa robe de chambre en tissu vaporeux se souleva.

— Je ne me doutais pas que cet endroit était aussi incroyable, dit-elle. On est descendus dans les plus beaux cinq étoiles, Joe, mais Eden a quelque chose de si authentique…

— Je sais.

— On dirait une vieille maison de famille chargée d'histoires…

Elle s'approcha d'une des moustiquaires aux fenêtres.

— C'est parce que c'est une vieille maison de famille, lui dit-il.

— Je suis juste surprise que tu ne nous aies jamais emmenées ici avant. J'adore ce lieu, vraiment. J'ai bien vu que certains nous regardent de travers, les filles et moi, en se demandant comment nous avons réussi à entrer dans la famille, mais ça ne me dérange même pas.

— Tu ne cesseras donc pas de me surprendre.

— Et ces photos de ton père et de ses frères en tenue militaire, de retour de la Seconde Guerre mondiale !

Le cœur de Joseph enfla en voyant l'intérêt qu'elle témoignait à Eden. Il observa le parquet peint, encore usé à l'endroit où Benjamin et lui jouaient aux cartes à la lueur d'une lampe torche. Il se souvint de son père, qui venait l'embrasser pour lui souhaiter une bonne nuit.

— Quoi ? lui demanda-t-elle, le ramenant à l'instant présent.

— Tu es merveilleuse, lui répondit-il.

Il avait envie de mettre ce sentiment en bouteille pour le rapporter à New York. Il serra les longs doigts minces de Constance et la fit tourner comme autrefois sur la piste de danse.

— Et tu es belle, aussi.

40

LONG HARBOR
1947

Ruth était assise sur le banc en bois inconfortable de la chapelle de Long Harbor, à côté de Sadie. Robert, Thomas et Edward se tenaient debout, à côté de l'autel, en tant que témoins de Dan, et ce fut donc la main de Ruth que Sadie agrippa lorsqu'elles se levèrent pour regarder Bunny remonter la longue allée avec Becca. Elle s'accrochait au bras de son père, une gerbe de roses blanches retenues par un ruban en satin rose pâle dans l'autre main. Ruth remarqua les efforts de Bunny pour raccourcir sa foulée et se caler sur la cadence de sa fille. Quand ils arrivèrent devant le pasteur et les compositions démesurées de dahlias et d'arums blancs, dues à l'insistance de Sadie, Bunny se pencha pour déposer un baiser sur la joue de sa fille. Ruth eut l'impression qu'il lui glissait aussi quelque chose à l'oreille.

La jeune femme sentit que Sadie retirait sa main pour la tendre vers son mari, qui les rejoignait sur le premier banc. Ruth ne quittait pas Becca et Dan des yeux, les futurs époux devant l'autel, heureuse pour eux. Avec Robert, ils avaient poussé Becca dans cette direction, certains que la voie qu'ils avaient choisie permettrait aussi à la jeune fille de s'épanouir. Becca, toutefois, avait confié à Ruth douter de l'amour de Dan. « Certains jours, j'ai l'impression que c'est Long Harbor qui l'intéresse. Sans Eden et le country-club, il ne m'accorderait pas la moindre attention…

— Tu racontes n'importe quoi ! avait protesté Ruth. Tu es belle, intelligente et puis, comment dire… Il émane de toi un certain mystère.

— C'est juste que… »

Becca n'était pas parvenue à expliquer réellement ce qu'elle ressentait.

« Écoute-moi, l'avait interrompue Ruth avec autorité, tu as trouvé un garçon qui t'aime et qui apprécie ta famille, un garçon qui ne t'emmènera pas loin de Long Harbor… Tu peux t'estimer chanceuse, tu sais ! »

***

Un photographe immortalisa Becca et Dan à la sortie de la chapelle. Ruth entendit Sadie dire :

— J'espère qu'il y en aura une de réussie et que je pourrai l'accrocher avec les autres. C'est notre premier mariage à Long Harbor.

Elle endossait son rôle de mère de la mariée avec fierté, exhibant avec jubilation, devant ses amis, le parcours universitaire de Dan, à Yale, et la carrière médicale qui l'attendait. Lorsqu'ils arrivèrent au country-club pour la réception, Ruth se plaça à côté de Robert, et ils accueillirent les invités avec le reste de la famille Meister.

— Regarde Becca, lui souffla-t-il, elle n'a jamais été sous le feu des projecteurs avant.

Ils trinquèrent tous aux jeunes mariés, puis dansèrent en cercle autour d'eux. Robert fit rire Ruth en bombant le torse pour imiter Thomas.

Après une brève lune de miel à New York, Becca et Dan rentrèrent à Eden. Ruth interrogea la jeune femme, un soir qu'elles faisaient la vaisselle et étaient seules dans la cuisine. Sadie était montée se coucher, et tous les hommes s'étaient lancés dans une partie de poker.

— Alors, comment ça s'est passé ?

— Je ne sais pas, j'étais très nerveuse. Je m'étais imaginé qu'on resterait sous les draps, lui répondit Becca en récurant une casserole sous l'eau brûlante.

De toute évidence, elle avait mal interprété la question de Ruth.

— Oh, mais non, ma belle, ce n'est pas ce que je voulais savoir ! Quoi qu'il en soit, ne te fais pas trop de mouron, beaucoup de jeunes épouses ont la frousse, dit-elle en essuyant lentement une poêle.

Becca se tourna pour regarder Ruth dans les yeux. Les siens étaient si brillants qu'on aurait pu croire qu'elle allait pleurer.

— Je me suis enfermée longuement dans la salle de bains. J'ai quasiment vidé une bouteille de champagne.

— Oh, ma pauvre chérie… ça s'arrangera avec le temps.

— J'étais à cran. Et si je tombais immédiatement enceinte ? ajouta Becca avant de renifler contre son avant-bras. Ruth, tu utilises un contraceptif ? murmura-t-elle.

— Bien sûr que non !

Elles restèrent plantées en silence devant l'évier un long moment, puis Ruth posa son torchon et enlaça Becca par les épaules.

— Avec Robert, nous essayons d'avoir un bébé, et tu feras bientôt la même chose !

Tomber immédiatement enceinte ? Ruth aurait donné n'importe quoi pour que ce soit son cas. Avec Robert, ils espéraient une grossesse depuis près d'un an. Elle le désirait tant que son cœur se serrait de déconvenue quand, chaque mois, elle voyait le sang couler. Elle réprima soudain un petit accès de panique à l'idée que Becca puisse tomber enceinte avant elle.

Fort heureusement, à la fin de l'été, Robert et elle furent en mesure d'annoncer triomphalement la bonne nouvelle autour de la table du dîner à Eden.

— Ruth est enceinte ! s'écria Robert, avec une fierté palpable.

Sadie se leva d'un bond.

— Oh, que Dieu vous bénisse ! dit-elle en se jetant sur sa belle-fille.

— Et ce n'est pas tout ! ajouta cette dernière.

— Que pourriez-vous encore nous annoncer ? s'inquiéta Sadie, en se figeant.

— Nous allons avoir des jumeaux !

Bunny se leva à son tour et la serra dans ses bras.

— Doux Jésus ! Quelle nouvelle incroyable ! Surtout, ne vous inquiétez de rien. Nous serons là pour vous et nous engagerons de l'aide.

Elle n'avait jamais vu Bunny lui sourire de la sorte. Évidemment, il posait sur elle un nouveau regard, à présent qu'elle allait prolonger sa lignée.

À sa propre surprise, Ruth fut submergée par les larmes. Le fait d'en parler à la famille rendait cette grossesse plus réelle que lorsque Bobby et elle étaient les seuls dans la confidence. Était-ce des larmes de joie ou de soulagement ? Était-ce l'expression du fait qu'elle était désormais liée à tout jamais au clan Meister ? Elle ne le savait pas. Mais quand sa vision ne fut plus brouillée, elle remarqua que Becca se détournait et que Dan triturait sa serviette.

L'année suivante, Becca annonça à son tour qu'elle attendait un heureux événement le dernier week-end du mois d'août. Dan rayonnait, alors que Becca partageait la nouvelle avec un certain détachement. Sadie tremblait de bonheur ; elle prit les deux mains de sa fille dans les siennes en souriant. Becca ferma les yeux et s'abandonna dans les bras de sa mère, semblant se nourrir de son amour. Lorsqu'elle finit par s'écarter, Bunny la fit brièvement tourner dans les airs.

— Ma princesse va devenir maman.

***

Ruth et Robert se précipitèrent à la maternité dès la naissance du bébé de Becca.

— Nous l'avons appelée Rachel, leur apprit-elle pendant que l'infirmière faisait rouler le couffin vers Dan.

— Rachel ? D'où vous est venue l'idée ? demanda Robert.

Ruth avait choisi, pour ses jumeaux, les prénoms de son père, Joseph, et de son grand-père, Benjamin.

— Je trouve que c'est joli, répondit Becca. Je l'ai entendu, pour la première fois, à Kansas City, dans ma pension.

Dan sortit leur fille du couffin. Ruth n'avait jamais eu l'occasion de constater à quel point il était à l'aise avec les bébés, et la surprise lui fit presque oublier qu'il était médecin, après tout.

— Ça me plaît aussi, dit Ruth. J'espère que Becca et bébé Rachel pourront bientôt venir à Eden. J'y serai avec les jumeaux, et la nounou que Sadie a engagée est une vraie bénédiction.

— Vous devriez y passer tout l'été, les filles, suggéra Robert, et vous reposer. Avec Dan, nous vous rejoindrons le week-end.

Ruth décrivit la nouvelle nounou. Elle s'appelait Lilly. Elle n'avait que seize ans mais était très compétente. Elle était venue de son Maine rural, à la recherche de travail. Ruth appréciait son sens pratique. Sadie avait décrété qu'une fille de cet âge serait très « malléable ». Elle débordait d'énergie pour les jumeaux, qui marchaient déjà, et continuerait à dormir dans la chambre d'enfants pour s'occuper de Rachel.

***

Les cinq étés qui suivirent furent idylliques à Eden. Comme l'influence de la lune sur les marées, comme le lever et le coucher du soleil, les journées, les semaines de la maisonnée allaient et venaient, au rythme des besoins quotidiens des enfants, des visites régulières de Dan et de Robert les week-ends. Les jours de la semaine suivaient un tempo maternel, même avec la présence de Bunny, qui partageait ses journées entre le golf et la lecture des journaux dans son bureau.

Ruth et Becca remontaient lentement le chemin à travers les dunes brûlantes, chargées de sacs de plage, de seaux et de pelles, les enfants sur les talons. Becca les aidait à retirer leurs maillots de bain pleins de sable devant la maison pendant que Ruth rinçait leurs quatre petits derrières avec le tuyau d'arrosage. Les enfants dansaient, luisant au soleil d'été, un peu rouges sur les joues. Le petit dernier, Andrew, gigotait, quant à Rachel elle fuyait en hurlant le jet glacial. Joseph et Benjamin, eux, mettaient leur mère et leur tante au défi de les attraper. Ruth finissait par les réunir et les envelopper dans des serviettes moelleuses, avant de les envoyer à Lilly, qui attendait devant la cuisine.

Ruth était toujours à l'écoute des besoins de Rachel.

— Peut-être un petit sandwich pour elle, Lilly. Son déjeuner est tombé dans le sable.

Elle était plus attentive à la fillette, caractérielle, que Becca. Sa belle-sœur se consacrait essentiellement à Andrew et semblait heureuse de laisser les autres s'occuper de sa fille si difficile.

Lorsque Lilly poussait les enfants dans l'escalier de service pour leur sieste, Ruth regardait l'heure à l'horloge de la cuisine et s'empressait de leur servir deux verres de thé glacé. Munie de plusieurs magazines, Becca filait dans la véranda. Ruth la rejoignait, avec ses lunettes de soleil et une revue de droit sous le bras. Elles prenaient place sur des chaises longues. Ruth savait que la sieste des enfants était le moment que préférait Becca avec l'heure de l'apéritif et son pichet de martini.

Un de ces après-midis, Becca feuilleta quelques pages de son magazine avant de bâiller.

— Andrew continue à se lever si tôt, le matin…

— Joseph et Benjamin viennent se faufiler dans mon lit dès le lever du soleil. Andrew, lui, au moins, reste dans sa chambre et ne se livre pas à un duel à l'épée au-dessus de ton ventre.

— Oh, mais il m'appelle, jusqu'à ce que je vienne.

— Tu devrais faire la sourde oreille.

— Je le prends avec moi, mais Rachel devient terriblement jalouse quand elle le trouve dans mon lit.

— Tu sais, Becca, je pense qu'elle aimerait t'avoir un peu plus pour elle.

— Toi aussi, tu as ce sentiment ?

— Oui. On dit toujours que les aînés ont du mal avec l'arrivée d'un second.

— Oh, Rachel était déjà difficile avant, répondit Becca, qui ne semblait pas vouloir s'attarder sur le sujet.

Ruth n'osa pas insister : si sa belle-sœur lui avait toujours paru un peu dure avec sa fille, elle ne se permettait pas de la juger. Après tout elle n'avait eu que des garçons, elle ne savait pas ce que c'était qu'élever une fille. Elle ajouta donc, sur une note plus positive :

— C'est sûr que toi, tu n'as jamais dû donner le moindre fil à retordre à Sadie.

— Oh, tu serais étonnée, rétorqua mystérieusement Becca en tournant les pages de son magazine sur papier glacé.

Dans ces moments-là, Ruth, qui éprouvait avec Becca une proximité qu'elle n'avait connue avec personne d'autre, une proximité de sœurs presque, sentait comme une distance entre elles. Becca lui semblait souvent sur le point de partager avec elle quelque chose d'important avant, systématiquement, de se raviser.

Elles ne parlaient que rarement de leurs époux. C'était un terrain trop glissant, Robert étant le frère préféré de Becca. Le qualifier autrement que de parfait représentait un vrai danger. Ruth ne pouvait pas demander à Robert devant Becca pourquoi il s'effaçait en présence de leur père, ni pourquoi il avait la manie horripilante de tout laisser en plan dès que sa mère formulait une demande. Même s'il ne s'était pas encore entièrement débarrassé du rôle qu'il jouait depuis l'enfance dans cette famille, Ruth était convaincue que leur amour était plus profond que celui qui unissait Becca et Dan. Elle savait que sa belle-sœur avait un jour caressé l'idée de vivre seule, plutôt que de se marier. Elle s'était même procuré un formulaire d'admission à l'école de secrétariat Katharine Gibbs. Lorsque Robert avait appris son intention, il l'avait tournée en ridicule. « Secrétaire ? Un conseil, Becca, ne laisse jamais maman avoir vent de cette idée. »

Ruth appréciait Dan. Il était gentil et prévenant. Ils étaient liés par leur situation : tous deux n'appartenaient à la famille Meister que par alliance et demeuraient des étrangers à Long Harbor. Oui, c'est vrai, parfois il se prenait un peu trop au jeu de l'aura qui entoure la profession de médecin, et il attachait une importance démesurée aux mondanités, mais il était un bon père et était devenu très proche de Robert.

— À ton avis, les garçons auront envie de quoi, ce week-end ? lui demanda Ruth.

On était déjà mercredi, il fallait commencer à s'organiser.

— Robert arrive vendredi ?

— Oui, il espère même pouvoir attraper un train de bonne heure. Tu penses que Dan réussira à se libérer ?

— Sans doute pas.

— J'espère qu'il sera là pour la fête des Tyler… Enfin sinon on a trois autres invitations pour le samedi soir, dit-elle en les comptant sur ses doigts.

Si les réceptions du début de saison étaient toujours enthousiasmantes, à ce stade de l'été Ruth aimait autant rester à la maison pour jouer aux cartes.

Pendant la semaine, Monsieur P. proposait deux services pour le dîner. Le premier, dans la cuisine, consistait en une nourriture insipide et sans risque pour les enfants. Une fois qu'ils étaient couchés, les adultes avaient droit à un dîner digne de ce nom autour de la table de la salle à manger.

Ce soir-là, au moment de s'asseoir et de placer leurs serviettes sur leurs genoux, Ruth et Becca poussèrent un soupir en chœur. Elles venaient de franchir la ligne d'arrivée : pas celle marquée par un ruban et autour de laquelle crépitent les flashes, mais celle que constituait l'heure magique du coucher, dix-neuf heures. Bunny remplit leurs verres en cristal de vin, et ils trinquèrent tous les quatre à cette nouvelle journée.

— Maman, est-ce qu'Edward vient ce week-end ? s'enquit Becca.

— Ce n'est pas sûr, lui répondit Sadie qui coupait sa viande avec énergie.

Il avait une nouvelle petite amie dont les parents passaient l'été dans les Hamptons.

— Je crois qu'il a été un peu rebuté par la transformation de sa chambre en pouponnière, ajouta Bunny en se resservant des pommes de terre.

Ruth l'avait entendu se plaindre aussi des couches qui traînaient, des chaises hautes qui encombraient la cuisine, des pleurs et de l'agitation. C'était apparemment plus que ce que sa « nouvelle petite amie » pouvait supporter. Néanmoins, Ruth était convaincue qu'il n'y avait pas que les enfants. Le fait que Robert et Dan participent en binôme au tournoi de golf annuel du club avait dû peser dans la balance également.

Aux environs de dix-huit heures, le lendemain, Ruth et Becca descendirent au club de la plage avec les quatre enfants pour le barbecue hebdomadaire. Le jeudi soir étant le dernier de la semaine où les femmes étaient sans époux, le club installait de longs grills à charbon pour qu'elles puissent préparer des hamburgers, des hot-dogs et de la guimauve au dessert.

Lilly portait un gilet et un tablier blanc pour faire griller les saucisses. Le coucher de soleil avait débuté : le ciel bleu prenait une teinte rosée et l'océan virait au gris acier. Les jumeaux en étaient déjà à la guimauve grillée, et leurs doigts poissaient. Tout en étant absorbée par sa conversation avec Mary Bell, Ruth observait du coin de l'œil Rachel, qui terminait son hot-dog. Le débat portait sur l'installation de la télévision dans les foyers de Long Harbor.

— Mais pourquoi faudrait-il y renoncer ? demanda Ruth. Pourquoi tout le monde ici tient-il tellement à se couper de la civilisation ?

— Ça a toujours été comme ça…

— Tu ne trouves pas ça dangereux de s'isoler du monde ? De se priver du journal télévisé le soir, par exemple…

Ruth s'interrompit dès qu'elle aperçut Bunny sur la terrasse. Il s'approcha de leur table, la mine sinistre.

— Les filles, réunissez les enfants et rejoignez-moi à la voiture. Il faut y aller.

Il se tourna vers l'océan pour éviter leurs expressions interrogatives. Ruth crut avoir remarqué qu'il avait les yeux rougis. Le cœur battant la chamade, elle sentit une boule se former dans son ventre alors qu'elle réunissait les enfants et allait chercher Lilly près du barbecue. Becca fourra le restant du dîner dans le panier de pique-nique monogrammé de Sadie, et elles se rendirent à la voiture qui les attendait.

Le silence de Bunny, et sa façon d'agripper le volant, suggérait un drame terrible. À leur arrivée à Eden, Lilly accompagna directement les enfants à l'étage. Ruth pensa qu'il était arrivé quelque chose à Sadie, mais Bunny la prit par les épaules et l'emmena dans son bureau.

— Que se passe-t-il ? Ce sont mes parents ? Qu'y a-t-il ?

Au bruit des sanglots de Sadie, Ruth comprit immédiatement de qui il s'agissait en réalité. Un policier du Rhode Island, avec tout son attirail, triturait sa casquette près de la table de travail de Bunny. Sadie se releva pour prendre sa belle-fille dans ses bras.

— Oh, Ruthie, gémit-elle, c'est Bobby. Il avait prévu d'arriver dès ce soir pour te faire la surprise…

— Madame Meister, intervint le policier en s'adressant à Ruth. Madame, je suis vraiment navré de vous apporter cette triste nouvelle, il y a eu une collision à l'intersection des routes 1 et 138. Un touriste du Massachusets n'a pas vu le panneau « Stop » et a percuté le véhicule de votre mari par le côté. Il est décédé dans l'ambulance.

— Non, c'est impossible…

Ruth toucha son alliance avant de s'affaler sur le canapé à côté de Sadie.

41

LONG HARBOR
Juillet 1998

Becca considéra le portrait de sa mère, accroché dans la salle à manger, et soupira.

— Et voilà, je n'ai pas suivi ton conseil, maman, dit-elle en regardant son sourire majestueux, et maintenant je suis entrée dans l'histoire de cette famille à mon tour.

Ce brunch du dimanche 5 juillet 1998 resterait dans la mémoire des Meister, et l'on y ferait allusion sous la simple mention du « brunch ». Pas seulement parce que Rachel avait fait un coup d'éclat, parce que Camilla avait affiché son mépris ou parce que Andrew avait usé de tous ses charmes pour séduire Lee. Non, en réalité ce brunch, ou plutôt la totalité de ce week-end, avait servi de catalyseur et mis beaucoup de choses en branle. À compter de ce jour, tout avait changé. Plus rien ne pourrait jamais être pareil. Un peu comme si une brise marine fraîche s'était engouffrée par les portes-fenêtres à l'intérieur de la maison et avait emporté les toiles d'araignées accumulées depuis cent ans. À compter de cette matinée claire et ensoleillée, la confession de Becca avait donné un nouveau *la*.

Le moment était venu de tout expliquer à Sal Fabbrizzio. Elle l'appela un après-midi que Lee était encore à Eden. Lorsqu'il frappa à la porte de la cuisine, Becca les présenta à nouveau.

— Tu te souviens de Lee, elle était au brunch l'autre jour. Lee, c'est Sal qui a raccompagné Rachel à la maison.

Puis elle les conduisit vers la plage, par le sentier. Elle voulait être dehors, dans un endroit où personne ne pourrait les interrompre. Elle craignait que Sal ne puisse s'emporter ou être gagné par l'émotion, et elle ne voulait pas qu'il se sente enfermé à Eden. Bon sang de bois, il fallait qu'il soit en mesure de crier, ou de confier ses larmes au vent s'il en avait besoin. *Le pauvre homme*, songea Becca. *Sa femme et lui mènent une existence simple et heureuse. Ils n'ont jamais eu d'enfants. Il va me haïr de lui faire aujourd'hui cette révélation.*

Sal observa Becca avec désarroi quand elle retira ses chaussures à l'extrémité du sentier pour escalader les dunes. Ils la suivirent, avec Lee, et tous trois s'assirent sur la pente de sable. Ils regardèrent les vagues pendant plusieurs minutes avant que Becca ne prenne la parole.

— Sal, je ne te l'ai jamais dit, mais la nuit de la fête, la nuit de notre rencontre, je suis tombée enceinte.

Elle enfouit son visage dans ses mains.

— Quoi ? Becca, je me suis toujours senti coupable de mon attitude ce soir-là, j'avais profité de la situation, et si j'avais pu imaginer… Oh, Becca, je suis tellement navré… Ce poids avec lequel tu as dû vivre…

Dans le silence absolu, seul le bruit des vagues et les cris des mouettes résonnaient.

— Est-ce que tu essaies de me dire que Sal est mon père ? finit par demander Lee.

Becca hocha la tête, relevant le visage. Le regard de Sal circulait de l'une à l'autre avec un ébahissement tranquille.

— Tu es ma fille ?

Sa voix monta dans les aigus, et il tendit la main pour prendre celle de Lee. Becca lui raconta toute l'histoire, Sadie qui l'avait envoyée aux Saules et l'avait forcée à abandonner le bébé à Kansas City.

— Mon Dieu…, lâcha-t-il.

— Je suis désolée de ne pas t'en avoir parlé, lui dit Becca.

— Je comprends mieux pourquoi tu m'as évité pendant toutes ces années.

— Il faut dire que je pensais que tu ne voulais plus rien avoir à faire avec moi.

Sal ne lâchait pas la main de Lee. Il plongea ses yeux au fond des siens.

— Tout ce temps j'avais une fille. C'est incroyable…

Lee haussa les épaules en souriant.

— Ce qui l'est aussi, c'est d'avoir retrouvé ma mère, et maintenant mon père. Merci, Becca.

— Tu ressembles tellement à Rachel…, souligna Sal.

— Sal et Rachel ont été très proches, expliqua Becca.

— Elle était maligne, rebelle, une vraie pile électrique. Je sais qu'elle n'est pas apparue sous son meilleur jour l'autre fois, mais c'était une chouette gamine. Ne tire pas tout de suite un trait sur elle.

Becca hocha la tête.

— Ce serait si formidable que…

Elle s'interrompit.

— Quoi ? l'encouragea Lee.

— Que vous deveniez amies, Rachel et toi.

***

Ce ne serait pas chose aisée. Rachel s'était enfermée dans sa chambre après avoir quitté la table du brunch avec éclat. Tout avait commencé quand elle avait découvert que Sarah et Lee, assises côte à côte, discutaient avec animation. Becca avait remarqué l'inclinaison de la tête de Rachel, signe d'irritation chez elle. Elle avait cherché à s'immiscer dans leur échange.

« Je disais juste que je pourrais rester à Eden cet automne et accoucher ici, avait résumé Sarah.

— Quoi ? s'était exclamé Thomas à l'autre bout de la table.

— Tu veux dire accoucher au Westfield Hospital ? avait demandé Rachel, pour clarifier les choses.

— Non, je veux dire ici, à Eden.

— Vraiment ? » s'était étonnée Carol, les yeux écarquillés par la surprise.

Rachel avait lâché sa fourchette et avait failli tomber de sa chaise. Becca s'était émerveillée du sang-froid de Lee : ce n'était visiblement pas la première fois qu'elle était confrontée à des résistances au sujet de ses méthodes. Elle avait attendu que le calme revienne autour de la table, avant de dire avec douceur : « J'ai mis au monde des centaines de bébés à domicile. C'est une expérience unique. Pour tout le monde. »

Rachel s'était décomposée.

« Maman, avait-elle dit en se tournant vers Becca, tu comptes vraiment rester assise et laisser ta fille surgie de nulle part sortir ce bébé, mon petit-enfant, du ventre de Sarah ? Et si quelque chose tourne mal ? Tu imagines ? Sarah, victime d'une hémorragie, avec pour seule assistance la présence de cette sage-femme, dans une chambre d'amis ? »

Rachel s'était levée en titubant, une main sur la bouche et l'autre sur son ventre.

***

Plus tard ce jour-là, après que la table avait été débarrassée, Thomas avait trouvé Becca sous la véranda, en train de rassembler les serviettes. Carol et lui s'apprêtaient à partir pour la gare, ayant anticipé leur départ.

« Je pensais que la vie m'avait malmené, en tant qu'aîné, et puis à cause de tout le reste… Mes crises, les médecins et maman… Je ne sais pas comment l'expliquer, elle était soit sur mon dos, soit complètement absente, à ses cours de peinture ou ailleurs. C'est la première fois que je prends conscience que ça n'a pas été une partie de plaisir pour toi non plus. Je me souviens d'avoir plaisanté avec papa avant ton mariage… Maman insistait tellement pour précipiter les choses, c'était étrange. Je voulais juste te dire que… que j'admire ton courage. Et je suis heureux d'avoir été là ce week-end.

— Merci, Thomas. »

Becca s'était approchée de la rambarde, avec son frère, et ils avaient regardé l'océan. Elle avait senti sa vigueur quand il l'avait enlacée par les épaules. C'était important, pour elle, qu'il la comprenne, toutefois son train partait quelques heures plus tard et elle avait espéré qu'ils pourraient évoquer ensemble la situation financière.

« Et quels sont tes sentiments sur le sujet que nous n'avons pas eu le temps d'aborder tranquillement ? avait-elle demandé en jetant un coup d'œil par les portes-fenêtres, afin de s'assurer qu'ils étaient bien seuls. Tu vas me racheter ma part d'Eden ?

— Becca, tu es le bébé de cette famille. Tu sais qu'on est vieux maintenant, Carol et moi. Cet endroit représente une trop grosse charge pour nous, à notre âge. »

Le cœur de Becca s'était serré. Si Thomas ne rachetait pas sa part, comment pourrait-elle se procurer la somme que lui réclamait la banque ?

« Nous ne sommes pas partisans de cette solution, avait-il conclu. Je crois que ton fils sera de mon avis, et je sais qu'Edward est partant : le moment est venu de vendre Eden. »

***

C'était Lilly qui était venue la trouver ensuite. Elle s'inquiétait pour Rachel. Elle était montée la voir et l'avait trouvée assise dans sa chambre, devant la fenêtre, les yeux rivés sur le potager de Sarah, tremblante.

« L'autre jour, en faisant le ménage dans sa chambre, j'ai trouvé des bouteilles. Je les ai mises dans un sac-poubelle et je les ai jetées. Je ne crois pas qu'il lui reste de quoi boire là-haut. Je lui ai dit que ce serait bien qu'elle descende pour en discuter avec vous, mais elle s'est mise à murmurer : “Tu crois que papa nous regardait, l'autre jour ? Il n'en reviendrait pas... Monsieur Fabbrizzio qui était presque comme un père pour moi... Maman et lui ont eu une fille ensemble. Et elle s'appelle Lee. C'est ma grande sœur. Elle a été conçue quelque part par là !" Elle m'a montré les dunes, derrière le potager.

— Oh, Lilly, vous avez raison de vous faire du souci, avait répondu Becca, qui se sentait si impuissante. Malheureusement, Rachel doit trouver par elle-même le moyen de faire la paix avec la situation. Je ne crois pas qu'on puisse l'aider... »

Le lendemain matin, pendant le petit déjeuner, un taxi s'était garé devant la maison. Becca, qui buvait un café avec Sarah à la table de la cuisine, avait été interloquée.

« Où vas-tu ? avait-elle demandé en voyant apparaître Rachel, qui se débattait avec sa valise.

— À la gare. Je me suis inscrite à un programme de trente jours dans le Connecticut, avait-elle répondu en filant directement vers la porte.

— Oh, Rachel, ma chérie, attends ! Je t'aime, ma chérie ! » s'était exclamée Becca, surprise par ce cri du cœur, elle qui n'avait jamais vraiment su exprimer ses sentiments à sa fille.

Elle l'avait suivie dehors. Rachel avait refusé de se retourner et avait soulevé sa valise pour la mettre dans le coffre ouvert du taxi.

« Hé, maman ! s'était écriée Sarah en les rejoignant. Au revoir, maman. Je t'aime aussi. »

Rachel avait déjà attaché sa ceinture de sécurité et regardait droit devant elle. Alors que le véhicule jaune et noir s'éloignait sur le chemin, en direction de l'ouverture dans la haie de troène, Becca s'était surprise à agiter la main avec Sarah et Lilly, disant au revoir à sa fille comme les Meister l'avaient toujours fait avec n'importe lequel de leurs invités.

42

LONG HARBOR
1954

Le lendemain matin de l'accident, Ruth, Bunny et Sadie étaient assis autour de la table de la cuisine. Ils n'avaient pas touché aux œufs devant eux. Bunny remua lentement son café.

— Je dois appeler Edward et Thomas, et puis Kitty…

La main de Ruth se mit à trembler tandis que Bunny énumérait ces noms.

Il y eut un coup discret à la porte de la cuisine, qui s'ouvrit avant qu'ils n'aient pu, les uns ou les autres, se lever. Emily Notman passa la tête à l'intérieur, et vint se placer directement entre Ruth et Sadie, caressant tendrement les épaules des deux femmes.

— Je voulais vous laisser du temps, leur dit leur voisine, mais je n'arrivais plus à attendre. Je suis tellement désolée…

Ruth leva vers elle un regard reconnaissant.

— Je me suis occupée des formalités pratiques l'été dernier, poursuivit-elle, à la mort de mon oncle Mark. Je vais me charger de l'organisation de la cérémonie et de la réception. Vous devez rester concentrées sur votre famille.

Ruth adorait cet aspect de Long Harbor, où les Meister avaient des racines profondes. Les amies que Sadie s'était faites il y a bien longtemps autour d'une table de bridge ou sur un court de tennis défilèrent pour apporter de la nourriture et des paroles de réconfort, proposant aussi un soutien logistique.

Le plus difficile pour Ruth serait d'annoncer la nouvelle à Joseph et Benjamin. Becca et Dan furent d'une grande aide le vendredi, se chargeant d'occuper les jumeaux et de les tenir à l'écart de la maison, mais lorsque le samedi matin ils la réveillèrent et qu'elle découvrit leurs regards interrogateurs, elle en eut le cœur brisé. Joseph était du côté de Robert, tandis que Benjamin la secouait par l'épaule pour la tirer d'un sommeil rendu possible grâce aux comprimés que le médecin de Mme Notman lui avait prescrits.

Ruth convoqua toute son énergie pour poser les pieds par terre et enfiler une robe simple. Elle prit leurs petites mains dans les siennes, descendit avec eux au rez-de-chaussée et sortit par la véranda. Ils traversèrent la pelouse et gravirent les dunes, où ils s'assirent face à l'océan. Le soleil levant faisait briller les gouttes de rosée sur les oyats. Leur montrant les derniers vestiges de la lune dans le ciel, elle leur dit :

— Papa est monté au ciel.

Les garçons se blottirent contre elle et levèrent la tête. Elle sentait leurs petits corps pressés contre ses flancs, qui s'agrippaient à ses bras.

— Et il rentre quand ? demanda Joseph.

— Oh, mon trésor, il ne reviendra pas. Je veux dire qu'on ne pourra plus voir son corps…

Elle tenta de contrôler les trémolos dans sa voix.

— … mais il sera toujours à nos côtés.

Elle plissa les yeux, des larmes s'en échappèrent.

Joseph fronça les sourcils, se concentrant sur l'horizon. Elle déposa un baiser sur le sommet de son crâne, puis sur celui de Benjamin. Ils s'allongèrent dans le sable, utilisant les genoux de leur mère comme oreiller. Ils restèrent étendus là calmement, semblant subjugués par le va-et-vient des vagues. Elle ferma les yeux et pria pour que Robert la guide à distance. Au bout d'un long moment, le cri d'une mouette la réveilla et elle releva les deux garçons pour les emmener petit-déjeuner.

Edward arriva plus tard ce jour-là, pour l'enterrement. Il empestait tellement l'alcool qu'il avait dû boire depuis qu'il avait appris la nouvelle. Il se servit un scotch sec dès qu'il posa un pied dans la maison, puis s'approcha de Ruth. Elle sentit les odeurs de tabac froid et de transpiration qui imprégnaient le col de sa chemise. Il lui dit à l'oreille, en mangeant ses mots :

— C'est moi qui aurais dû mourir.

Ruth savait que pour Edward perdre Robert revenait à perdre une part de lui-même. Ils n'avaient que deux ans d'écart, et les rendez-vous médicaux de Thomas l'avaient souvent tenu à l'écart de ses deux petits frères, qui avaient été élevés ensemble, comme une seule et même personne : football, basket-ball, base-ball, pension et enfin Yale.

— Tout est de ma faute, gémit Edward en reniflant dans la manche de sa veste.

— Ne sois pas bête.

— Mais c'est vrai. Bobby avait cherché à me convaincre de venir pour le week-end. Ça le contrariait que je passe autant de temps dans les Hamptons, avec la famille de Beth. Il m'envoyait sans arrêt des piques. Il m'a dit qu'il m'attendrait et ne partirait que vendredi…

Edward était le contraire de Robert à cet égard : si impétueux, ne montrant aucun attrait pour la vie de famille à Eden.

— Et donc tu as refusé sa proposition.

— S'il m'avait attendu…

Edward avala une gorgée de scotch avant de se frotter l'œil avec la paume. Il cogna l'épaule de Ruth avec la sienne, et ajouta d'une voix étranglée :

— La dernière fois que je lui ai parlé, on s'est disputés.

Elle n'avait jamais vu un Meister perdre le contrôle de ses émotions.

— Je lui ai reproché de ne plus être amusant…

Edward murmurait à présent.

— Je lui ai reproché de passer tout son temps avec ce type.

Il pointa le coude en direction de Dan, assis avec Becca sur le canapé.

— Allons, le réconforta Ruth en lui caressant l'épaule, tu n'as rien à te reprocher. Robert savait combien tu l'aimais.

— Mais je n'y arrive pas, j'ai l'impression…

Edward se mit à sangloter, reprenant son souffle par grandes aspirations sonores, s'adressant autant au mur qu'à elle.

— … j'ai l'impression de l'avoir tué de mes propres mains.

Alors qu'Edward était sur le point de s'effondrer, Thomas arriva à Long Harbor, manifestant beaucoup plus de retenue dans son chagrin. Il ouvrit la portière de la voiture quand vint le moment de se rendre à la chapelle. Grand et imposant, il se tint aux côtés de Bunny, en bon fils prêt à intervenir au premier signe de faiblesse.

En dépit de la chaleur, la petite chapelle était pleine. Ruth l'avait toujours trouvée si pittoresque, tout en bois blanc, perchée sur un rocher escarpé à l'extrémité de la presqu'île, juste à côté du phare. Elle avait secrètement regretté de ne pas s'y marier, et la cruauté de la situation la frappa de plein fouet alors qu'elle remontait l'allée, pour l'enterrement de Robert.

À l'intérieur, le visage du pasteur était éclairé par les éclats colorés des vitraux. L'assemblée chanta un hymne, et Ruth s'imagina que leurs voix retentissantes résonnaient bien au-delà des portes grandes ouvertes de la chapelle, jusqu'au port, flottant sur l'eau avant d'être absorbées par le ciel.

***

Voir Sadie aussi anéantie ne fit qu'aggraver la douleur de Ruth. Sa belle-mère se balançait sous la véranda en marmonnant :

— Bobby était mon bébé, mon petit bébé chéri…

Bunny n'était pas d'un grand soutien, se retirant dans son bureau, hérissé par les chamailleries constantes de Rachel et Andrew. Ruth avait le sentiment que Becca ne prenait pas la mesure de ce qui était en train d'arriver : sa mère passait des journées à répéter la même phrase en boucle, son esprit se retirant progressivement vers un rivage lointain.

— Becca, lui soufflait Ruth, je crois que ton père s'est installé dans la chambre d'amis.

Les jours suivant la mort de Robert manquèrent de structure. Ruth et Sadie veillaient à toute heure, se croisant dans le couloir. Becca et Lilly se démenaient pour occuper les quatre enfants : ayant renoncé aux sorties sur la plage, elles les laissaient errer dans la maison en pyjama. La famille pleurait la mort de Robert entre les murs d'Eden, tirait les rideaux pour se protéger du soleil.

Becca et ses enfants rentrèrent dans le Connecticut à la fin des grandes vacances, mais Ruth et ses garçons restèrent jusqu'à Thanksgiving. Celle-ci avait conscience de repousser l'inévitable, n'ayant aucune envie de reprendre sa vie new-yorkaise sans Robert. Elle se sentait choyée à Eden, elle était sensible à l'attention que Bunny portait aux jumeaux. Pourtant, à la fin novembre il fut plus que temps de rentrer. Elle devait mettre les garçons à l'école. Après le jeudi de fête, ils firent tous leurs valises et se rendirent ensemble à la gare de Kingston. Bunny et Sadie continueraient leur trajet jusqu'à Pittsburgh, une fois que Ruth, Joseph et Benjamin seraient descendus à New York. Elle ravala des larmes lors des adieux.

— Les garçons, je compte sur vous pour prendre soin de votre mère, leur dit Bunny en leur tapotant l'épaule.

Ruth était résolue à se montrer forte, toutefois elle se demandait comment ses beaux-parents, et particulièrement Sadie, survivraient à cet hiver.

***

Ruth retourna début mai à Long Harbor pour ouvrir la maison. Elle alla attendre ses beaux-parents à la descente de leur train de Pittsburgh. La vie sans Robert continuait à être très difficile, mais son arrivée à Eden et la perspective d'un nouvel été dans cet endroit l'emplissait d'espoir. Son cœur se serra, néanmoins, lorsqu'elle vit un employé descendre la chaise roulante dans laquelle Bunny était assis, puis aider Sadie, avant de lui remettre une canne. Thomas téléphona plusieurs jours après.

— J'aurais dû te prévenir. L'hiver a été rude pour eux deux. Je crois que la mort de Robert a eu de graves répercussions.

Cet été-là, Lilly s'efforça de maintenir le calme parmi les quatre cousins et de les tenir à l'écart de leurs grands-parents, qui passaient l'essentiel de leur temps à somnoler sous la véranda.

Pendant que Ruth pourvoyait aux besoins de ses beaux-parents, Becca et Dan se plongeaient dans la vie mondaine de Long Harbor. Le changement de statut de Ruth les avait éloignées, toutes les deux. Elles s'étaient rapprochées à l'époque où elles étaient de jeunes épouses et de jeunes mères, et à présent Becca ne semblait plus savoir quoi dire à Ruth. Celle-ci était la seule, dans leur cercle, à ne pas être en couple, et les hommes, dès qu'ils avaient bu quelques verres, n'hésitaient pas à lui faire des avances sans aucune délicatesse. Becca ne l'avait pas crue lorsque Ruth lui avait raconté que Howard Loring lui avait proposé de veiller à ce qu'elle ne devienne pas frigide, en la bousculant exprès pour se frotter contre sa poitrine.

Ruth trouvait par ailleurs que Becca acceptait trop d'obligations. L'une des sœurs Notman la nomma vice-présidente de l'association des épouses de Long Harbor, et ce fut comme si la jeune femme avait enfin découvert sa vocation. Ruth gardait son agenda vide, préférant passer du temps avec ses fils. Ils avaient entamé deux puzzles dans le jardin d'hiver si lumineux.

Certains jours, Ruth retrouvait les jumeaux sur les genoux de Bunny, dans son fauteuil roulant. Il leur racontait sa jeunesse, leur parlait d'Eden, et même de Robert. Parfois, Bunny s'endormait au beau milieu d'une phrase, et les garçons descendaient doucement, veillant à ne pas le réveiller. Quand elle les voyait tous les trois blottis sous une couverture, elle était touchée au plus profond d'elle-même.

Ce fut elle qui remarqua que Bunny avait cessé de lire le *Wall Street Journal* au petit déjeuner et ne s'intéressait plus à l'entretien de son jardin. Un week-end que Becca et Dan participaient au tournoi de golf mixte organisé pour les membres du Paupanaug Club, sur deux jours, la toux sifflante de Bunny empira brusquement le samedi dans la nuit. À tel point que Sadie alla le trouver dans la chambre d'amis pendant que Ruth faisait des allées et venues depuis la cuisine pour lui apporter un citron pressé et des compresses chaudes. Alors qu'elle remontait une dernière fois à la chambre, elle la trouva plongée dans le silence. Elle poussa la porte et découvrit Sadie, l'oreille pressée contre le torse de Bunny, sa main serrée dans la sienne.

— Oh, Ruthie, dit-elle si bas qu'elle était à peine audible, je crois qu'il nous a quittés.

Ruth s'approcha pour l'enlacer.

— Il est parti si paisiblement, ça me donne envie de le rejoindre, confessa Sadie en plongeant un regard intense dans celui de Ruth.

Elle laissa sa belle-mère seule au chevet de son défunt mari durant quelques heures, et elle en profita pour appeler le médecin avant de tenter de joindre Becca.

Quand la nouvelle de la mort de Bernard Meister, dit « Bunny », la tête pensante du P&LE, l'homme qui avait veillé sur sa famille pendant un demi-siècle, se diffusa, la terre cessa de tourner à Eden. Si Ruth comprenait le chagrin silencieux de Sadie, elle avait surtout de la peine pour Becca, qui avait été occupée tout le week-end et n'avait pas eu l'occasion de dire au revoir à son père. Elle la trouva dans le bureau de celui-ci le lundi matin. Les rideaux étaient fermés et elle était assise dans le fauteuil de Bunny, les bras croisés sur son sous-main en cuir, le front abandonné dessus. Son dos était agité de violentes secousses au rythme de ses sanglots. Ruth s'approcha pour lui caresser les épaules et tenter de la consoler.

— Oh, Ruth, s'il te plaît, laisse-moi seule, s'il te plaît.

***

Au nom de la famille, Thomas délivra l'éloge funèbre de Bunny devant l'autel, d'une voix puissante :

— Notre père était un homme intelligent, négociateur intraitable, prompt à rire et à jouer, qui s'est montré très exigeant envers ses enfants.

Ruth se souvint combien elle avait été intimidée par le grand frère de Robert autrefois, aujourd'hui elle lui était reconnaissante de se montrer aussi solide lors des enterrements.

Plus tard ce soir-là, à la table du dîner, Sadie porta un toast, ce qui ne lui ressemblait guère.

— Peu importe où nous serons, votre père et moi, vous continuerez toujours à sentir dans cette maison l'amour que nous vous portons. Eden, c'est le rêve que votre père avait pour vous.

Elle leva son verre à vin, juste devant le tableau grandiose qui la représentait, sur le mur derrière elle.

— À Bunny !

— À Bunny ! répétèrent-ils tous à l'unisson.

Ruth posa un regard admiratif sur sa belle-mère. Elle avait réussi à se ressaisir pour l'occasion. L'aura de la jeune femme à la mode qu'elle avait été continuait à flotter dans l'atmosphère, pareille aux effluves persistants d'un parfum raffiné.

Lorsque Ruth annonça son intention d'accompagner Sadie à Pittsburgh, à la fin de l'été, Becca se montra agitée.

— Je me sens coupable que ce soit toi qui ailles aider ma mère et ma tante Kitty à fermer Lancaster Fells. C'est moi sa fille, je devrais y aller…

— Ne sois pas ridicule, je suis heureuse de rendre service. Dan a besoin de toi à New York.

Becca hocha la tête, acquiesçant en silence.

Sous la supervision de Sadie, Ruth fit don du mobilier de la demeure familiale à l'église de Pittsburgh, ainsi que de l'essentiel des vêtements. Elle nettoya la porcelaine et l'argenterie, qu'elle emballa, essentiellement pour Becca. Sadie donnait l'impression de vouloir distribuer d'ores et déjà son héritage en vue de sa propre mort, et Ruth participa de bonne grâce à ce rituel.

— Ruth, lui dit sa belle-mère, quand je ne serai plus là, rien ne vous obligera à garder toutes ces affaires. Encourage Becca à s'en débarrasser en partie, promis ?

Pourtant, lorsque Becca débarqua quatre semaines plus tard, elle fit le tour des lieux dans l'idée de repérer ce qui lui était destiné.

— J'ai toujours aimé cette console, maman. À qui as-tu prévu de la donner ?

La tendresse que Ruth nourrissait pour Becca s'aigrit lorsqu'elle vit l'importance qu'elle accordait aux biens matériels. C'était vraiment la dernière chose dont Sadie avait besoin. Ruth se tint à l'écart des disputes entre Becca et sa mère, se réfugiant dans ses appartements, où elle faisait la lecture à Joseph et Benjamin, vérifiant leurs lignes d'écriture.

Ruth encouragea Becca à arriver à Eden dès le début du printemps.

— C'est à toi d'être aux côtés de ta mère, d'appeler tes frères, de réunir la famille.

— Tu parles d'elle comme si elle avait déjà un pied dans la tombe.

— Oh, Becca ! J'ignore ce qu'en dirait un médecin, mais elle est fragile, oui. Son esprit est ailleurs. Je crois qu'elle se prépare.

Ruth repensait au chat de son enfance, qui avait stoïquement disparu dans les bois quand il avait senti son heure venir.

***

Lorsque les derniers voisins venus rendre un ultime hommage à Sadie après ses funérailles quittèrent Eden,

Ruth se laissa tomber sur le canapé du salon avec Becca, Dan, Edward, Beth et Thomas. Ils grignotèrent la fin du jambon et finirent les bouteilles de vin ouvertes. Ruth observa leurs visages, si jeunes et pleins de vie.

— Je ne sais pas vous, mais moi je suis prête à ranger pour un bon moment mes vêtements de deuil ! lança-t-elle.

— Bien dit ! approuva Edward.

Les cousins arrivèrent en courant dans le salon.

— Lilly, pouvez-vous leur donner à manger et les coucher ? cria Becca en direction de la cuisine.

— Il devait y avoir cinq cents personnes entassées dans la chapelle, observa Dan.

— Maman aurait été ravie, approuva Edward.

— Désolé de changer de sujet, intervint Thomas, mais… est-ce que ça vous dérangerait qu'on parle de la succession ? En tant qu'exécuteur testamentaire, j'ai quelques inquiétudes.

Ruth ne put s'empêcher de tressaillir : il avait choisi un si mauvais moment…

— J'aimerais particulièrement discuter du statut d'Eden.

La femme d'Edward renchérit :

— Je me demandais justement ce que la maison allait devenir.

— Ça suffit tous les deux ! s'emporta Becca. Nous venons d'enterrer maman, un peu d'élégance enfin. Ce n'est pas le moment d'aborder ce sujet.

— Je me disais juste que puisqu'on était tous réunis…, se justifia Thomas en levant une main, sur la défensive.

***

Ruth fut le témoin privilégié des manœuvres de Becca. Elle se mit à arpenter les couloirs, les bras chargés de linge dès que ses frères furent partis. Elle accapara, avec Dan, la chambre parentale, installa Rachel dans la leur et Andrew dans celle que Robert avait occupée enfant. Si Ruth mesurait combien sa belle-sœur avait été bouleversée par ces disparitions successives – ce qui pouvait sans doute en partie expliquer son comportement pour le moins surprenant –, elle appréhendait les réactions de Thomas et Edward lors de leur retour à Long Harbor, plus tard dans l'été.

Elle entendit leurs disputes. La première eut lieu à l'arrivée de Thomas. Il se trouvait dans le couloir au premier et n'avait même pas encore posé ses valises.

— Ce n'est pas du tout le cas ! hurla Becca. Tu aurais pu passer davantage de temps ici si tu l'avais voulu. Rien n'aurait rendu maman et papa plus heureux que de te voir plus souvent. Avec Dan, nous nous sommes occupés de la maison tout seuls, ces trois derniers étés. Il a consacré deux week-ends, l'an dernier, à gratter et repeindre la balustrade de la véranda ! Il n'y a aucune raison pour que cette immense chambre reste vide pendant que toi, tu seras à Pittsburgh !

Ruth fut choquée d'entendre Becca affirmer qu'elle avait tout pris en charge à Eden. On aurait dit que, du jour au lendemain, elle s'était attribué le titre de maîtresse de maison. En plus d'avoir récupéré les meilleures chambres pour sa famille, elle se mit à décider qui recevoir, et quand, ainsi que les menus. Ruth se prélassait pendant des heures sur la plage avec ses fils pendant que Becca prenait les rênes de son royaume, rempli de petits-fours, de mots de remerciement griffonnés à la va-vite et de listes de corvées pour Lilly. Ruth découvrit même qu'elle tenait un carnet pour ne jamais asseoir les mêmes personnes les unes à côté des autres, et pour ne jamais leur servir le même repas.

Ruth décida de retourner s'installer dans sa ville natale, Washington, en septembre. Elle chercha un poste de secrétaire juridique. Joseph et Benjamin partiraient en colonie pendant la plupart des vacances scolaires. Ruth ne tenait pas à ce que ses fils traînent plus que nécessaire avec les rejetons du Paupanaug Club, d'un snobisme patenté. La part d'elle qui aurait voulu qu'ils trouvent leur place à Long Harbor avait disparu.

Thomas et Edward ne cachèrent pas leur irritation avec autant de manières. Ils se plaignirent à Ruth de la lettre que Dan leur avait adressée à tous les trois pour leur réclamer de participer à la taxe foncière et aux frais d'entretien annuels.

— Ce satané médecin ne comprend rien aux dispositions que papa avait prises, fulmina Thomas en écrasant son cigare. Papa avait pourtant tout prévu…

— Ils doivent vivre sur l'héritage de Becca, conclut Edward.

— J'ai bien peur que vous n'ayez raison, concéda Ruth.

Elle avait bien vu que Dan, n'ayant plus de beau-père à impressionner, avait perdu l'habitude de retourner au travail le lundi matin. Ses parties de golf et ses cocktails figuraient désormais au premier rang de ses priorités.

43

COPPER HILL
Juillet 1998

À la clinique Copper Hill, dans le Connecticut, Rachel prenait part aux séances de thérapie collective et aux activités artistiques. Lors de ses heures de solitude, elle continuait la rédaction de son journal intime. Sa main tremblait – conséquence du sevrage –, et sa désillusion vis-à-vis d'Eden était immense. Elle remettait tout en question. Elle fulminait contre l'hypocrisie de sa mère, en voulait à Bunny et à Sadie qui n'étaient plus que des étoiles lointaines et qui ne lui avaient transmis qu'un mythe en héritage. Les traditions d'Eden l'avaient trahie. Ce n'était qu'une illusion d'unité familiale, un voile derrière lequel on cachait trop de choses. Elle revoyait sa mère énumérant les noms des gens en photo pour Lee, elle se rappelait s'être un jour postée devant la galerie dans l'escalier de service, enfant, et avoir regretté qu'il n'y ait pas davantage de photos d'elle. Elle s'était toujours figuré que les cadres avaient cessé de se multiplier par manque de place, et à présent elle comprenait que sa mère n'avait tout simplement pas osé toucher à la composition de Sadie. *Oui*, griffonna Rachel dans son journal, avec rage, *tout ce qui est sacro-saint à Eden remonte à une époque révolue, et toutes ces années maman s'est contentée de faire bonne figure. J'ai une sœur, bon sang !*

Elle avait une sœur, qui avait fait des études supérieures et dont le métier était de mettre des enfants au monde. Et elle, elle avait renoncé à sa carrière. Elle n'oublierait jamais la déception de son père lorsqu'elle était rentrée de Cornell, au terme de sa première année, vêtue d'une robe gitane, ses longs cheveux frisés s'échappant de sa tresse.

« Monsieur Fabbrizzio ne va pas te reconnaître, lui avait-il dit autour d'un repas dans la cuisine.

— J'en ai fini de servir des boules de glace. Hors de question que je porte à nouveau ces polos rouges ridicules.

— Tu n'en fais vraiment qu'à ta tête ces derniers temps, avait ajouté sa mère en haussant les sourcils. Tu as décroché ton passage en deuxième année de justesse, et aujourd'hui tu veux renoncer à ton boulot d'été ?

— Je veux aller en Californie avec des amis.

— Ah vraiment ? lui avait lancé son père. Et comment comptes-tu te rendre jusque là-bas ?

— En auto-stop. »

Andrew avait éclaté de rire.

« Silence ! avait rugi Dan en abattant le poing sur la table. Ma fille ne fera pas du stop ! Écoute-moi bien, Rachel, il est temps que l'on mette les points sur les i. »

Il avait énuméré ses habituelles règles sur le tabac, l'alcool et la consommation de drogue.

« Je n'ai pas l'intention de jeter par la fenêtre une nouvelle année de frais universitaires. Si ton attitude n'évolue pas durant l'été, tu ne retourneras tout bonnement pas à Cornell.

— Mais est-ce que vous vous rendez compte de ce qui se passe dans ce pays, tous les deux ? avait hurlé Rachel.

— Ce qui se passe, c'est que tu vas désherber les plates-bandes ! Il y a beaucoup de travail à faire dans cette maison ! » lui avait riposté son père.

Rachel mettait un point d'honneur à le scandaliser. Elle portait un vieux tee-shirt sans soutien-gorge et un large treillis : c'étaient les seuls vêtements de sa penderie convenant à sa silhouette plantureuse. Elle faisait tout un foin dès qu'il fallait s'agenouiller dans la terre, sentant le regard de Dan sur elle. Au bout d'une vingtaine de minutes à arracher les mauvaises herbes, elle se relevait, dégoulinante de sueur, les ongles noircis. Elle se frottait les mains, puis s'époussetait les genoux avant de se diriger vers la porte de la cuisine.

« Où est-ce que tu penses aller comme ça ? lui hurlait-il, de l'autre bout de la pelouse, où il taillait les haies.

— Papa, j'ai mes règles ! J'ai un mal de chien ! »

Il lui tournait le dos. Elle savait que l'évocation de son flux menstruel, sans parler de la vue de ses tétons à travers son tee-shirt trempé, le rebutait.

Elle avait continué à provoquer ses parents tout l'été, refusant même de les appeler maman et papa, préférant employer leurs prénoms, Rebecca et Dan. Vers la mi-août, ils avaient lancé une contre-attaque. Ils l'avaient acculée dans la véranda, et elle avait écouté, échine courbée, les conditions selon lesquelles son père acceptait de continuer à payer ses études.

« Tu dois obtenir au moins un B de moyenne aux examens du premier semestre, sinon tu rentres à la maison. »

Rachel avait hoché la tête. C'était dans ses moyens.

« Je continue à penser qu'on ne devrait pas la laisser y retourner, avait ajouté Becca. Les campus universitaires sont devenus trop dangereux…

— Becca, c'est normal… enfin, normal pour l'époque dans laquelle nous vivons. Les jeunes s'opposent à l'autorité, manifestent, fument de la marijuana. Si Rachel nous promet d'avoir des bonnes notes, on doit lui faire confiance. »

Becca s'était adossée à la rambarde, les bras croisés, les lèvres pincées en un pli sévère.

« Oh, Dan, je ne peux vraiment pas m'empêcher d'avoir l'impression que c'est une grosse erreur… »

***

Rachel avait passé le Vendredi saint dans l'air confiné d'un bus ; il fallait cinq heures pour rejoindre New Haven. Elle ravalait la bile qui lui montait dans la gorge et confirmait la prémonition maternelle. Lorsqu'elle était arrivée à son arrêt, elle était descendue et avait fait quelques pas hésitants sur le bitume mouillé, cherchant, les yeux plissés, le break parental avec ses panneaux en bois. Quand elle avait ouvert la portière passager, sa mère s'était penchée vers elle, en faisant la moue. Après l'avoir embrassée du bout des lèvres, elle lui avait dit : « Bienvenue à la maison, Rachel. » Puis, prenant une profonde inspiration : « C'est une odeur de cigarette dans tes cheveux ? Si j'étais toi, je les laverais avant de saluer ton père. »

Rachel avait fondu en larmes.

« Je t'ai simplement suggéré de te laver les cheveux. Pas la peine de dramatiser.

— Ils ont fait un test d'urine, maman. Je suis enceinte. »

Becca avait reporté son attention sur son volant, la bouche ouverte.

« Tu es sûre ? avait-elle murmuré, à peine audible avec le ronronnement du moteur qui tournait au ralenti.

— Oui, avait-elle gémi, se préparant à une tempête.

— Comment te sens-tu ? » lui avait demandé sa mère en inclinant la tête avec douceur.

Rachel avait cligné des yeux, ne s'attendant pas à une telle compassion.

« Euh… j'ai peur, et je me sens idiote. À part ça, ça va. »

D'autres larmes avaient coulé sur ses joues. Becca l'avait attirée contre elle, et elles étaient restées ainsi incroyablement longtemps. Becca lui avait caressé le dos en lui soufflant à l'oreille : « Chut, chut, chut, chut… » Pour la première fois depuis qu'elle avait annoncé à Peter qu'elle avait du retard, Rachel avait senti la boule dans son ventre diminuer. « Je croyais que tu allais me tuer…

— Oh, Rachel, avait répondu Becca, les yeux embués de larmes à son tour. Je m'en veux de t'avoir trop délaissée quand tu étais petite. »

Rachel n'avait pas su s'expliquer la raison de ces excuses à cet instant précis.

« Et le père, il… ? lui avait demandé Becca en cherchant des mouchoirs dans la boîte à gants.

— C'est un type que je fréquente depuis quelques mois. Il s'appelle Peter Stern. Il est en dernière année. »

Becca l'avait écoutée attentivement, puis elle avait à nouveau hoché la tête.

« Tu n'es pas seule, Rachel. Nous trouverons une solution ensemble. Il vaut mieux que tu l'annonces à ton père cet après-midi, avant l'arrivée d'Andrew.

— Je suis désolée, maman, avait-elle répondu, des trémolos dans la voix.

— Je le sais, l'avait rassurée Becca en lui caressant les cheveux. Mais ressaisis-toi. Cette conversation avec ton père ne va pas être facile. »

Becca s'était réinstallée derrière le volant et, d'une main tremblante, elle avait enclenché la boîte de vitesses avant de s'insérer prudemment dans la circulation, dense à cette heure.

***

Rachel avait l'intention de parler à son père dès son retour du travail. Cependant, il avait à peine posé un pied dans la maison qu'elle avait entendu, de sa chambre au premier, sa voix furieuse. Elle était sortie sur le palier pour comprendre ce qui se passait au rez-de-chaussée.

« Qu'est-ce que c'est que ces conneries ! avait-il rugi en déchirant un papier. Cette famille est liée à Yale, bonté divine !

— Calme-toi, Dan, s'il te plaît. Tiens… bois ton martini, et prends un cracker.

— Un cracker ? Tu te fiches de moi, Becca ? C'est une catastrophe ! J'étais membre des Skull and Bones ! Comment Yale a pu refuser Andrew ? »

Un bref silence avait suivi : il avait dû s'interrompre le temps d'engloutir son verre.

« J'avais entendu des rumeurs au sujet de la nouvelle politique d'admission, mais je n'ai jamais pensé un seul instant qu'elle pourrait nous toucher, avec tout l'argent que ton père a donné ! Sans parler de Thomas et d'Edward !

— Ça doit être vrai qu'ils réduisent les inscriptions par parrainage pour augmenter le nombre d'élèves en provenance du public… »

Rachel avait identifié un bruit de glaçons qui s'entrechoquent : Becca devait leur resservir un deuxième martini.

« Tu oublies les femmes ! Becca, j'ai lu qu'ils allaient accepter des étudiantes.

— Dan, mon chéri, je suis sûre que nous pouvons arranger les choses. Je vais voir avec Thomas. Je suis convaincue que Yale acceptera Andrew.

— Oh, et j'allais presque oublier… Pour couronner le tout, j'ai reçu un appel du doyen de Cornell aujourd'hui. »

Rachel avait choisi ce moment pour descendre. Elle se tenait à la balustrade en acajou ciré, les jambes tremblantes, ses pieds nus transpirant dans l'épaisse moquette. Elle s'était arrêtée sur le seuil du salon et avait trouvé ses parents à leurs places habituelles, côte à côte sur le canapé, un cocktail à la main. Dan s'était levé.

« La voici ! Viens t'asseoir, Rachel, il faut qu'on discute, avait-il dit en indiquant le fauteuil près du canapé.

— Bonjour, papa, avait-elle répondu en se cachant derrière ses longs cheveux.

— Ça me fait plaisir de te voir, Rachel, mais tu n'imagines pas à quel point je suis hors de moi. »

La jeune fille avait cherché du soutien auprès de sa mère, pourtant celle-ci refusait de croiser son regard. Elle fixait ses mains, croisées sur ses genoux.

« Rachel, ne prends pas l'air aussi étonné. Le doyen m'a contacté. Il m'a dit combien il était satisfait de tes progrès cette année, il est simplement très surpris que tu sois prête à mettre à mal tous ces beaux efforts. Tu ne t'es pas présentée à tes examens. Tu sais que tu risques le renvoi ? Tu m'entends, Rachel ? Le renvoi. »

Elle était restée muette. Il s'était penché en avant, avait posé son verre sur la table basse. Rachel fixait la moquette en silence.

« Et tu sais ce que son assistante a découvert en allant dans ta chambre ? »

Son visage n'était plus qu'à quelques centimètres de son oreille. Rachel avait tressailli : elle savait ce qui allait suivre. Elle n'était capable que d'observer les empreintes que ses pieds laissaient dans la moquette à poils longs. Elle avait fait tourner le bracelet autour de sa cheville gauche avec son gros orteil droit.

« Elle a découvert que tu ne vivais pas là, que tu ne t'y étais même pas installée ! »

Rachel avait gardé le regard baissé, redoublant l'ire de son père.

« J'exige une explication, immédiatement ! »

Becca lui avait tapoté le genou.

« Dan, calme-toi, s'il te plaît. Je comprends que tu sois déçu, bien sûr, mais il est inutile de hausser le ton. »

Pendant que son père fulminait, Rachel avait cherché les bons mots.

« Je sais, papa, je suis désolée. Mais j'ai travaillé dur, je n'ai pas séché un seul cours, et puis… Oui, je sais que j'aurais dû vous dire que j'avais quitté ma chambre. C'est juste que j'ai eu peur que vous vous mettiez en colère. Je me disais que tant que j'avais des bonnes notes, ça irait… Et puis… j'ai emménagé dans une maison. J'ai été invitée par une amie. Elle se trouve en dehors du campus, c'est un genre de coopérative. Et là-bas il y avait ce type que j'aimais vraiment bien. On a commencé à sortir ensemble. »

Dan s'en était décroché la mâchoire.

« Tu es en train de me dire que tu vis avec un homme depuis six mois ?

— Et dix autres personnes.

— Dans une sorte de communauté hippie ?

— Ce n'est pas ce que tu crois. Tout le monde allait en cours. On avait juste plus de libertés que sur le campus. On faisait nos courses et on préparait nos repas, c'était vraiment pratique. »

Rachel s'était levée et avait contourné la table basse pour venir se placer face à la cheminée.

« Ne me parle pas de liberté, avait rétorqué son père. Pas quand c'est nous qui payons tes études. La vie à l'université n'est pas censée être pratique. Est-ce que tu sais où j'étais…

— Dan, je t'en prie, écoute ta fille », l'avait interrompu Becca, qui jouait avec son alliance.

Rachel avait pris une profonde inspiration :

« Donc entre ce type et moi, c'était… c'est… plutôt sérieux, je crois. Et on n'a pas… enfin je n'ai pas été prudente. La semaine dernière, je… C'est pour cette raison que je n'ai pas pu me présenter aux examens. J'étais malade, et j'avais peur, parce que je venais d'apprendre que j'étais enceinte. »

Dan avait écarquillé les yeux.

« Quoi ! »

Il s'était levé et avait secoué la tête, avait croisé les mains dans sa nuque, avant de passer ses doigts dans ses cheveux de plus en plus clairsemés. Il avait frappé le manteau de la cheminée avec le plat de la main. Lorsqu'il avait ouvert la bouche pour parler, aucun mot n'en était sorti au début.

« Rachel, je n'aurais jamais cru que tu… »

Elle l'avait vu pâlir.

« Papa, je ne suis pas… ce n'est pas… Peter et moi… Je l'aime. »

Elle aurait souhaité pouvoir dire à ses parents que Peter l'aimait, lui aussi. Mais l'amertume qu'elle avait lue sur son visage, à la gare routière, était restée gravée dans sa mémoire. « Ce diplôme de Cornell était comme une lumière au bout d'un tunnel pour moi, lui avait-il dit. Je pensais que je pourrais enfin vivre mes rêves. Puis je t'ai rencontrée, je t'ai trouvée drôle, et tout… C'est juste que je n'avais pas imaginé que je me retrouverais pieds et poings liés aussi tôt dans ma vie. »

Dan avait regardé Becca : toujours assise, elle remuait les lèvres en silence, semblant réciter une prière.

« Tu étais au courant ? » lui avait-il crié.

Elle avait relevé la tête, surprise.

« Rachel me l'a appris cet après-midi. Mais je n'étais au courant ni pour la maison ni pour les examens, évidemment. Pour l'heure, apprenons-en un peu plus sur ce Peter. Rachel dit qu'elle l'aime, et il sera diplômé à la fin du mois. »

Rachel avait raconté à ses parents le peu qu'elle savait de sa famille en Californie, du domaine où ils faisaient pousser des agrumes, et de son rêve, à lui, de devenir ingénieur agricole près de San Francisco. Quand elle avait eu terminé, sa mère avait décrété :

« Peut-être qu'il aimerait travailler dans la banque. Je suis sûre que ton oncle Edward pourrait lui trouver un poste à New York.

— Il y a une autre solution, avait commencé Rachel. Je sais que ce n'est pas légal, mais… »

Son père avait fait le signe de croix.

« Non, Rachel, ne prononce pas ces mots. Si tu ne veux pas épouser ce gars, nous pourrons nous renseigner pour une adoption. Tu pourrais aller dans un endroit où ils trouveraient une famille aimante pour élever ton bébé. »

Cette fois, c'était Becca qui avait élevé la voix :

« Non, Dan ! Rachel n'abandonnera pas notre petit-enfant. Elle va appeler ce Peter et lui demander de nous rencontrer. Rachel en est encore au début de sa grossesse, on pourrait envisager un mariage en mai, après la remise des diplômes. Puis nous les installerons à New York. Ça n'aurait rien de si exceptionnel, personne n'y réfléchirait à deux fois. Rachel gardera ce bébé, je refuse d'envisager une autre option. »

Becca avait fermé les yeux à la fin de son discours et avait brandi une main comme un policier qui demanderait à quelqu'un de s'arrêter.

Rachel avait senti de nouveau le goût de la bile dans sa bouche. *Personne n'y réfléchirait à deux fois ?*

La seule inquiétude de sa mère était donc de choquer les voisins ? Son menton s'était mis à frémir.

« Mais et la fac, maman ? Je veux vraiment terminer…

— Je t'en prie, Rachel. On ne peut pas dire que tu te sois beaucoup investie dans tes études. L'université attendra… »

Une veine bleue palpitait sur le cou de Becca tandis qu'elle crachait ces paroles :

« Ton père et moi, nous te reconduirons à Cornell à la fin des vacances, et nous ne repartirons pas avant d'avoir pu discuter avec ce jeune homme afin de tout arranger. »

***

Le lundi matin de sa seconde semaine à Copper Hill, Rachel se traînait en pantoufles dans le couloir. Elle portait le pyjama fourni par la clinique : bleu pâle, ample, avec un cordon, il était plutôt confortable. Dessus, elle avait mis la robe de chambre en soie que Peter lui avait offerte. Les mains au fond des poches, elle se dirigeait vers sa première séance de thérapie de groupe de la journée.

Elle observa les expressions essentiellement indifférentes des patients assis en cercle avant de reprendre le récit qu'elle avait entamé, en balbutiant, la semaine précédente.

— En fait, Eden avait toujours été le lieu de la pérennité pour moi. Mais la pérennité est un idéal très dangereux…

Elle s'interrompit pour foudroyer du regard une jeune femme de l'âge de Sarah environ, qui bâillait par réflexe tout en suivant les contours de ses tatouages du bout d'un ongle.

Rachel poursuivit :

— Les endroits comme Eden aspirent à être éternels. Et peut-être qu'on a besoin d'y croire quand on est enfants. N'importe quel adulte devrait pourtant être en mesure de comprendre qu'il est à la merci de la première catastrophe naturelle venue.

Elle prit une profonde inspiration.

— À force de m'accrocher à cet endroit, j'étais en train de mourir à petit feu.

— Tu as dit que tu avais de la famille là-bas ? lui demanda la fille tatouée.

— Oui.

— Ta mère et qui d'autre ?

— Dans l'immédiat, ma mère, ma fille, ma demi-sœur, si on doit la compter. Et euh… j'ai un petit-enfant en route.

— Mmh, lâcha la fille alors que la réponse de Rachel flottait au-dessus du cercle.

Les autres patients hochèrent la tête en silence. Un vieil homme aux cheveux gris en bataille avait les jambes croisées et se rongeait les ongles. Les pieds métalliques d'une chaise raclèrent le sol. Rachel resserra les pans de sa robe de chambre comme si un courant d'air venait brusquement de traverser la pièce. Le silence se poursuivit une ou deux secondes supplémentaires, puis l'animateur remercia Rachel d'avoir partagé avec eux son histoire.

44

LONG HARBOR
Juillet 1998

Les matinées étaient redevenues paisibles. Becca descendait au village alors que le port scintillait au soleil levant, pour acheter le journal et récupérer le courrier. Elle tenait Hennessy en laisse, ils avaient tous deux pris l'habitude du bas-côté de la route et des trottoirs, à la place de la plage. Ce jour-là, elle composa le code de sa boîte postale et songea aux innombrables années depuis lesquelles elles utilisaient cette adresse, à sa mère qui avait saisi les chiffres du code avant elle. Elle ouvrit la petite porte en laiton et trouva un catalogue de mobilier de jardin ainsi qu'une enveloppe crème. Le cachet de la poste indiquait qu'elle provenait de New York : sans doute un message de remerciement de Joseph et Constance. Ils n'avaient pas tardé… Quel couple charmant ils formaient !

Elle acheta le journal, glissa la lettre à l'intérieur et coinça les deux sous son bras le temps du trajet retour vers Eden. À son arrivée, la cuisine était plongée dans un silence sinistre. Ainsi vide, la maison lui semblait aussi lourde que son cœur. Sarah était toujours obligée de rester alitée, à l'étage, et Rachel n'était pas revenue.

Becca se demanda si sa chambre, à la clinique de Copper Hill, ressemblait un tant soit peu à celle qu'elle avait occupée aux Saules. Elle espérait que sa fille avait au moins une vue agréable et un endroit confortable pour écrire.

Becca croisa son reflet dans la vitre et fut amusée par son apparence négligée. Elle portait un jogging vert délavé et avait vissé une casquette sur ses cheveux ébouriffés. À une époque, elle aurait préféré mourir plutôt que sortir dans cette tenue. Elle détacha Hennessy et s'assit à la table de la cuisine. Le moment était venu d'affronter sa situation. Thomas, Edward et son indiscret de fils voulaient tous vendre Eden. Sarah étant immobilisée par sa grossesse, il leur faudrait, à Lilly et elle, le reste de l'été pour rendre la maison présentable. Elle récupéra le bloc-notes près du téléphone de la cuisine et entama une liste. Lilly et Jimmy auraient sans doute des idées sur la façon de procéder, mais elle était la seule à pouvoir s'occuper de certaines choses. Comme emballer tous les cadres de l'escalier de service.

Ces objets n'étaient pas dépourvus de poids symbolique. Ils avaient leur signification, et le fait de les transmettre aussi. À la mort de sa mère, Becca avait voulu tout récupérer. À l'inverse, Rachel et Sarah ne s'y étaient jamais intéressées. La vaisselle était trop démodée. Ce n'était plus un monde dans lequel ce genre de possessions avaient de la valeur.

Le distributeur de glaçons du réfrigérateur émit un grincement retentissant. Andrew l'avait beaucoup sollicité pendant son séjour, et cette vieille machine avait du mal à tenir le rythme. Becca l'ajouta à la liste des problèmes à régler. Elle ne voulait pas que des acheteurs potentiels risquent d'entendre ce bruit inquiétant.

Lilly descendit dans la cuisine en robe de chambre.

— Tout va bien ? lui demanda Becca.

— Oh, Becca, ce week-end m'a épuisée. J'ai commencé à défaire les lits, et j'ai lancé des lessives hier. J'ai même nettoyé la chambre de Rachel. J'ai dû faire un million d'allers-retours au sous-sol, dit-elle, ses yeux bleus voilés d'un nuage laiteux. Je ne crois pas en être encore capable.

— Lilly ?

— Oui ?

— Qu'est-ce que vous essayez de me dire ?

— Oh, Becca… Je voulais être là pour le 4 juillet. Je voulais vous aider pour cette semaine. Je croyais être capable de tenir tout l'été.

— Nous ne rajeunissons pas, ni l'une ni l'autre.

— Je crois que le moment est venu pour moi de prendre ma retraite et de me rapprocher de ma sœur. Et puis… J'aurais dû vous montrer ça plus tôt, ajouta Lilly en lui tendant un morceau de papier froissé.

Becca mit ses lunettes de vue, déplia la lettre et parcourut les premières lignes.

— Eh bien, il est évident qu'ils y pensent depuis un moment… Plus longtemps que je ne le soupçonnais. J'ai l'impression qu'il ne nous reste pas d'autre choix.

— Non !

— Lilly, avec la mort de Dan, et la situation de nos finances, je ne peux plus me permettre de garder la maison. J'ai demandé à Thomas de racheter ma part, mais après les émotions du week-end, Carol et lui ont décidé de renoncer. Ils sont tous d'accord pour vendre.

— Oh, non…

Lilly se pencha pour serrer Becca dans ses bras. Sa robe de chambre s'ouvrit, dévoilant une vieille chemise de nuit en coton. Becca reconnut l'odeur de sa savonnette.

— Je suis vraiment navrée, ajouta Lilly.

Elle vacilla légèrement en se redressant et son coude bouscula le journal sur la table, le faisant tomber sur le carrelage de la cuisine. L'enveloppe crème que Becca avait rapportée de la poste glissa sous la table. Lilly se baissa pour la ramasser.

— Asseyez-vous, lui dit Becca. C'est moi qui vais préparer le petit déjeuner ce matin.

Elle brancha la cafetière, versa du jus d'orange dans deux verres, prépara du pain grillé et deux œufs au plat. Pendant qu'elle s'affairait entre le réfrigérateur et la cuisinière, Lilly lui posa des questions.

— Quand pensez-vous mettre la maison en vente ?

— Il faut faire réparer quelques fuites et prévoir des retouches de peinture, vider certains placards et ranger le bazar sur les étagères.

Lilly approuva d'un signe de tête.

— Je viserais bien la mi-août, avant la fin des vacances.

— Vous croyez qu'il y a encore des gens pour vouloir un endroit aussi grand ?

— Quelqu'un achètera sans doute le terrain pour la vue, rasera la maison et en reconstruira une autre, répondit Becca en se frottant les yeux.

— Ce serait un crime !

— Ne nous emballons pas, Lilly. Nous allons d'abord penser à la bichonner pour la présenter sous son meilleur jour, dit Becca en s'asseyant avec deux assiettes chaudes dans les mains. Passez-moi cette enveloppe, s'il vous plaît.

Becca l'ouvrit avec son couteau et sortit la feuille pliée en deux qu'elle contenait. Il lui fallut plusieurs minutes pour la lire. Lorsqu'elle finit par relever la tête, Lilly sauçait les dernières gouttes de son jaune d'œuf avec son pain grillé. Le petit déjeuner de Becca avait refroidi, lui.

— Qu'y a-t-il ? s'étonna Lilly.

— Je n'en crois pas mes yeux… Écoutez ça !

Chère tante Becca,

Un immense merci pour ton hospitalité si généreuse. Constance, les filles et moi, nous avons passé un merveilleux séjour à Long Harbor, à tes côtés. C'était magique de remonter le temps et de retrouver mon enfance. Je ne sais pas pourquoi il m'a fallu autant de temps pour reprendre le chemin d'Eden. Peut-être que les souvenirs associés à mon père étaient trop douloureux quand j'étais jeune. Mais aujourd'hui que je suis père à mon tour, j'ai eu l'impression qu'il était présent pendant que je me baignais avec mes filles ou jouais avec elles sur le sable. J'ai d'ailleurs rêvé de lui la nuit, dans le dortoir, et j'ai même entendu sa voix.

Constance est tombée amoureuse de l'héritage Meister, de cette tradition que tu as su préserver avec tant de goût. Elle n'avait encore jamais rien vu de tel. Une fois encore, un immense merci de nous avoir permis de passer du temps avec maman dans ce cadre, au beau milieu de cette affreuse vague de chaleur. Ton invitation est tombée du ciel.

J'aimerais maintenant aborder un sujet délicat. Maman m'a laissé entendre que vous envisagiez, oncle Thomas, oncle Edward et toi de mettre Eden en vente. Si tel est bien le cas, j'aimerais beaucoup t'entretenir de la possibilité de l'acheter. Je crois que ce serait un endroit parfait pour nous évader de New York. Et je serais heureux qu'Eden puisse rester dans la famille. J'espère avoir de tes nouvelles.

Avec toute mon affection,

Joseph.

45

LONG HARBOR
Août 1998

Constance et les filles retournèrent passer le mois d'août à Eden. Elles s'installèrent progressivement, discrètement, prenant tout à fait la mesure des nombreuses évolutions en cours. Becca ne souhaitait toutefois pas qu'elles aient le sentiment de devoir patienter en coulisses.

— Constance, tu devrais t'installer où tu le souhaites. Je vais déménager mes affaires de la grande chambre.

— Becca, il n'y a aucune urgence à le faire dès cet été. Nous serons très bien dans une des chambres d'amis, Joseph et moi. Quant aux filles, elles ne voudraient pour rien au monde abandonner le dortoir. Nous ferons quelques travaux de rénovation pendant l'hiver, nous pourrons commencer à installer nos affaires à ce moment-là.

Becca se promenait sur la plage tous les matins et passait un maximum d'après-midis dans une chaise longue, sous la véranda, à écouter le bruit des vagues. Elle ne se rendait plus au club, ni pour les déjeuners entre bridgeurs ni pour les réunions, préférant écouter les filles jouer avec leurs poupées, dans le dortoir. C'était leur grand-père, après tout, qui l'avait reconstruit après l'ouragan. À leur tour, elles allaient grandir à Eden.

Pendant cette période, Becca invita souvent Lee à Eden ; elles s'installaient à l'ombre avec Sarah et buvaient du thé glacé. Constance se mêlait parfois à leurs conversations, curieuse d'en apprendre autant que possible sur Joseph et sur l'histoire de cette maison. Lee posait des questions sur ses grands-parents, ses oncles et tantes, notant tout dans un carnet pour ne pas perdre le fil. Sarah interrogea sa grand-mère sur son séjour aux Saules, lui demanda comment elle avait pu cacher un tel secret à son père et à ses frères.

— Sarah, je n'avais pas le choix. Mais une part de moi est morte là-bas…

Joseph prenait le train tous les week-ends ; il en profita pour rencontrer des plombiers, des couvreurs et même un architecte paysagiste, qui suggéra de créer une piscine au milieu de l'immense pelouse. Sarah haussa un sourcil à l'attention de sa grand-mère lorsque l'idée fut évoquée.

— Nous garderons le reste du jardin en l'état, les rassura Constance, qui sentait un reproche dans l'expression de Sarah.

À la première occasion, Becca prit sa petite-fille à l'écart.

— Tu n'as pas intérêt à faire la moindre réflexion sur cette piscine. Nous avons déjà de la chance qu'ils nous permettent de rester. Je suis si heureuse de savoir que ton bébé naîtra ici…

— Évidemment que je ne dirai rien, mamie, rétorqua Sarah en éclatant de rire. Tu sais bien que j'adore les piscines, en plus. C'est papy et toi qui les méprisiez, tu as oublié ?

***

Ces réunions familiales dans la véranda devinrent un rituel quotidien. Lee arrivait en fin d'après-midi, si son travail le lui permettait. Constance et les filles se joignaient à elles, fraîchement douchées au retour de la plage. Sarah et son ventre qui s'arrondissait étaient au centre de l'attention. Lilly préparait des pichets de citronnade et des en-cas.

— C'est un peu comme un goûter, disait-elle en gloussant de plaisir.

Lee avait montré aux filles où la menthe poussait dans le potager, et elles en rapportaient pour parfumer leurs verres.

Un après-midi qu'elles étaient toutes réunies et profitaient des derniers rayons du soleil, qui se couchait de plus en plus tôt à l'approche du mois de septembre, Becca demanda à Sarah :

— Est-ce qu'Alistair a répondu à ta lettre ?

— Figure-toi qu'il m'a appelée l'autre jour.

— C'est vrai ?

Becca était étonnée que sa petite-fille n'en ait pas dit un mot.

— Rien de neuf. Il prétend que je lui manque et qu'il tient beaucoup à moi, mais qu'il a déjà été marié, qu'il a deux grands enfants et qu'il n'a pas envie de refaire cette expérience, donc de vivre avec un enfant et moi.

— Ah, lâcha Becca, déçue.

— Ce n'est pas trop dur pour toi, Sarah ? s'enquit Lee.

— Non, ça va. C'était bien d'avoir une conversation polie et de pouvoir s'excuser de toutes les méchancetés qu'on s'est balancées. Il ne m'a fait aucune promesse, en revanche il se dit prêt à voir le bébé.

— Ah ! s'exclama Becca. Il finira par changer d'avis !

— Oh, non, mamie, ne nourris pas de faux espoirs…

Tout en massant les épaules de Sarah, Lilly lui glissa :

— Je partage l'avis de ta grand-mère, moi…

***

Becca rangeait du vieux linge de maison dans des cartons. Elle allait apporter un nouveau chargement au refuge de Long Harbor. Sarah avait été officiellement libérée de son obligation d'alitement, juste à temps pour préparer le jardin en prévision de l'automne. Becca regarda par la fenêtre sa petite-fille qui arrachait les végétaux morts, fertilisait la terre, puis la recouvrait d'une couche d'algues ramassées sur la plage. Lee lui prêtait main-forte dans les couleurs chaudes de septembre : chrysanthèmes jaunes et rouges, dahlias rouille, rosiers du Japon ayant donné des fruits, buissons de laurier.

Becca voyait le lien entre Lee et Sarah se resserrer alors qu'elles retournaient la terre. Elle imaginait leur conversation.

« T'es-tu sentie aimée ? demandait Sarah.

— Oui, beaucoup. Mes parents m'ont apporté beaucoup d'amour…

— Mais ?

— C’est vrai, il y a un “mais”. Je crois que ça tient au caractère aléatoire, fortuit de l’adoption. Ils auraient pu adopter quelqu’un d’autre, n’importe qui. Et puis je me suis toujours interrogée sur les personnes qui m’avaient abandonnée, sur les raisons qui les avaient conduites à le faire. Alors voilà, oui, je me suis sentie aimée, avec un bémol.

— Quant à moi, répondait Sarah, je suis le fruit de mes parents, leur chair et leur sang. Ils disaient m’aimer, mais je percevais tant de rancœur, elle imprégnait tout. Je n’étais pas désirée, ma naissance n’était pas programmée et, à cause de moi, leurs existences ont changé de façon irrémédiable. Alors je suppose que je me suis sentie aimée, avec un bémol aussi. »

On récolte ce qu’on sème, songea Becca en observant les deux femmes qui travaillaient côte à côte et en mesurant, une fois de plus, combien elle avait fait du mal à Rachel, même si elle avait des excuses…

***

Cet automne-là, il y eut plusieurs tempêtes. En octobre, l’entrepreneur engagé par Joseph vint protéger les grandes fenêtres du salon avec des planches. Semaine après semaine, elles étaient assaillies par la pluie et les bourrasques mugissantes. Constance et les filles avaient regagné New York pour la rentrée des classes. Les travaux devaient démarrer en tout début d’année suivante.

L’accouchement de Sarah était prévu pour novembre. Elle se promenait sur la plage avec sa grand-mère quand le temps le permettait, et se contentait sinon d’arpenter les longs couloirs du premier, à Eden. Lee lui avait expliqué l'importance de la marche. Lorsque son travail débuta, Becca l'installa dans une grande chambre d'amis, où l'on avait débouché la fenêtre pour qu'elle puisse jouir d'une vue sur l'océan. Lee arriva de Mystic avec son assistante et prit la tête des opérations.

Des vents violents se déchaînaient. Les lumières vacillaient. Becca restait en retrait, assise dans un coin de la chambre. Le vent semblait les appeler, montait en hurlant du large. La tête de Sarah était soutenue par plusieurs oreillers, et Becca vit ses contractions, telles des vagues, s'échouer puis refluer, entraînées par un puissant contre-courant. Lee l'aida à respirer, lui massa le dos entre deux contractions. Lorsque le soleil déclina, elle alluma des bougies et de l'encens, mit de la musique classique sur un lecteur de CD. Les branches nues des arbres raclaient la façade de la maison.

Tandis qu'elle guettait la naissance de son arrière-petit-enfant, Becca songea à tout ce que la vie lui avait apporté dernièrement : Lee et bientôt un bébé. Elle remercia Dieu d'avoir sauvé Eden, ce paradis construit par son père, avec le ciel et l'océan à portée de main. Elle envisageait de rentrer à New Haven pour l'hiver, de vivre dans le petit appartement qu'elle avait acheté avec ce qu'elle avait touché à la vente d'Eden. Joseph et Constance avaient fait preuve d'une grande générosité, l'invitant à revenir passer les étés à Long Harbor, aussi longtemps qu'elle le souhaitait.

« Avec maman, vous pourrez passer du temps ensemble, redevenir des sœurs », lui avait dit Joseph.

Leurs existences avaient connu des fluctuations. Tout ce qui s'était produit auparavant se produirait de nouveau : les mêmes histoires, les mêmes drames, les mêmes bonheurs, les mêmes épreuves, réinventés à l'infini. Assise près de la fenêtre, elle regarda la pleine lune qui se levait, et les nuages d'orage sombres qui s'éloignaient vers le large. Becca avait enfin trouvé la paix, au beau milieu de l'accouchement de Sarah.

Elle avait reçu une lettre de Rachel la veille. Les coups de fil s'étant révélés trop difficiles, elles s'en étaient remises à la communication écrite, bien plus fructueuse. À travers plusieurs échanges, Becca avait appris que le séjour de Rachel en clinique avait été payant : sa fille en était sortie sobre, délestée d'une partie de sa colère. Elle avait profité de cette occasion pour écrire, et elle avait même enfin terminé le premier jet d'un roman. Elle était rentrée à New York, et elle enseignait. À la lecture de ces mots, Becca avait éprouvé de la fierté. Elle avait scruté l'écriture familière de sa fille pour y débusquer la trace d'une invitation, mais il n'y en avait pas. Rachel lui manquait cruellement, toutefois elle la connaissait assez pour savoir qu'il fallait la laisser revenir d'elle-même, qu'elle ne le ferait que lorsqu'elle serait prête.

Becca replia la lettre en trois pour la glisser dans son livre et ferma les yeux, appuyant sa tête contre le dossier du fauteuil.

Elle fut réveillée aux petites heures du jour par les vagissements d'un nouveau-né couvrant le hurlement du vent. À la lueur de la bougie, elle vit passer Lilly, qui apportait de l'eau chaude et des serviettes. Lee prit la petite fille entre ses mains expertes, la lava et l'enveloppa dans une couverture. Puis elle tendit le bébé à Becca, qui l'embrassa sur le sommet du crâne, avant de le déposer sur la poitrine de Sarah. Après avoir lu le soulagement sur ses traits, Becca vit ses yeux briller : elle devenait mère, elle était prête à tout sacrifier pour cette nouvelle vie.

— Je vais l'appeler Rae, en l'honneur de maman, dit Sarah.

— Ça la touchera beaucoup, lui répondit Lilly.

Lee épongea le front de la jeune mère avec un linge humide. Elles étaient toutes blotties autour du lit, admirant le bébé, lorsque Becca s'éclaircit la voix.

— J'aimerais lire quelque chose, annonça-t-elle en sortant un morceau de papier de sa poche. C'est une bénédiction pour nouveau-né, que j'ai trouvée dans les affaires de mon père.

Plaçant une main sur le sommet du crâne de Rae, elle lut :

En chaque naissance, béni soit le miracle.
En chaque création, béni soit le recommencement.
En chaque enfant, bénie soit la vie.
En chaque espoir, béni soit le possible.
En chaque transition, béni soit le commencement.
En chaque existence, bénis soient les possibles.
En chaque amour, bénies soient les larmes.
En chaque vie, béni soit l'amour.
Une personne a trois noms :
Celui que lui donnent son père et sa mère,
Celui que lui donnent les gens,
Et celui enfin qu'elle se donne à elle-même.
De tous ces noms, le meilleur est celui que l'on se donne soi-même.

Remerciements

Je n'aurais jamais terminé ce livre sans le soutien de mon merveilleux mari. John : comme le dit la chanson, *you are the first, my last, my everything* – « tu es le premier, mon dernier, tout pour moi ». Merci à vous, mes enfants, qui, lorsqu'on vous a demandé à l'école quelle était la profession de votre mère, avez écrit : « auteur ». La Team Zebra m'a toujours poussée, affectueusement, à assumer mes responsabilités.

Papa, je te suis reconnaissante d'avoir, dès que l'occasion se présentait, loué mon écriture. Tu ne mesureras jamais à quel point ça a été important pour moi.

Ma gratitude va aussi à mon groupe d'écriture de Cambridge – Bette, Deb, Louise, Beth et Lallie –, qui a dû subir les premières pages de cette œuvre. Je remercie Maria Canale et Beth Madison, lectrices enthousiastes des premières versions. Mais aussi Sophie Powell et mes camarades de classe de Grub Street, pour leurs critiques et leurs encouragements. Les mots me manquent pour évoquer ma formation en écriture à Grub Street. Vous m'avez donné le courage de me dépasser. Et Carol

Michael, merci pour cette dernière lecture. Ta bénédiction était si importante pour moi !

Je remercie Jessica Keener et Mary Carroll Moore, éditrices, supportrices et merveilleuses « amélioratrices de livre ». Je n'oublie pas April Eberhardt, qui a aidé ce roman à trouver une maison.

Annie Tucker, tu es une incroyable éditrice. Ton implication, ta perspicacité et ton humour ont fait de la huitième révision de ce livre un pur bonheur. Merci à vous, Brooke Warner, Wait Levin, et tout le monde chez She Writes Press et BookSparks d'avoir eu une vision novatrice et d'avoir mis la barre aussi haut.

Composition et mise en pages
Nord Compo à Villeneuve-d'Ascq

Imprimé en France par CPI
en mars 2021
N° d'impression : 3042737

Pocket – 92 avenue de France, 75013 PARIS

S30698/01